U0519706

论语简释

石锓 著

商务印书馆
2018年·北京

图书在版编目（CIP）数据

论语简释 / 石锓著. — 北京：商务印书馆，2018
ISBN 978-7-100-16383-5

Ⅰ. ①论… Ⅱ. ①石… Ⅲ. ①儒家 ②《论语》—注释 ③《论语》—译文 Ⅳ. ①B222.2

中国版本图书馆CIP数据核字（2018）第157459号

权利保留，侵权必究。

论语简释
石锓 著

商务印书馆出版
（北京王府井大街36号 邮政编码 100710）
商务印书馆发行
三河市尚艺印装有限公司印刷
ISBN 978-7-100-16383-5

2018年10月第1版　　开本 710×1000　1/16
2018年10月第1次印刷　印张 29 1/2

定价：76.00元

前言

我给本科生讲授《论语》近十年,积累了一点心得。本书是我多年讲授的总结,是指导青年学生阅读《论语》的入门书,也适合中等水平读者阅读。

《论语》是中国传统文化中最重要的一本经典著作,我们谁也回避不了它。但我们要客观公正地对待它,既不要过分拔高它的作用,也不要过分排斥它的存在。要吸收它的优秀思想,也要屏弃它的不合理内容。吸收与屏弃的前提是如何正确地理解《论语》原文,尽量不误解和不曲解孔子的思想。所以,本书的出发点不是求新,而是求真。对于许多后来有"新意"的解说,本书都谨慎采用,而且笔者自己的解释也不刻意求新。我们认为,对传统文化的继承,原汁原味的传承比钻牛角尖式的创新更加重要。

这里,我想谈两个问题:一是怎样理解《论语》;二是本书的体例。

一、怎样理解《论语》

因其历史上的显赫地位,《论语》历代的注解相当多,许多的语句都有多种不同的解读。如何取舍这些注解是非常困难的事情。笔者认为,现在要准确地理解《论语》,应从三个方面入手:一是依据孔子的经历理解《论语》;二是依据历代经典注解理解《论语》;三是依据《论语》时代的语言理解《论语》。

(一)依据孔子的经历理解《论语》

《论语》一书主要记载了孔子(含孔门弟子)的言行和思想,而一个人的言行与思想和他的经历是密切相关的。因此,阅读《论语》前最好读读记载孔子经历的有关著作。孔子的经历散见于《左传》、《孟子》、《荀子》、《公羊传》、《谷梁传》、《小戴礼记》、《世本》、《孔子家语》、《孔丛子》等著作中,司马迁的《史记》采集各书材料写成了《孔子世家》,这是记载孔子生平的第一篇传记。因《孔子世家》选择材料不谨严、编排体例不恰当,后人不断加以考订,续写孔子新传。其中,比较好的有钱穆的《孔子传》。如果想进一步了解孔子生平及孔门弟子的情况,可参看李启谦、骆承烈、王式伦编的《孔子资料汇编》和李启谦、王式伦编的《孔子弟子资料汇编》。

(二)依据历代经典注解理解《论语》

古代的《论语》注解比较有价值的有三国何晏的《论语集解》、南北朝皇侃的《论语义疏》、宋代邢昺的《论语注疏》、宋代朱熹的《论语集注》、清代刘宝楠的《论语正义》。这些著作都有一个显著的特点，就是都全面吸收了同时代及以前各重要学者的解释成果。

其中，何晏与皇侃的注解最早，参考价值也最大。何晏的《论语集解》收集了八家学者的意见，也有何晏本人的解读。这八家是：西汉的孔安国，东汉的包咸、周氏、马融、郑玄，三国的陈群、王肃、周生烈。皇侃的《论语义疏》主要是疏何晏的《论语集解》，但也参考了江熙的《论语集解》的引书，收集了二十八家学者的意见，也有皇侃本人的解读。这二十八家是：熊埋、贺玚、王弼、张凭、王肃、顾欢、梁冀、沈居士、颜延之、沈峭、王朗、殷仲堪、张封溪、秦道宾、琳公、太史叔明、季彪、缪协、虞喜、苞述、陆特进、褚仲都、江长、刘歆、庾冀、樊光、范升、蔡克。这些注家都是魏晋南北朝时期的人。邢昺的《论语注疏》主要依据皇侃《论语义疏》，并有所发挥。朱熹《论语集注》长于义理，是宋学的代表作。刘宝楠《论语正义》是清代《论语》考据的集大成者。

现代的《论语》注解比较有价值的有程树德《论语集释》、杨伯峻《论语译注》、孙钦善《论语注译》、钱穆《论语新解》、李泽厚《论语今读》。此外，杨树达《论语疏证》、潘重规《论语今注》、钱逊《论语浅解》、金良年《论语译注》、李零《丧家狗——我读〈论语〉》、杜道生《论语新注新译》、李炳南《论语讲要》、杨朝明《论语诠解》、杨逢彬《论语新注新译》等著作各有特色，也有较大参考价值。

以上各种《论语》注解著作都是注者倾注了大量心血的精心之作，有的是注者用毕生精力撰写的，有的在某些语句的考证和注解方面有独到之处。在阅读《论语》原文的过程中可对比参考。

(三) 依据《论语》时代的语言理解《论语》

《论语》成书的过程，学者们有不同看法。但《论语》的编者是孔门弟子，《论语》一书是战国时期编成的，这两点大家看法基本一致。既然《论语》产生于战国时期，那么《论语》中的词语和语言表达就只能是战国时期及其以前的语言所应有的。用战国以后的语言的意义和用法去解释《论语》的语句显然是不合适的。依据《论语》时代的语言理解《论语》体现在两个方面：一是依据《论语》本书的语言解释《论语》；二是依据《论语》同时代其他著作的语言解释《论语》。依据《论语》本书的语言解释《论语》就是在解释《论语》某一章的某一个词语的意义时要兼顾《论语》其他章节中这个词语的意思。例如，《八佾》篇云："居上不宽，为礼不敬，临丧不哀，吾何以观之哉？""居上不宽"的"宽"是什么意思呢？《论语》其他的章节也用了这个"宽"字。《阳货》："恭则不侮，宽则得众。"《尧曰》："宽则得众，信则民任焉。"综合起来看，"宽"指"宽厚"或"宽容"。依据《论语》同时代其他著作的语言解释《论语》就是在解释《论语》某一章的某一个词语的意义时要参考同时代其他著作中该词语的意义。例如，《子罕》："大哉孔子！博学而无所成名。""无所成名"怎么理解呢？关键是看看"无所＋动词＋宾语"这一结构在《论语》同时代的其他作品中是什么意思。《老子·五十章》："兕无所投其角，虎无所措其爪，兵无所容其刃。"《老子·八十章》："虽有舟舆无所乘之，虽有甲兵无所陈之。"《左传·僖公四年》："君若以力，楚国方城以为城，汉水以为池，虽众，无所用之。"《左传·哀公十七年》："非天子，寡君无所稽首。"《老子》和《左传》与《论语》时代接近，"无所＋动词＋宾语"结构中的"所"应是"处所"或"地方"之义。《子罕》中的"无所成名"也应是

"没有成名的地方"之义,"博学而无所成名"是认为孔子博学多才而没有一个突出的本事,因此孔子才对学生谈是准备"执御"还是准备"执射"的问题。

很多时候,对《论语》某些词语的理解要同时考虑以上的几个因素。例如,《学而》:"学而时习之,不亦说乎?有朋自远方来,不亦乐乎?人不知而不愠,不亦君子乎?"这句话,大家都相当熟悉,其中的"朋"到底是什么意思呢?何晏《论语集解》引包咸曰:"同门曰朋。"朱熹《论语集注》:"朋,同类也。"刘宝楠《论语正义》:"'朋'即指弟子。"俞樾《群经平议》认为"有朋"即"友朋"。黄怀信《论语新校释》:"'朋','朋友'之省。"依据历代注解,"朋"大概有"同门"和"朋友"两种解释。参考《论语》本书,"朋"、"友"、"朋友"三个词都在使用,没有"友朋"一词。其中,"朋友"一词使用八次,与现在的"朋友"一词,意义一样。例如,《学而》:"吾日三省吾身:为人谋而不忠乎?与朋友交而不信乎?传不习乎?""友"一词使用十八次,大多当动词用,是交朋友的意思。例如,《学而》:"无友不如己者。"也有名词用法,也是"朋友"的意思。例如,《泰伯》:"昔者吾友尝从事于斯矣。"而"朋"一词使用仅此一次。从孔子的经历看,孔子不是一个随便交朋友的人(无友不如己者),因此不是什么朋友来了都会让他"不亦乐乎"的,"朋"不是普通朋友之义。从历代注解看,相对而言,越早的注解越接近孔子的时代,越能把握《论语》大意。早期注解大多把"朋"解释为"同门"。从《论语》本身的语言看,已有"朋友"一词,而此处用"朋",表明"朋"与"朋友"不同义。因此,"有朋自远方来"的"朋"应是"同门弟子"之义。从本章三句的关系看,都是谈论学习的。"学而时习之,不亦说乎"谈的是独学之乐;"有朋自远方来,不亦乐乎"谈的是师生共学之乐;"人不知而不愠,不亦君子乎"谈的是教人学习的态度。

二、本书的体例

本书本是为大众而写的普及性读物，但鉴于目前流行的有些《论语》注解有随心所欲、误读经文的弊端，我在翻译的基础上增加了"辑注"和"石按"两部分内容。因此，本书每章包括四个部分：原文、辑注、石按、今译。

（一）辑注

《论语》是孔子（含孔门弟子）言行的记录，许多语句是孤立的。因没有上下文语境的支持，加之历代注家众多，许多句子历来存在诸多歧解。本书没有能力对这些歧解一一辩证，只能根据笔者的浅见择善而从，有选择性地选取一些注解作为我们理解原文的依据，这就是"辑注"。

"辑注"的原则是以何晏《论语集解》和皇侃《论语义疏》的注解为主，以朱熹《论语集注》和刘宝楠《论语正义》的注解为辅，再博采众家之说。

古代的注解除以上四种外，本书还大量采用了邢昺《论语注疏》的解释，部分引用了俞樾《群经平议》、黄式三《论语后案》、康有为《论语注》的注解，参考了韩愈《论语笔解》、苏辙《论语拾遗》、毛奇龄《论语稽求篇》、江声《论语竢质》、王念孙《广雅疏证》、王引之《经义述闻》等的个别解释。

现代的注解，本书主要采用了杨伯峻《论语译注》、孙钦善《论语注译》和钱穆《论语新解》的大量注释，部分引用了程树德《论语集释》、杨树达《论语疏证》、李泽厚《论语今读》、金良年《论语译注》、李零《丧家狗——我读〈论语〉》、杜道生《论语新注新译》、李炳南《论语讲要》、杨朝明《论语诠解》、杨逢彬《论语新注新译》的注解，参考了潘重规《论语今注》、钱逊《论语浅解》、高尚榘《论语歧解辑录》、董楚平《论语钩沉》、傅佩荣《〈论语〉新解》的个别解释。

关于《论语》出土文献的研究，本书参考了王素《唐写本论语郑氏注及其研究》和河北省文物研究所定州汉墓竹简整理小组《定州汉墓竹简论语》的研究成果。

关于《论语》域外文献的研究，本书参考了刘玉才《从抄本到刻本：中日〈论语〉文献研究》和刘萍《〈论语〉与近代日本》的研究成果。

本书还吸收了许多学者的单篇论文的研究成果，有些已在书中说明。

主要参考文献的版本如下：

（1）何晏：《论语集解》，《宋刊论语》本，福建人民出版社 2008 年版。

（2）皇侃：《论语义疏》，中华书局 2013 年版。

（3）邢昺：《论语注疏》，阮刻《十三经注疏》本，中华书局 1980 年版。

（4）朱熹：《论语集注》，《四书章句集注》本，中华书局 1983 年版。

（5）俞樾：《群经平议》，《续修四库全书》本，上海古籍出版社 2002 年版。

（6）刘宝楠：《论语正义》，中华书局 1990 年版。

（7）黄式三：《论语后案》，凤凰出版社 2008 年版。

（8）康有为：《论语注》，中华书局 1984 年版。

（9）程树德：《论语集释》，中华书局 1990 年版。

（10）杨树达：《论语疏证》，上海古籍出版社 2007 年版。

（11）杨伯峻：《论语译注》，中华书局 2009 年版。

（12）孙钦善：《论语注译》，凤凰出版社 2011 年版。

（13）钱穆：《论语新解》，生活·读书·新知三联书店 2002 年版。

（14）金良年：《论语译注》，上海古籍出版社 2004 年版。

（15）李泽厚：《论语今读》，生活·读书·新知三联书店 2004 年版。

（16）李零：《丧家狗——我读〈论语〉》，山西人民出版社 2007 年版。

（17）杜道生：《论语新注新译》，中华书局 2011 年版。

（18）董楚平：《论语钩沉》，中华书局 2011 年版。

（19）李炳南：《论语讲要》，长江文艺出版社 2011 年版。

（20）杨朝明：《论语诠解》，山东友谊出版社 2013 年版。

（21）高尚榘：《论语歧解辑录》，中华书局 2011 年版。

（22）傅佩荣：《〈论语〉新解》，译林出版社 2012 年版。

（23）杨逢彬：《论语新注新译》，北京大学出版社 2016 年版。

（24）王素：《唐写本论语郑氏注及其研究》，文物出版社 1991 年版。

（25）河北省文物研究所定州汉墓竹简整理小组：《定州汉墓竹简论语》，文物出版社 1997 年版。

（二）石按

这部分是连接"辑注"和"今译"的。大体有三方面内容：一是概述了每章的大意（章旨）；二是用白话解说"辑注"中各家注解的意义；三是也有笔者自己对原文的理解。不管是对《论语》原文的解释，还是对各家注解的理解，"石按"都是对"今译"的进一步说明。因此，对初学者来说，本书有三个阅读层面：首先，对照原文看"今译"，看原文是什么意思；其次，对照"今译"看"石按"，了解为什么如此翻译；再次，对照"石按"看"辑注"，知道这种理解出自何处，是否可靠。原文、辑注、石按、今译是相互呼应的四个板块。

（三）今译

翻译原典总是一件吃力不讨好的事情，再高明的翻译也译不出原典的味道。本书是入门书，是给初学者看的，因此"今译"必不可少。我们在翻译时只能力求忠实于原典，力求通俗易懂。

本书能出版首先要感谢湖北大学文学院中文专业历届的同学们，他们跟着我一起读《论语》，给了我很多乐趣，也给了我太多的鼓励。他们对传统文化的热爱促使我年复一年、不知疲倦地与他们一起读《论语》，最终能够写成此书。感谢北京大学中文系的胡敕瑞教授和首都师范大学文学院的洪波教授，对本书的体例提出了很好的修改意见。感谢我的博士生马碧，她对本书的书稿进行了仔细的校对。感谢商务印书馆文津文化有限责任公司总编辑丁波先生，没有他的大力支持，本书难以出版。感谢本书责任编辑王江鹏先生，他对本书的出版付出了大量心血。

石 锓

2018 年 3 月 28 日

于武汉沙湖

目录

学而第一 ... 1
为政第二 ... 16
八佾第三 ... 37
里仁第四 ... 61
公冶长第五 ... 78
雍也第六 ... 102
述而第七 ... 126
泰伯第八 ... 154
子罕第九 ... 171
乡党第十 ... 197

先进第十一 221

颜渊第十二 247

子路第十三 270

宪问第十四 298

卫灵公第十五 337

季氏第十六 368

阳货第十七 387

微子第十八 413

子张第十九 427

尧曰第二十 448

学而第一

1.1　子曰①："学而时习之，不亦说乎②？有朋自远方来，不亦乐乎③？人不知而不愠，不亦君子乎④？"

【辑注】

①何晏《论语集解》引马融曰："子者，男子之通称，谓孔子也。"

②何晏《论语集解》引王肃曰："时者，学者以时诵习之。"

③何晏《论语集解》引包咸曰："同门曰朋。"皇侃《论语义疏》："郑玄注司徒云：'同师曰朋，同志曰友。'"

④杨伯峻《论语译注》："《论语》的'君子'，有时指'有德者'，有时指'有位者'，这里是指'有德者'。"

【石按】

本章是《论语》的第一章，是孔子毕生为学的自述。《论语》中的"子曰"都指孔子说的话，等于"先生说"。时：按时。习：《说文》："習，数飞也。从羽从白。"此处指反复诵习。说（yuè）：喜悦，后写作"悦"。朋：此处指志同道合之人或弟子。知：了解。愠（yùn）：怒。

【今译】

孔子说："学了（《诗》、《书》、礼、乐）之后而又按时诵习，不也是很高兴的吗？有弟子从远方来（向我求学），不也是很快乐的吗？别人不了解自己而又不生气，不也很君子吗？"

1.2 有子①曰："其为人也孝弟而好犯上者，鲜矣②！不好犯上，而好作乱者③，未之有也。君子务本，本立而道生④。孝弟也者，其为仁之本与⑤！"

【辑注】

①何晏《论语集解》引孔安国曰："弟子有若。"

②何晏《论语集解》："鲜，少也。上，谓凡在己上者。言孝弟之人必有恭顺，好欲犯其上者少也。"朱熹《论语集注》："善事父母为孝，善事兄长为弟。犯上，谓干犯在上之人。"

③朱熹《论语集注》："作乱，则为悖逆争斗之事矣。"

④朱熹《论语集注》："务，专力也。本，犹根也。"

⑤朱熹《论语集注》："仁者，爱之理，心之德也。为仁，犹曰行仁。与者，疑辞，谦退不敢质言也。……若上文所谓孝弟，乃是仁之本，学者务此，则仁道自此而生也。"

【石按】

本章有子论孝悌之道是道德修养的根本。有子：孔子弟子，姓有，名若。《论语》中对孔子弟子多称字，只有对曾参和有若尊称"子"。其：表假设的语气副词，意思是"假如"。弟（tì）：尊敬兄长，后写作"悌"。好（hào）：喜好。犯上：冒犯长上。鲜（xiǎn）：少。作乱：违法乱纪。未之有也：未有之也，上古汉语的宾语前置句。务：致力于。本：根本。道：仁道。仁道本于人心，有孝悌之心，才能有行仁之道。"仁"是孔子提倡的一种很高的道德规范，有丰富的内涵，如克己复礼、谨言慎行、忠恕爱人等。与：同"欤"，句末疑问语气词。

【今译】

有子说："假如做人孝顺父母，尊敬兄长，却喜好冒犯长上的，这是很少的；不喜好冒犯长上，却喜好违法乱纪的，从来没有过。君子致力于根本。根本确立了，仁道就会产生。孝悌呢，大概就是仁道的根本吧！"

1.3　子曰："巧言令色[①]，鲜矣仁。"

【辑注】

①何晏《论语集解》引包咸曰："巧言，好其言语；令色，善其颜色。皆欲令人说之，少能有仁。"朱熹《论语集注》："巧，好。令，善也。好其言，善其色，致饰于外，务以悦人，则人欲肆而本心之德亡矣。"

【石按】

本章孔子论述仁者必直言正色。令色：好的脸色，这里指假装和善。鲜矣仁：仁鲜矣。

【今译】

花言巧语，面貌伪善，（这种人）仁德太少了。

1.4 曾子[①]曰："吾日三省吾身：为人谋而不忠乎[②]？与朋友交而不信乎[③]？传不习乎[④]？"

【辑注】

[①]何晏《论语集解》引马融曰："弟子曾参。"

[②]朱熹《论语集注》："尽己之谓忠。"

[③]朱熹《论语集注》："以实之谓信。"

[④]朱熹《论语集注》："传，谓受之于师。习，谓熟之于己。"钱穆《论语新解》："传字亦有两解。一，师传之于己。一，己传之于人。依上文为人谋与朋友交推之，当谓己之传于人。素不讲习而传之，此亦不忠不信，然亦惟反己省察始知。"

【石按】

本章曾子论述省身慎行的修身方法。曾子：孔子弟子，姓曾，名参（shēn）。三省（xǐng）：多次反省。朱熹《论语集注》："曾子以此三者日省其身。"不确。此意古人多表述为：吾日省者三。谋：谋事。忠：尽心。

【今译】

曾子说："我每天多次反省自己：替别人谋事不尽心吗？与朋友交往不诚信吗？传授学生的知识没有每天温习吗？"

1.5　子曰："道千乘之国①，敬事而信②，节用而爱人③，使民以时④。"

【辑注】

①何晏《论语集解》引包咸曰："道，治也。千乘之国者，百里之国也。"

②何晏《论语集解》引包咸曰："为国者举事必敬慎，与民必诚信。"

③何晏《论语集解》引包咸曰："节用，不奢侈。国以民为本，故爱养之。"

④何晏《论语集解》引包咸曰："作使民必以其时，不妨夺农务。"朱熹《论语集注》："时，谓农隙之时。"

【石按】

本章记述了孔子论修身治国的基本原则。道：治理。千乘（shèng）：一千辆兵车。春秋时期，战争以车战为主，兵车多少意味着国力的强弱。孔子时代，千乘之国算比较大的国家。事：指政务。用：财政。人：人民。爱人：即惠民。以时：按时，不违农时。

【今译】

孔子说："治理拥有一千辆兵车的国家，要谨慎处理政务，不失信于民，节约用度，施惠于民，使用民力要不误农时。"

1.6　子曰："弟子①入则孝，出则弟②，谨而信③，泛爱众④，而亲仁⑤，行有余力⑥，则以学文⑦。"

【辑注】

①刘宝楠《论语正义》曰："'弟子'者，对兄父之称，谓人幼少为弟为子

时也。《仪礼·特牲馈食礼》注：'弟子，后生也。'"

②邢昺《论语注疏》："言为人弟与子者，入事父兄则当孝与弟也，出事公卿则当忠以顺也。弟，顺也。入不言弟，出不言忠者，互文可知也。"

③朱熹《论语集注》："谨者，行之有常也。信者，言之有实也。"

④朱熹《论语集注》："泛，广也。众，谓众人。"

⑤朱熹《论语集注》："亲，近也。仁，谓仁者。"

⑥皇侃《论语义疏》："行者，所以行事已毕之迹也。"朱熹《论语集注》："余力，犹言暇日。"

⑦何晏《论语集解》引马融曰："文者，古之遗文。"

【石按】

本章孔子讲人生修养当以德为本、以学为末。弟子：即子弟。入：在家。出：出门。孝：孝顺父母。弟：尊敬兄长。谨而信：谨慎从事，言而有信。行有余力：行，指"入则孝，出则弟，谨而信，泛爱众，而亲仁"等礼仪实践。此处的"文"指《诗》、《书》、礼、乐等文化知识。

【今译】

孔子说："年轻人无论在家或出门都要孝顺父母，尊敬兄长，谨慎从事，言而有信，博爱民众，亲近有仁德者。这样做了还有闲暇，就去学习《诗》、《书》、礼、乐。"

1.7 子夏①曰："贤贤易色②，事父母能竭其力，事君能致其身③，与朋友交言而有信；虽曰未学，吾必谓之学矣④。"

【辑注】

①何晏《论语集解》引孔安国曰："子夏，弟子卜商也。"

②何晏《论语集解》引孔安国曰："言以好色之心好贤则善。"朱熹《论语集注》："贤人之贤，而易其好色之心。"

③朱熹《论语集注》："致，犹委也。委致其身，谓不有其身也。"

④钱穆《论语新解》："其人或自谦未学，我必谓之既学矣。"

【石按】

本章子夏论对待妻子、父母、君上、朋友所应有的态度，也是处世为学之道。子夏：孔子弟子，姓卜，名商，字子夏。贤贤：前"贤"字是形容词的意动用法，有"尊重"之义；后"贤"字是名词，指贤人。易色：改易好色之心。致：献出。

【今译】

子夏说："对待妻子，应尊重其品行，改易好色之心；侍奉父母，能竭尽全力；服侍君王，能献出生命；与朋友交往，说话算数。这样的人虽自称未受过教育，但我必须说他是个有教养的人。"

1.8 子曰："君子不重则不威，学则不固①；主忠信②；无友不如己者③；过则勿惮改④。"

【辑注】

①朱熹《论语集注》："重，厚重。威，威严。固，坚固也。轻乎外者，必不能坚乎内，故不厚重则无威严，而所学亦不坚固也。"

②皇侃《论语义疏》："言君子既须威重，又忠信为心，百行之主也。"钱穆《论语新解》："行事以忠信为主。"

③朱熹《论语集注》："友所以辅仁，不如己，则无益而有损。"

④何晏《论语集解》引郑玄曰："惮，难也。"钱穆《论语新解》："过则当勇改，不可畏难苟安。"

【石按】

本章孔子论述君子自我修养的方式。重：庄重。威：威严。主忠信：以忠信为主。无：通"毋"，不要，《宋刊论语》作"毋"。惮（dàn）：怕。

【今译】

君子不庄重就没有威严，所学也不会坚固；行事以忠信为主；不要跟不如自己的人交朋友；犯了过错就不要怕改正。

1.9　曾子曰："慎终追远，民德归厚矣①！"

【辑注】

①何晏《论语集解》引孔安国曰："慎终者，丧尽其哀；追远者，祭尽其敬。君能行此二者，民化其德皆归于厚也。"朱熹《论语集注》："慎终者，丧尽其礼；追远者，祭尽其诚。民德归厚，谓下民化之，其德亦归于厚。"

【石按】

本章曾子论述丧葬之礼与祭祀对改善民风的作用。古代宗法社会以血缘亲族关系为纽带，所以"慎终追远"关系到世俗民风。慎终：谨慎地办理丧事。终：人死为终，此指父母之丧。追远：追念死去的祖先，指祭祀先祖。远：指先祖。厚：厚道，淳朴。

【今译】

曾子说："谨慎办理父母的丧礼，虔诚追祭历代的先祖，民间的道德风尚就会趋向厚道。"

1.10　子禽问于子贡①曰："夫子②至于是邦也，必闻其政。求之与？抑与之与③？"子贡曰："夫子温、良、恭、俭、让以得之。夫子之求之也，其诸异乎人之求之与④？"

【辑注】

①朱熹《论语集注》："子禽，姓陈，名亢。子贡，姓端木，名赐。皆孔子弟子。或曰：'亢，子贡弟子。'未知孰是。"

②皇侃《论语义疏》："《礼》：身经为大夫者，则得称为夫子。孔子为鲁大夫，故弟子呼为夫子也。"

③何晏《论语集解》引郑玄曰："亢怪孔子所至之邦，必与闻其国政，求而得之邪？抑人君自愿与之为治？"

④何晏《论语集解》引郑玄曰："言夫子行此五德而得之，与人求之异。明人君自与之。"

【石按】

本章记述了孔子德行的感召力，凭五德而能获取各国政治情况。夫子：这是古代的一种敬称。凡做过大夫的人，都可以称之为夫子。孔子曾做过鲁司寇，所以弟子称之为夫子。后遂沿袭为对老师的称呼，或用以专指孔子。抑：选择连词,还是。夫子温、良、恭、俭、让以得之:夫子以温、良、恭、俭、让得之。温、良、恭、俭、让:温和、善良、恭庄、节制、谦让。其诸:推测语气副词,大概。异乎人之求之与:异于人之求之欤,与人之求之异欤?

【今译】

子禽问子贡:"夫子一到哪个国家,必然听得到那个国家的政事。求来的呢?还是别人主动告诉他的呢?"子贡道:"夫子是靠温和、善良、恭庄、节制、谦让来取得的。夫子的这种求得的方法,大概与别人求得的方法不同吧?"

1.11 子曰:"父在,观其志;父没,观其行①;三年无改于父之道②,可谓孝矣。"

【辑注】

①何晏《论语集解》引孔安国曰:"父在,子不得自专,故观其志而已。父没,乃观其行。"

②皇侃《论语义疏》:"子若在父丧三年之内不改父风政,此即是孝也。"

【石按】

本章孔子论述了儒家以不改父道来考察孝行的孝道思想。观其志:看他的志向。其:他的,指儿子。没:死亡。三年:泛指多年。道:指行事的主张。

【今译】

孔子说:"(一个人)当父亲在世的时候,要看他的志向;在父亲死后,要看他的行为;多年都不改变他父亲的主张,就可以说是尽到孝了。"

1.12 有子曰:"礼之用,和为贵①。先王之道斯为美②,小大由之③。有所不行,知和而和,不以礼节之,亦不可行也④。"

【辑注】

①朱熹《论语集注》:"礼者,天理之节文,人事之仪则也。和者,从容不迫之意。"

②皇侃《论语义疏》:"斯,此也。言圣天子之化行,礼亦以此用和为美也。"

③朱熹《论语集注》:"先王之道,此其所以为美,而小事大事无不由之也。"

④何晏《论语集解》引马融曰:"人知礼贵和。而每事从和,不以礼为节,亦不可行。"朱熹《论语集注》:"如此而复有所不行者,以其徒知和之为贵而一于和,不复以礼节之。……而亦不可行也。"

【石按】

本章反映了以有子为代表的"以和为贵"、"以礼节和"的儒家思想,认为"和"是"礼"的最高境界。古代所谓"礼"就是区别尊卑贵贱的等级制度及与之相应的礼节仪式。用:运用。和:和谐,调和。先王:指周文王等前代圣明的君王。道:治国方法。斯为美:斯指礼,也指和。先王之道,以礼为美。和在礼中,也就是以和为美。小大由之:事无大小,皆由礼,也就是皆由和。有所不行:如有行不通时。知和而和:只知为和而和。不以礼节之:不用礼仪节制和谐。

【今译】

有子说:"礼的运用,以和谐、恰当为可贵。先王的治国方法,美妙之处正在于此,大事小事都遵循这一原则。如有行不通时,只知和谐为贵而一味求和,不以礼仪加以节制,也是不可行的。"

1.13 有子曰:"信近于义,言可复也①。恭近于礼,远耻辱也②。因不失其亲,亦可宗也③。"

【辑注】

①何晏《论语集解》:"复,犹覆也。义不必信,信非义也。以其言可反覆,故曰近义。"朱熹《论语集注》:"信,约信也。义者,事之宜也。复,践言也。……言约信而合其宜,则言必可践矣。"

②何晏《论语集解》:"恭不合礼,非礼也。以其能远耻辱,故曰近礼。"朱熹《论语集注》:"恭,致敬也。礼,节文也。……致恭而中其节,则能远耻辱矣。"

③何晏《论语集解》引孔安国曰:"因,亲也。言所亲不失其亲,亦可宗敬。"朱熹《论语集注》:"因,犹依也。宗,犹主也。……所依者不失其可亲之人,则亦可以宗而主之矣。"

【石按】

本章有子谈为人处世能慎始善终的三大原则,就是要适度把握信与义、恭与礼、因与亲的分寸。近:符合。复:实现。因:依靠。亲:亲族。宗:可靠。

【今译】

有子说:"讲求信用符合于义,诺言就可以实现。表示恭敬合于礼,行为就可以远离耻辱。所依靠的是自己亲族里的人,也就可靠了。"

1.14 子曰:"君子食无求饱,居无求安①,敏于事而慎于言②,就有道而正焉③,可谓好学也已。"

【辑注】

①何晏《论语集解》引郑玄曰："学者之志有所不暇。"朱熹《论语集注》："不求安饱者，志有在而不暇及也。"

②何晏《论语集解》引孔安国曰："敏，疾也。"刘宝楠《论语正义》："敏于事谓疾勤于事，不懈倦也。"

③何晏《论语集解》："有道，有道德者。正谓问事是非。"邢昺《论语注疏》："有道，谓有道德者，正谓问其是非。言学业有所未晓，当就有道德之人止定其是之与非。"

【石按】

本章孔子论述了自己的"好学"观，即：不贪图物质享受，应好学善道。君子之志不在求安饱，而在求学。无：通"毋"，不要。敏：敏捷。就：到……那里，靠近。正：匡正。已：通"矣"。

【今译】

孔子说："君子吃的不要追求饱足，住的不要追求舒适；做事敏捷，说话谨慎；到有道之人那里去匡止自己，这样就可以说是好学的了。"

1.15　子贡问曰："贫而无谄，富而无骄①，何如？"子曰："可也②。未若贫而乐，富而好礼者也③。"

子贡曰："《诗》云：'如切如磋，如琢如磨'，其斯之谓与④？"子曰："赐也，始可与言《诗》已矣！告诸往而知来者⑤。"

【辑注】

①朱熹《论语集注》:"谄,卑屈也。骄,矜肆也。"

②何晏《论语集解》引孔安国曰:"未足多。"钱穆《论语新解》:"可也:可者,仅可而有所未尽之辞。"

③何晏《论语集解》引郑玄曰:"乐,谓志于道,不以贫为忧苦。"

④朱熹《论语集注》:"子贡自以无谄无骄为至矣,闻夫子之言,又知义理之无穷,虽有得焉,而未可遽自足也,故引是诗以明之。"

⑤朱熹《论语集注》:"往者,其所已言者。来者,其所未言者。"

【石按】

本章孔子对子贡讲"贫而乐道、富而好礼"的治学修身观。谄(chǎn):谄媚。骄:骄横。"如切如磋,如琢如磨":这两句见于《诗经·卫风·淇奥》。《尔雅·释器》:"骨谓之切,象谓之磋,玉谓之琢,石谓之磨。"子贡引此二句以比喻治学修身之精益求精。其斯之谓:其谓斯,宾语前置句。其:语气副词,表推测。之:指示代词,前置宾语"斯"。与:同"欤",语气词。赐:子贡名。孔子对弟子都称名。往:过去。来:未来。往、来泛指已知和未知。

【今译】

子贡说:"贫穷却不谄媚,富有却不骄横,怎么样?"孔子说:"还行吧。但比不上贫而能乐道,富而知好礼。"

子贡说:"《诗·卫风·淇奥》说'如同切呀、磋呀、琢呀、磨呀',大概说的就是这个吧?"孔子说:"赐啊,我现在可以同你谈《诗》了!告诉你这一点,你就能推知另一点了。"

1.16　子曰："不患人之不己知，患不知人也①。"

【辑注】

①皇侃《论语义疏》："言不患人不知己，但患己不知人耳。"朱熹《论语集注》引尹氏曰："君子求在我者，故不患人之不己知。不知人，则是非邪正或不能辨，故以为患也。"

【石按】

本章是孔子一贯的思想：反省自己，不责备别人。患：担心。不己知：不知己。知：了解。

【今译】

孔子说："不担心别人不了解自己，该担心自己不了解别人。"

为政第二

2.1 子曰:"为政以德①,譬如北辰②,居其所而众星共之③。"

【辑注】

①朱熹《论语集注》:"政之为言正也,所以正人之不正也。德之为言得也,得于心而不失也。"

②朱熹《论语集注》:"北辰,北极,天之枢也。"

③朱熹《论语集注》:"共,音拱,亦作拱。""居其所,不动也。共,向也,言众星四面旋绕而归向之也。"

【石按】

本章反映了孔子以德治国的思想,认为治理国家应把道德教育放在首位。为政:治理国政。以:用。德:道德教化。北辰:北极星。古人认为它是天之中心。所:位。此句以北辰喻统治者,以众星喻被统治者。共(gǒng):同"拱",环绕,拱卫。

【今译】

孔子说:"用道德教化来治理国政,就好像北极星安居其位而众星环绕着它。"

2.2 子曰:"《诗》三百①,一言以蔽之②,曰:'思无邪③。'"

【辑注】

①何晏《论语集解》引孔安国曰:"篇之大数。"
②朱熹《论语集注》:"蔽,犹盖也。"
③朱熹《论语集注》:"程子曰:'思无邪者,诚也。'"

【石按】

本章孔子从为政的角度评述了《诗经》的主体内容。《诗》:《诗经》。《诗经》在先秦并没有被尊为经典,因此只称"诗",本有三百零五篇,言三百,举其大数。一言以蔽之:以一言蔽之,用一句话来概括。蔽:包盖,概括。思无邪:本《诗经·鲁颂·駉》中的一句,原来是形容鲁僖公养马盛况的。思:句首语气词,无义。无邪:谓养马之人心诚,专心养马,因此马群兴旺。孔子引用时断章取义,把"思"当思想解,并指《诗经》各篇思想纯正。

【今译】

孔子说:"《诗》三百篇,用一句话来概括,就是:'思想纯正。'"

2.3 子曰:"道之以政①,齐之以刑②,民免而无耻③;道之以德,齐之以礼,有耻且格④。"

【辑注】

①朱熹《论语集注》:"道,犹引导,谓先之也。政,谓法制禁令也。"

②朱熹《论语集注》:"齐,所以一之也。道之而不从者,有刑以一之也。"

③何晏《论语集解》引孔安国曰:"免,苟免。"皇侃《论语义疏》:"免,犹脱也。耻,耻辱也。为政若以法制导民,以刑罚齐民,则民畏威苟且,百方巧避,求于免脱罪辟,而不复知避耻,故无耻也。"

④朱熹《论语集注》:"格,至也。言躬行以率之,则民固有所观感而兴起矣,而其浅深厚薄之不一者,又有礼以一之,则民耻于不善,而又有以至于善也。"

【石按】

本章孔子认为治理天下应以"德"、"礼"为主,以"政"、"刑"为辅。道之以政:以政道之。道:训导,教导。政:行政命令。齐之以刑:以刑齐之。齐:整治,约束。刑:刑法。免:逃避制裁。格:至,来,引申为归顺。《礼记·缁衣》:"夫民,教之以德,齐之以礼,则民有格心;教之以政,齐之以刑,则民有遁心。"这句可以看作孔子此言的最早注解,较为可信。

【今译】

孔子说:"用行政命令来训导人,用刑罚手段来整治人,人民就会逃避制裁而无羞耻之心;用道德修养来教导人,用礼教习俗来约束人,人民就会有羞耻之心而归顺。"

2.4 子曰:"吾十有五而志于学①,三十而立②,四十而不惑③,五十而知天命④,六十而耳顺⑤,七十而从心所欲,不逾矩⑥。"

【辑注】

①朱熹《论语集注》："古者十五而入大学。心之所之谓之志。此所谓学，即大学之道也。志乎此，则念念在此而为之不厌矣。"

②何晏《论语集解》："有所成立。"

③何晏《论语集解》引孔安国曰："不疑惑。"朱熹《论语集注》："于事物之所当然，皆无所疑。"

④朱熹《论语集注》："天命，即天道之流行而赋于物者，乃事物所以当然之故也。"

⑤朱熹《论语集注》："声入心通，无所违逆，知之之至，不思而得也。"

⑥何晏《论语集解》引马融曰："矩，法也。从心所欲，无非法。"钱穆《论语新解》："一任己心所欲，可以纵己心之所至，不复检点管束，而自无不合于规矩法度。"

【石按】

本章孔子自述了自己人生各个时期的不同境界，可以看作他的自传。十有五：十五岁。有：同"又"。志：立志。学：学习。立：指立足于礼，熟知礼仪。《论语·泰伯》："立于礼。"《论语·季氏》："不知礼，无以立也。"不惑：遇事不迷惑。天命：上天的意志，既指自然、社会和人生的规律，又指人生的责任。耳顺：一切听入于耳，能闻言知心，不再感到于我有不顺，于道有不顺。从心：随心。逾：越出。

【今译】

孔子说："我十五岁立志学习，二十岁能习礼立足于人世，四十岁能明一切道理而不疑惑，五十岁能乐天知命，六十岁无论听到何事何语都能明白贯通，七十岁能随心所欲而又从不越出规矩。"

2.5　孟懿子问孝①。子曰："无违②。"樊迟御③，子告之曰："孟孙问孝于我，我对曰：'无违'④。"樊迟曰："何谓也？"子曰："生，事之以礼；死，葬之以礼，祭之以礼⑤。"

【辑注】

①何晏《论语集解》引孔安国曰："鲁大夫仲孙何忌。懿，谥也。"

②邢昺《论语注疏》："言行孝之道，无得违礼也。"

③皇侃《论语义疏》："樊迟，孔子弟子樊须也，字子迟。御，御车也。"

④何晏《论语集解》引郑玄曰："恐孟孙不晓无违之意，将问于樊迟，故告之。"

⑤朱熹《论语集注》："生事葬祭，事亲之始终具矣。……是时三家僭礼，故夫子以是警之，然语意浑然，又若不专为三家发者，所以为圣人之言也。"杨伯峻《论语译注》："古代的礼仪有一定的差等，天子、诸侯、大夫、士、庶人各不相同。鲁国的三家是大夫，不但有时用鲁公（诸侯）之礼，甚至有时用天子之礼，这种行为当时叫做'僭'，是孔子最痛心的。孔子这几句答语，或者是针对这一现象发出的。"

【石按】

本章孔子从为政的角度对孟懿子讲述了孝道原则，认为孝的本质是合乎礼。孟懿子：鲁国大夫，是鲁国权势较大的"三家"之一，姓仲孙，名何忌，即下文所说的"孟孙"，"懿"是谥号。其父孟僖子遗命何忌向孔子学礼，是孔子早年的弟子。后孔子为鲁司寇，主张堕三家之都，何忌首抗命。故后人不列何忌为孔门弟子。违：违背。据下文这里具体指违礼。樊迟：孔子弟子，姓樊，名须，字子迟。御：赶车。事之以礼：以礼事之。事：服侍。礼：礼仪。葬之以礼：以礼葬之。祭之以礼：以礼祭之。

【今译】

孟懿子问什么是孝。孔子说："不要违礼。"后来樊迟为孔子赶车，孔子告诉他说："孟孙向我问怎样才算孝，我回答说：'不要违礼。'"樊迟说："不要违礼是什么意思呢？"孔子说："父母活着时，按礼仪来服侍他们，过世后按礼仪来安葬他们，按礼仪来祭祀他们。"

2.6 孟武伯问孝①。子曰："父母唯其疾之忧②。"

【辑注】

①何晏《论语集解》引马融曰："武伯，懿子之子，仲孙彘。武，谥也。"
②何晏《论语集解》引马融曰："言孝子不妄为非，唯疾病然后使父母忧。"

【石按】

本章孔子对孟武伯讲述孝道，揭示了孝行的基本要求。孟武伯：孟懿子的儿子，姓仲孙，名彘，"武"是谥号。父母唯其疾之忧：此句有三种解释：第一，子女以谨慎持身，使父母只担心其疾病，不担心其他。这就是上面注解中马融的说法。其：指子女。第二，做子女的，只担心父母的疾病，其他不应过分操心。《论衡·问孔》："武伯善忧父母，故曰'唯其疾之忧'。"其：指父母。第三，父母爱子，无所不至，因此常忧子女之疾病。子女能体会此心，在日常生活中多多注意，这就是孝。朱熹《论语集注》："言父母爱子之心，无所不至，惟恐其有疾病，常以为忧也。人子体此，而以父母之心为心，则凡所以守其身者，自不容于不谨矣，岂不可以为孝乎？"我们取马融之说。父母唯其疾之忧：

父母唯忧其疾。

【今译】

孟武伯问什么是孝。孔子说："父母只应担心子女的疾病。"

2.7 子游问孝①。子曰："今之孝者，是谓能养②。至于犬马，皆能有养③；不敬，何以别乎④？"

【辑注】

①何晏《论语集解》引孔安国曰："子游，弟子，姓言名偃。"

②朱熹《论语集注》："养，谓饮食供奉也。"钱穆《论语新解》："孔子谓世俗皆以能养为孝。"

③何晏《论语集解》："人之所养，乃至于犬马，不敬则无以别。"

④朱熹《论语集注》："若能养其亲而敬不至，则与养犬马者何异？"

【石按】

本章孔子对子游讲述孝道，认为孝以恭敬为本。子游：孔子弟子，姓言，名偃，字子游，吴人。至于犬马，皆能有养：此句有两种解释：一是犬守护，马代劳，亦能侍奉人，是犬马亦能养人也。二是就连犬马之类，都能为人所养。也就是上面所注何晏的说法。今从何晏之说。至于：就连，就是。

【今译】

子游问什么是孝。孔子说："如今所说的孝，这就是指能养活父母。就连犬马之类，都能被人所养；如果对父母不敬，那养活父母与饲养犬马有何区别？"

2.8 子夏问孝。子曰:"色难①。有事,弟子服其劳②;有酒食,先生馔③。曾是以为孝乎④?"

【辑注】

①刘宝楠《论语正义》:"郑(玄)注此云:'言和颜悦色为难也。'以色为人子之色,与包(咸)异义,亦通。"

②刘宝楠《论语正义》:"先从叔丹徒君《骈枝》:'年幼者为弟子,年长者为先生。'"

③何晏《论语集解》引马融曰:"先生,谓父兄。馔,饮食也。"

④何晏《论语集解》引马融曰:"孔子喻子夏,服劳先食,汝谓此为孝乎?未孝也。承顺父母颜色乃为孝也。"

【石按】

本章孔子对子夏讲述孝道,认为表情上顺从父母是孝的具体表现。"色难"有两解:一指难在承望父母之颜色。何晏《论语集解》引包咸曰:"色难者,承顺父母颜色为难。"二指孝子侍奉父母,以能和颜悦色为难。见上刘宝楠引郑玄注。第一说指父母之色,第二说指孝子之色。既然是弟子问孝,当指孝子之色。故第二说妥当。服:操持。馔(zhuàn):食用,吃喝。曾是以为孝乎:曾以是为孝乎?曾:竟然。是:此,这个。

【今译】

子夏问什么是孝。孔子说:"最难的是对父母和颜悦色。有事情,年轻人操劳;有关酒住肴,年长者吃喝。竟然认为这就是孝吗?"

2.9　子曰："吾与回言①，终日不违②，如愚。退而省其私③，亦足以发④。回也不愚。"

【辑注】

①何晏《论语集解》引孔安国曰："回，弟子，姓颜，名回，字子渊，鲁人也。"

②何晏《论语集解》引孔安国曰："不违者，无所怪问。于孔子之言，默而识之，如愚。"朱熹《论语集注》："不违者，意不相背，有听受而无问难也。"

③朱熹《论语集注》："私，谓燕居独处，非进见请问之时。"

④何晏《论语集解》引孔安国曰："察其退还，与二三子说释道义，发明大体，知其不愚。"朱熹《论语集注》："发，谓发明所言之理。"

【石按】

本章记述了孔子对颜回寡言笃行、默识若愚的赞扬。回：颜回，孔子弟子，字子渊，鲁国人。不违：不表示异疑，不提问。退：指散学退还。省：察视。私：私下的言行。发：发挥，启发。

【今译】

孔子说："我给颜回讲学，他一整天从不表示异疑，像是很愚蠢。退学后，我观察他的私下言行，也足够能发挥其所学。颜回啊，并不愚蠢。"

2.10　子曰："视其所以①，观其所由②，察其所安③，人焉廋哉④？人焉廋哉？"

【辑注】

①何晏《论语集解》:"以,用也。言视其所行用。"朱熹《论语集注》:"以,为也。为善者为君子,为恶者为小人。"

②何晏《论语集解》:"由,经也。言观其所经从。"

③朱熹《论语集注》:"安,所乐也。"

④朱熹《论语集注》:"焉,何也。廋,匿也。"

【石按】

本章孔子论考察人的方法。视其所以,观其所由,察其所安:《大戴礼·文王官人》:"考其所为,观其所由,察其所安。"可与此互证。所以:所作所为。以:为,动词。由:经由,经历。所安:喜欢做、安心做的事情。焉:安,怎么。廋(sōu):隐藏。

【今译】

孔子说:"看看他的所作所为,看看他的一贯经历,看看他的所有喜好。这个人怎么隐藏得住呢?这个人怎么隐藏得住呢?"

2.11 子曰:"温故而知新,可以为师矣①。"

【辑注】

①何晏《论语集解》:"温,寻也。寻绎故者,又知新者,可以为师矣。"朱熹《论语集注》:"故者,旧所闻。新者,今所得。言学能时习旧闻,而每有新得,则所学在我,而其应不穷,故可以为人师。"

【石按】

本章孔子强调对学习而言，重要的不是积累，而是有新的发现。温故：温习旧知识。知新：发现新见解。

【今译】

孔子说："能从温习旧的知识中发现新的见解，这就可以做老师了。"

2.12　子曰："君子不器①。"

【辑注】

①何晏《论语集解》引包咸曰："器者各周其用，至于君子，无所不施。"皇侃《论语义疏》："此章明君子之人不系守一业也。器者给用之物也，犹如舟可泛于海不可登山，车可陆行不可济海。君子当才业周普，不得如器之守一也。"

【石按】

本章孔子强调君子应博学多能，不能像器物一样固守于一种能耐。

【今译】

孔子说："君子不要像器皿一样只有某一种用途。"

2.13　子贡问君子。子曰："先行其言而后从之①。"

【辑注】

①何晏《论语集解》引孔安国曰："疾小人多言，而行之不周。"朱熹《论语集注》引周氏曰："先行其言者，行之于未言之前；而后从之者，言之于既行之后。"朱熹《论语集注》引范氏曰："子贡之患，非言之艰而行之艰，故告之以此。"

【石按】

本章孔子对子贡论君子之道，要先做后说。参见4.24"君子欲讷于言而敏于行"。从之：指言从其行。

【今译】

子贡问怎样才算是君子。孔子说："先去实践自己要说的话，做到以后再说出来。"

2.14 子曰："君子周而不比①，小人比而不周。"

【辑注】

①何晏《论语集解》引孔安国曰："忠信为周，阿党为比。"朱熹《论语集注》："周，普遍也。比，偏党也。皆与人亲厚之意，但周公而比私耳。"杨伯峻《论语译注》："'周'是以当时所谓道义来团结人，'比'则是以暂时共同利害互相勾结。"

【石按】

本章孔子指出在处理人际关系上君子与小人的出发点有根本不同。"周"与"比"的共同之处是相亲相合，不同在于相亲相合的目的和方式：为公是周，为私是比；讲义是周，讲利是比；广泛团结是周，拉帮结党是比。周：团结。比：勾结。

【今译】

孔子说："君子团结而不勾结，小人勾结而不团结。"

2.15　子曰："学而不思则罔①，思而不学则殆②。"

【辑注】

①何晏《论语集解》引包咸曰："学不寻思其义，则罔然无所得。"
②朱熹《论语集注》："不求诸心，故昏而无得。不习其事，故危而不安。"

【石按】

本章孔子论述了"学"与"思"的关系，主张"学"、"思"结合。罔（wǎng）：同"惘"，无知貌。殆：危险。《论语·卫灵公》："吾尝终日不食，终夜不寝，以思，无益，不如学也。"

【今译】

孔子说："只学习不思考，就会惘然无知；只思考不学习，就会危而不安。"

2.16　子曰："攻乎异端，斯害也已①。"

【辑注】

①何晏《论语集解》："攻，治也。善道有统，故殊途而同归。异端，不同

归也。"朱熹《论语集注》引范氏曰："攻，专治也，故治木石金玉之工曰攻。异端，非圣人之道，而别为一端，如杨、墨是也。"

【石按】

本章孔子强调要坚持正道，抵制邪说。攻：攻治，钻研。异端：杂学，邪说。《公羊传·文公十二年》："他技奇巧，异端也。"一说：攻，攻击。程树德《论语集释》："此章诸说纷纭，莫衷一是，此当以本经用语例决之。《论语》中凡用攻字均作攻伐解，如'小子鸣鼓而攻之'，'攻其恶，毋攻人之恶'，不应此处独训为治，则何晏、朱子之说非也。"李泽厚《论语今读》："攻击不同于你的异端学说，那反而是有危害的。"斯害：指这是一种妨碍修身的祸害。斯：指示代词，这。也已：也矣，语气词连用。

【今译】

孔子说："钻研末流杂学，这是一种祸害啊。"

2.17 子曰："由①！诲女知之乎②！知之为知之，不知为不知，是知③也！"

【辑注】

①何晏《论语集解》引孔安国曰："弟子，姓仲，名由，字子路。"

②皇侃《论语义疏》："诲，教也。"朱熹《论语集注》："子路好勇，盖有强其所不知以为知者，故夫子告之曰：我教女以知之之道乎！"

③何晏《论语集解》："知也，如字，又音智。"

【石按】

本章孔子教给子路对待知与不知的正确态度。由：孔子弟子，姓仲，名由，字子路，又称季路。诲：教诲。女：同"汝"。是知也：这才是明智啊！是：这，指示代词。知：明智，后写作"智"。

【今译】

孔子说："由啊！我教你获取知识的态度吧！知道就是知道，不知道就是不知道，这才是明智啊！"

2.18 子张学干禄①。子曰："多闻阙疑，慎言其余，则寡尤②；多见阙殆，慎行其余，则寡悔③。言寡尤，行寡悔，禄在其中矣。"

【辑注】

①何晏《论语集解》引郑玄曰："弟子，姓颛孙，名师，字子张。干，求也。禄，禄位也。"皇侃《论语义疏》："弟子子张就孔子学干禄位之术也。"

②何晏《论语集解》引包咸曰："尤，过也。疑则阙之，其余不疑，犹慎言之，则少过。"

③何晏《论语集解》引包咸曰："殆，危也。所见危者，阙而不行，则少悔。"朱熹《论语集注》引吕氏曰："疑者所未信，殆者所未安。"

【石按】

本章孔子教子张：为政应多听多看，谨言慎行。子张：孔子弟子，姓颛孙，名师，字子张，陈人。干禄：求仕。干：求取。禄：禄位。阙疑：存疑，搁置疑问。阙：通"缺"，空缺。寡尤：减少过错。阙殆：搁置危险。寡悔：

减少悔恨。

【今译】

子张问孔子如何求仕。孔子说:"多听,搁置疑问,其余有把握的部分,谨慎地发表意见,就能减少过错。多看,搁置你认为不妥的,其余有把握的部分,小心地付诸实施,就能减少悔恨。言语少错,行为无悔,求仕之道就在这里面。"

2.19 哀公问曰①:"何为则民服?"孔子对曰:"举直错诸枉②,则民服;举枉错诸直,则民不服。"

【辑注】

①何晏《论语集解》引包咸曰:"哀公,鲁君谥。"

②何晏《论语集解》引包咸曰:"错,置也。举正直之人用之,废置邪枉之人,则民服其上。"

【石按】

本章孔子对哀公谈为政用人要树立正气。哀公:鲁君,姓姬,名蒋,定公之子,继定公即位,在位二十七年(前494—前466)。"哀"是谥号。对曰:《论语》行文体例是,臣下对答君上的询问必用"对曰"。这是尊君之意。举:选拔。直:正直,这里指正直的人。错:通"措",放置。诸:之于的合音。枉:不正直,屈曲,这里指邪恶的人。

【今译】

鲁哀公问道:"怎么做才能使人民服从呢?"孔子回答说:"选用正直的

人，把他们放在邪恶的人上面，人民就会服从；选用邪恶的人，把他们放在正直的人上面，人民就不会服从。"

2.20　季康子问①："使民敬、忠以劝，如之何②？"子曰："临之以庄则敬③，孝慈则忠④，举善而教不能则劝⑤。"

【辑注】

①何晏《论语集解》引孔安国曰："鲁卿季孙肥。康，谥。"

②邢昺《论语注疏》："欲使民人敬上、尽忠、劝勉、为善，其法如之何？"

③何晏《论语集解》引包咸曰："庄，严也。君临民以严，则民敬其上。"

④何晏《论语集解》引包咸曰："君能上孝于亲，下慈于民，则民忠矣。"

⑤何晏《论语集解》引包咸曰："举用善人而教不能者，则民劝勉。"朱熹《论语集注》："善者举之而不能者教之，则民有所劝而乐于为善。"

【石按】

本章孔子回答季康子怎样使人民恭敬、尽责和努力。季康子：姓季孙，名肥，"康"是他的谥号，鲁哀公时的宰相，当时政治上最有权力的人。以：而。劝：劝勉，努力。临之以庄则敬：你对待民众庄重，民众就会恭敬。临：莅临。《论语·卫灵公》："不庄以莅之，则民不敬。"孝：孝其老。慈：慈其幼。此句应指在上位者应倡导民众孝慈，则民能尽己之责任。忠：尽己之谓忠。

【今译】

季康子问道："要使人民恭敬、尽责和努力，应该怎么办？"孔子说："你对待民众庄重，民众就会恭敬；倡导社会孝慈，民众就会尽责；选用贤能，教导无能，民众就会努力向善。"

2.21　或谓孔子曰："子奚不为政①？"子曰："《书》②云：'孝乎惟孝，友于兄弟，施于有政③。'是亦为政，奚其为为政？"

【辑注】

①何晏《论语集解》引包咸曰："或人以为，居位乃是为政。"朱熹《论语集注》："定公初年，孔子不仕，故或人疑其不为政也。"

②朱熹《论语集注》："《书·周书·君陈篇》。"

③何晏《论语集解》引包咸曰："友于兄弟，善于兄弟。施，行也。所行有政道，即与为政同。"朱熹《论语集注》："《书》言君陈能孝于亲，友于兄弟，又能推广此心，以为一家之政。孔子引之，言如此，则是亦为政矣，何必居位乃为为政乎？"

【石按】

本章孔子论述孝友也是一种为政方式。中国古代，国就是家的扩大，治国与治家，道理相通。或：无定代词，有人。奚：疑问代词，为什么。为政：参与政治，指居位做官。《书》：指《尚书》。以下三句出自伪古文《尚书》的《君陈篇》，文字稍有出入。施（yì）：延及。有政：国政。"有"是名词词头，无义。奚其为为政：怎样大概才算是参与政治呢？奚：怎样。其：语气副词，大概。为（第一个"为"字）：是。

【今译】

有人对孔子说："您为什么不参与政治？"孔子说："《尚书》说：'孝呀，

惟有孝顺父母，友爱兄弟，才能延及国政。'这也就是参与政治了，怎样大概才算是参与政治呢？"

2.22　子曰："人而无信，不知其可也①。大车无輗②，小车无軏③，其何以行之哉？"

【辑注】

①皇侃《论语义疏》："言人若无信，虽有他才，终为不可，故云不知其可也。"

②何晏《论语集解》引包咸曰："大车，牛车。輗者，辕端横木以缚轭。"

③何晏《论语集解》引包咸曰："小车，驷马车。軏者，辕端上曲钩横。"

【石按】

本章孔子以驾车为比喻，强调守信的重要。而：如果。信：信用，信誉。可：可以。大车：指牛车。輗（ní）：大车辕端与横木相接的关键。小车：指马车。軏（yuè）：小车辕端与横木相接的关键。车无輗軏，就不能行走。其何以行之哉：其以何行之哉，将靠什么行车呢？其：时间副词，将。

【今译】

孔子说："人如果没有信用，不知道那怎么可以。大车没有安装輗，小车没有安装軏，将靠什么行车呢？"

2.23　子张问："十世可知也①？"子曰："殷因于夏礼,所损益可知也;周因于殷礼,所损益,可知也②。其或继周者,虽百世可知也③。"

【辑注】

①皇侃《论语义疏》："十世,谓十代也。子张见五帝三王文质变异,世代不同,故问孔子:从今以后方来之事,假设十代之法,可得逆知以不乎？"朱熹《论语集注》："王者易姓受命为一世。子张问自此以后,十世之事,可前知乎？"

②朱熹《论语集注》："三纲五常,礼之大体,三代相继,皆因之而不能变。其所损益,不过文章制度小过不及之间,而其已然之迹,今皆可见。"

③朱熹《论语集注》："则自今以往,或有继周而王者,虽百世之远,所因所革,亦不过此,岂但十世而已乎！"

【石按】

本章孔子回答了子张:每一个朝代的礼仪制度既有传承,又有创新。世:古称三十年为一世。这里指朝代。也:同"耶",疑问语气词。因:沿袭,继承。损益:减少与增加,指礼仪制度的变化。

【今译】

子张问:"今后十代的（礼仪制度）可以知道吗？"孔子说:"商代沿袭夏代的礼仪制度,增减之处可考而知;周代沿袭商代的礼仪制度,增减之处可考而知。如有继承周代而当政者,就是以后百代也是可以知道的。"

2.24　子曰："非其鬼而祭之①,谄也②。见义不为,无勇也③。"

【辑注】

①何晏《论语集解》引郑玄曰:"人神曰鬼。非其祖考而祭之,是谄求福。"朱熹《论语集注》:"非其鬼,谓非其所当祭之鬼。"

②朱熹《论语集注》:"谄,求媚也。"

③何晏《论语集解》:"义所宜为而不能为,是无勇。"

【石按】

本章孔子反对"淫祀",批评"无勇"。人神:指死去的祖先,与天神、地祇并称。祭鬼的目的一般是祈福。《礼记·曲礼》:"非其所祭而祭之,名曰淫祀。淫祀无福。"谄:谄媚。义:应做的正义之事。

【今译】

孔子说:"不是自己的祖先却去祭祀他,这是你谄媚。遇见应做的正义之事却不挺身而出,这是你没勇气。"

八佾第三

3.1 孔子谓季氏①:"八佾舞于庭②,是可忍也,孰不可忍也③?"

【辑注】

①朱熹《论语集注》:"季氏,鲁大夫季孙氏也。"杨伯峻《论语译注》:"根据《左传》昭公二十五年的记载和《汉书·刘向传》,这季氏可能是指季平子,即季孙意如。据《韩诗外传》,似以为季康子,马融《注》则以为季桓子,恐皆不足信。"

②何晏《论语集解》引马融曰:"佾,列也。天子八佾,诸侯六,卿大夫四,士二。八人为列,八八六十四人。鲁以周公故受王者礼乐,有八佾之舞,季桓子僭于其家庙舞之,故孔子讥之。"

③朱熹《论语集注》:"季氏以大夫而僭用天子之乐,孔子言其此事尚忍为之,则何事不可忍为。或曰:'忍,容忍。'"

【石按】

本章孔子义愤填膺地批评了季平子"八佾舞于庭"的僭制违礼行为。谓：评论。八佾（yì）：奏乐舞蹈的行列。一佾八人，八佾是六十四人。周礼规定，只有天子才能用八佾。诸侯用六佾，卿大夫用四佾，士用二佾。四佾才是季氏该用的。庭：堂下庭院。从朱注可知，"忍"有二解：一是忍心，二是容忍。作"忍心"解是孔子斥责季氏还有何事不忍心为；作"容忍"解似是不满鲁君不制裁其僭越。故从前解。

【今译】

孔子谈论到季氏时说："他用天子规格的八列舞乐在庭院演奏舞蹈，这都可以忍心做出来，还有什么事不可以忍心做出来呢？"

3.2 三家者以《雍》彻[①]。子曰："'相维辟公，天子穆穆'，奚取于三家之堂[②]？"

【辑注】

[①]何晏《论语集解》引马融曰："三家，谓仲孙、叔孙、季孙。《雍》，《周颂·臣工》篇名。天子祭于宗庙，歌之以彻祭。今三家亦作此乐。"朱熹《论语集注》："彻，祭毕而收其俎也。天子宗庙之祭，则歌《雍》以彻，是时三家僭而用之。"

[②]朱熹《论语集注》："相，助也。辟公，诸侯也。穆穆，深远之意，天子之容也。此《雍》诗之辞，孔子引之，言三家之堂非有此事，亦何取于此义而歌之乎？讥其无知妄作，以取僭窃之罪。"

【石按】

本章孔子讥讽了仲孙、叔孙、季孙三家的僭制违礼行为。三家：鲁国当政的三卿：仲孙、叔孙、季孙。三家同出鲁桓公，又称三桓。《雍》：《诗经·周颂》的一篇。《毛诗序》："《雍》，禘太祖也。"郑玄注："太祖谓文王。此成王祭文王彻馔时所歌诗。"彻：通"撤"，撤除。"相维辟公，天子穆穆"，这两句在《雍》诗中。相（xiàng）：辅助，此指助祭。辟（bì）公：指诸侯。穆穆：端庄肃穆。堂：庙堂。

【今译】

仲孙、叔孙、季孙三家，祭祖时唱着《雍》诗撤除祭品。孔子说："'助祭的是诸侯，天子端庄肃穆地主祭'，歌词中哪一点内容用得上三家祭祖的庙堂？"

3.3　子曰："人而不仁，如礼何？人而不仁，如乐何①？"

【辑注】

①何晏《论语集解》引包咸曰："言人而不仁，必不能行礼乐。"皇侃《论语义疏》："此章亦为季氏出也。季氏三家僭滥王者礼乐，其既不仁，则奈此礼乐何乎？"李泽厚《论语今读》："说的是外在形式的礼乐，都应以内在心理情感为真正的凭依。否则只是空壳和仪表而已。"

【石按】

本章孔子探讨了"礼乐"与"仁"的关系，认为"仁"是"礼乐"的根本。而：如果。如……何：拿……怎么办。

【今译】

人如果没有仁德，讲什么礼？人如果没有仁德，讲什么乐？

3.4 林放问礼之本①。子曰："大哉问②！礼，与其奢也，宁俭③；丧，与其易也，宁戚④。"

【辑注】

①何晏《论语集解》引郑玄曰："林放，鲁人。"

②皇侃《论语义疏》引王弼云："时人弃本崇末，故大其能寻本礼意也。"

③皇侃《论语义疏》："奢，奢侈也。俭，俭约也。"

④何晏《论语集解》引包咸曰："易，和易也。言礼之本意失于奢，不如俭；丧失于和易，不如哀戚。"皇侃《论语义疏》："戚，哀过礼也。"杨逢彬《论语新注新译》："这里意为为了不失礼而强忍悲痛和颜悦色，不如将悲恸尽情释放。"

【石按】

本章孔子借林放问礼，主张举行礼仪应忽略形式的隆重，注重感情的真诚。大哉问：问大哉！与其……宁……：与其……不如……。奢：奢侈。俭：节俭。易：强忍悲痛。戚：哀伤，此指放声大哭。

【今译】

林放问礼的根本。孔子说："意义重大啊，这个问题！就礼仪来说，与其奢侈，不如节俭；就丧事来说，与其强忍悲痛，不如放声大哭。"

3.5　子曰："夷狄之有君，不如诸夏之亡也①。"

【辑注】

①何晏《论语集解》引包咸曰："诸夏，中国。亡，无也。"朱熹《论语集注》引程子曰："夷狄且有君长，不如诸夏之僭乱，反无上下之分也。"

【石按】

本章孔子感叹中原各国多僭越，致使君主地位动摇。诸夏：中原诸国。如：像。亡：无，指君主名存实亡。

【今译】

孔子说："夷狄尚有君主，不像中原诸国君主名存实亡。"

3.6　季氏旅于泰山①。子谓冉有②曰："女弗能救与③？"对曰："不能。"子曰："呜呼！曾谓泰山不如林放乎④？"

【辑注】

①何晏《论语集解》引马融曰："旅，祭名也。礼：诸侯祭山川在其封内者。今陪臣祭泰山，非礼也。"

②朱熹《论语集注》："冉有，孔子弟子，名求，时为季氏宰。"

③何晏《论语集解》引马融曰："救，犹止也。"朱熹《论语集注》："救，谓救其陷于僭窃之罪。"

④皇侃《论语义疏》："林放尚能问礼本，况泰山之神聪明正直，而合歆此非礼之祀也乎？若遂歆此非礼之食，则此神反不如林放也。既必无歆理，岂可

诬罔而祭之乎？"

【石按】

本章孔子批判季孙氏僭越而祭泰山。按周制，只有天子、诸侯才可以祭祀境内名山，季氏以周公之后、鲁国正卿的身份竟然僭制旅祭泰山，弟子冉有作为季氏家臣也不劝阻，因此孔子愤而感叹。旅：旅祭，祭山。与：疑问语气词，同"欤"。曾：竟然。谓：认为。

【今译】

季氏去祭祀泰山。孔子对冉有说："你不能阻止吗？"冉有回答："不能。"孔子说："哎呀！你们竟然以为泰山之神还不如林放懂礼吗？"

3.7　子曰："君子无所争，必也射乎[1]！揖让而升下[2]，而饮[3]，其争也君子[4]。"

【辑注】

[1]钱穆《论语新解》："古射礼有四，一曰大射，天子诸侯卿大夫，当时之贵族阶层，用以选择其治下善射之士而升进使用之之礼也。二曰宾射，贵族相互间，朝见聘会时行之。三曰燕射，贵族于平常娱乐中行之。四曰乡射，行于平民社会，以习射艺。此章当指大射言。"

[2]皇侃《论语义疏》："射仪之礼：初，主人揖宾而进，交让而升堂。及射竟，胜负已决，下堂犹揖让不忘礼，故云'揖让而升下'也。"

[3]何晏《论语集解》引王肃曰："射于堂，升及下，皆揖让而相饮。"

[4]钱穆《论语新解》："射必争胜，然于射之前后，揖让升下，又相与对饮，

以礼化争，故其争亦不失为君子之争。"

【石按】

本章孔子论述了大射之礼，表现了古君子之风。射：射箭，古代的一种礼仪。揖：作揖。让：辞让。升下：上下堂阶。

【今译】

孔子说："君子与人无争，如有，那一定是射箭比赛！作揖辞让后才上下堂阶，然后共相饮酒。那争啊，不失为君子。"

3.8　子夏问曰："'巧笑倩兮，美目盼兮，素以为绚兮①。'何谓也？"子曰："绘事后素②。"曰："礼后③乎？"子曰："起予者商也④，始可与言《诗》已矣！"

【辑注】

①何晏《论语集解》引马融曰："倩，笑貌。盼，目动貌。绚，文貌。"朱熹《论语集注》："素，粉地，画之质也。绚，采色，画之饰也。"

②何晏《论语集解》引郑玄曰："绘，画文也。凡绘画，先布众采，然后以素分其间，以成其文。喻美女虽有倩盼美质，亦须礼以成之。"

③何晏《论语集解》引孔安国曰："孔子言'绘事后素'，子夏闻而解，知以素喻礼，故曰'礼后乎'。"李零《丧家狗——我读〈论语〉》："子夏问'礼后乎'，意思是，'礼'就是画画的底子吗？"

④皇侃《论语义疏》："起，发也。予，我也。"朱熹《论语集注》："起予，言能起发我之志意。"

【石按】

本章以解《诗经》为出发点，孔子论述了礼是一切教化的基础。上三句诗，第一句和第二句见于《诗经·卫风·硕人》。第三句可能是逸句。倩（qiàn）：面颊美好。盼：眼睛黑白分明。素：本色，白色。绚：文采。后素：后以白色勾勒。礼后：礼在绘画之后，礼是绘画的底子（喻指礼是教化的基础）。起：启发。

【今译】

子夏问道："'微笑的脸颊楚楚动人啊，美丽的眼睛黑白分明啊，再用素粉来增添她的华丽啊。'这三句说的是什么呢？"孔子说："你看绘画，最后才加素色。"子夏说："那么礼是绘画的底子吧（喻指礼是教化的基础）？"孔子说："启发我的是你卜商啊！从此可以跟你谈论《诗》了。"

3.9 子曰："夏礼，吾能言之，杞不足征也；殷礼，吾能言之，宋不足征也[1]。文献不足故也[2]，足则吾能征之矣。"

【辑注】

[1]何晏《论语集解》引包咸曰："征，成也。杞、宋，二国名，夏、殷之后。夏、殷之礼吾能说之，杞、宋之君不足以成也。"朱熹《论语集注》："征，证也。"

[2]何晏《论语集解》引郑玄曰："献，犹贤也。我不以礼成之者，以此二国之君文章贤才不足故也。"皇侃《论语义疏》："文，文章也。献，贤也。"

【石按】

本章孔子感叹因典籍和贤才的不足,不能佐证他对三代之礼的了解。杞(qǐ):周之封国,夏代之后,故城在今河南杞县。征:证明。宋:周之封国,商代之后,故城在今河南商丘南。文:文献典籍。献:贤才,指通晓礼仪掌故的人。

【今译】

孔子说:"夏代的礼我能说出来,杞国不足以为证;商代的礼我能说出来,宋国不足以为证。这是因为两国的典籍和贤才都不足的缘故,如果足够,那么我就能借以证明了。"

3.10 子曰:"禘①,自既灌而往者,吾不欲观之矣②。"

【辑注】

①皇侃《论语义疏》:"此章明鲁祭失礼也。禘者,大祭名也。"

②皇侃《论语义疏》:"灌者,献也,酌郁鬯酒献尸,灌地以求神也。"杨伯峻《论语译注》:"灌,本作'祼',祭祀中的一个节目。古代祭祀,用活人以代受祭者,这活人便叫'尸'。尸一般用幼小的男女。第一次献酒给尸,使他(她)闻到'郁鬯'(一种配合香料煮成的酒)的香气,叫做祼。"钱穆《论语新解》:"灌在迎牲之前,灌毕而后迎牲,尚是行礼之初。自灌以往即不欲观,无异言我不欲观有此禘礼。"孙钦善《论语注译》:"正是因为鲁君多僭用禘礼,故孔子不忍卒观。"

【石按】

本章孔子含蓄地批评了僭制的禘祭现象,也是一种失礼现象。禘祭是以祖先配天而祭，只有天子才有资格举行。由于周公对周朝有巨大功劳，所以成王特赐周公可以举行禘祭。可是，鲁以后诸公沿用此祭，僭用此礼，因此孔子不愿观看。禘（dì）：祭名，指禘祭。自既灌而往者：从第一次献酒以后。既：已。灌：酌酒浇地，禘祭开始时第一次献酒的一种仪式。而往者：以后之祭祀活动。

【今译】

孔子说："禘祭的礼，从第一次献酒以后，我就不想看下去了。"

3.11　或问禘之说①。子曰："不知也②。知其说者之于天下也，其如示诸斯乎！"指其掌③。

【辑注】

①皇侃《论语义疏》："或人闻孔子不欲观禘，故问孔子，以求知禘义之旧说也。"

②何晏《论语集解》引孔安国曰："答以不知者，为鲁君讳也。"

③何晏《论语集解》引包咸曰："孔子谓或人言：知禘礼之说者，于天下事，如指示以掌中之物。言其易了。"皇侃《论语义疏》："斯，此也。此，孔子掌中也。"

【石按】

本章孔子对禘祭的礼制装作不知而又强调它的重要，这是对鲁君僭用禘祭的讳言和不满。说：理论，说法。不知也：禘祭是天子之礼，孔子认为鲁国举行禘祭完全不应该。但要为鲁君讳恶，只好说不知。示：指示，指看。斯：此，此处代指手掌。指知道禘祭说法的人，对于天下的事很了解，了如指掌。

【今译】

有人问有关禘祭的说法。孔子说:"不知道。知道禘祭说法的人,对于天下的事,大概就好像指看它们在这里一样(那么容易)!"边说边指着自己的手掌。

3.12 祭如在①,祭神如神在②。子曰:"吾不与祭,如不祭③。"

【辑注】

①何晏《论语集解》引孔安国曰:"言事死如事生。"朱熹《论语集注》引程子曰:"祭,祭先祖也。祭神,祭外神也。祭先主于孝,祭神主于敬。"钱穆《论语新解》:"此祭字指祭祖先。"

②何晏《论语集解》引孔安国曰:"谓祭百神。"钱穆《论语新解》:"此两句,乃孔子弟子平时默观孔子临祭时情态而记之如此。"

③何晏《论语集解》引包咸曰:"孔子或出或病,而不自亲祭,使摄者为之,故不致肃敬于心,与不祭同。"钱穆《论语新解》:"孔子虽极重祭礼,然尤所重者,在致祭者临祭时之心情。"

【石按】

本章是门人记述孔子祭祀的诚意。祭如在:祭祀祖先时就好像祖先在面前。与:参与。

【今译】

孔子祭祀祖先时就好像祖先在面前一样,祭祀百神时就好像百神在面前一样。孔子说:"我不亲自参与祭祀,就如同不曾祭祀一样。"

3.13　王孙贾①问曰:"'与其媚于奥,宁媚于灶②',何谓也?"子曰:"不然。获罪于天,无所祷也③。"

【辑注】

①何晏《论语集解》引孔安国曰:"王孙贾,卫大夫。"

②何晏《论语集解》引孔安国曰:"奥,内也,以喻近臣。灶,以喻执政。贾,执政者。欲使孔子求昵之,微以世俗之言感动之。"朱熹《论语集注》:"媚,亲顺也。室西南隅为奥。灶者,五祀之一。……故世俗之语,因以奥有常尊,而非祭之主,灶虽卑微,而当时用事。"

③何晏《论语集解》引孔安国曰:"天以喻君。孔子拒之曰:如获罪于天,无所祷于众神。"

【石按】

本章记述了孔子执守礼仪、不献媚于人的品行。此章应是王孙贾向孔子请教应如何在卫国政局中自处。媚:献媚。奥:屋内西南角叫奥,为室内最尊贵的处所。古人认为其处有神,地位比较尊贵。灶:指灶神。灶神的地位比奥神低。获罪于天,无所祷也:孔子认为天居众神之上,为最高主宰,故这样说。

【今译】

王孙贾问道:"'与其献媚于一室之主的奥神,宁可献媚于比他卑微的灶神',这话是什么意思?"孔子说:"不对。如果得罪了老天爷,那就没有什么神可以祈祷了。"

3.14　子曰："周监于二代①，郁郁乎文哉②！吾从周。"

【辑注】

①皇侃《论语义疏》："监，视也。二代，夏、殷也。"

②皇侃《论语义疏》："郁郁，文章明著也。言以周世比视于夏、殷，则周家文章最著名大备也。"钱穆《论语新解》："文指礼乐制度文物，又称文章。"

【石按】

本章孔子赞美了周代礼制的完备，反映了他对周代文化的高度认同。监：看，借鉴。二代：夏、殷二代。郁郁：丰富，形容事物盛美、繁多。文：完美。从：赞同。

【今译】

孔子说："周代（的礼乐制度）借鉴了夏、殷二代，典章制度多么丰富完备啊！我赞同周代的。"

3.15　子入太庙①，每事问。或曰："孰谓鄹人之子知礼乎②？入太庙，每事问③。"子闻之曰："是礼也④。"

【辑注】

①何晏《论语集解》引包咸曰："太庙，周公庙。孔子仕鲁，鲁祭周公而助祭也。"

②何晏《论语集解》引孔安国曰："鄹，孔子父叔梁纥所治邑。"

③何晏《论语集解》引孔安国曰："时人多言孔子知礼，或人以为知礼者不

当复问。"

④何晏《论语集解》引孔安国曰："虽知之,当复问,谨之至也。"朱熹《论语集注》："孔子言是礼者,敬谨之至,乃所以为礼也。"

【石按】

本章记述了孔子年轻时对礼节的审慎。太庙:古代开国之君叫太祖,太祖之庙叫太庙。周公旦是鲁国的开国之君,鲁国的太庙就是周公的庙。鄹(zōu)人之子:叔梁纥的儿子,指孔子。鄹人:指孔子的父亲叔梁纥。他曾治鄹邑。孔子素以知礼闻名,故入太庙每事问引起人们的怀疑,其实这是对周公庙敬重的表现。

【今译】

孔子初进太庙,每件事都要询问。有人说:"谁说叔梁纥的儿子懂得礼呢?到了太庙,每件事都要问别人。"孔子听了这话,说:"这正是礼啊。"

3.16 子曰:"射不主皮①,为力不同科②,古之道也③。"

【辑注】

①何晏《论语集解》引马融曰:"射有五善焉:一曰和志,体和;二曰和容,有容仪;三曰主皮,能中质;四曰和颂,合雅颂;五曰兴武,与舞同。天子王侯,以熊、虎、豹皮为之。言射者不但以中皮为善,亦兼取和容也。"朱熹《论语集注》:"古者射以观德,但主于中,而不主于贯革。"

②皇侃《论语义疏》:"科,品也。"朱熹《论语集注》:"科,等也。……盖以人之力有强弱,不同等也。"

③朱熹《论语集注》:"周衰,礼废,列国兵争,复尚贯革,故孔子叹之。"

【石按】

本章孔子评述了乡射礼,认为射是尚德不尚力。不主皮:不以能否射中箭靶子为主。皮:指箭靶子。箭靶子叫侯,有用皮做的,有用布做的。为:因为。科:等级。

【今译】

孔子说:"射礼的比箭不以能否射中箭靶子为主,因为各人的力气不相同,这才是古人的射礼之道。"

3.17 子贡欲去告朔之饩羊①。子曰:"赐也!尔爱其羊,我爱其礼②。"

【辑注】

①何晏《论语集解》引郑玄曰:"牲生曰饩。礼:人君每月告朔于庙,有祭,谓之朝享。鲁自文公始不视朔,子贡见其礼废,故欲去其羊。"朱熹《论语集注》:"告朔之礼:古者天子常以季冬,颁来岁十二月之朔于诸侯,诸侯受而藏之祖庙。月朔,则以特羊告庙,请而行之。饩,生牲也。"

②何晏《论语集解》引包咸曰:"羊存,犹以识其礼;羊亡,礼遂废。"朱熹《论语集注》:"爱,犹惜也。"

【石按】

本章反映了孔子欲保存将废的礼仪,哪怕是没有实质的虚假形式。告朔:"朔",每月初一。每年秋冬之交,周天子把下一年的历书颁给诸侯。诸侯把得到的历书藏于祖庙,每月初一,杀一只活羊祭于祖庙,叫"告朔"或"告月"。鲁自文公开始,告朔之礼渐渐怠慢。子贡以为与其应付虚文,不如省下那只羊。饩(xì)羊:杀而不烹的活羊。爱:吝惜。

【今译】

子贡想把鲁国每月初一告祭祖庙的那只活羊去而不用。孔子说:"赐啊!你吝惜那只羊,我爱惜那个礼。"

3.18 子曰:"事君尽礼,人以为谄也①。"

【辑注】

①何晏《论语集解》引孔安国曰:"时事君者多无礼,故以有礼者为谄。"钱穆《论语新解》:"时三家强,公室弱,人皆附三家,见孔子事君尽礼,疑其为谄也。"

【石按】

本章孔子感叹世人事君多无礼。谄:谄媚。

【今译】

孔子说:"服事君主尽到礼节,世人反而认为是在谄媚。"

3.19 定公问:"君使臣,臣事君,如之何①?"孔子对曰:"君使臣以礼,臣事君以忠②。"

【辑注】

①何晏《论语集解》引孔安国曰："定公，鲁君谥。时臣失礼，定公患之，故问之。"

②邢昺《论语注疏》："言礼可以安国家，定社稷。止由君不用礼，则臣不竭忠。"

【石按】

本章孔子为鲁定公论君臣之道，强调君臣要以礼互动。定公：鲁君，名宋，昭公之弟，在位十五年。"定"是谥号。

【今译】

鲁定公问道："君主使用臣下，臣下服事君主，该如何呢？"孔子回答说："君主按礼节使用臣下，臣下用忠心服事君主。"

3.20　子曰："《关雎》乐而不淫，哀而不伤①。"

【辑注】

①何晏《论语集解》引孔安国曰："乐不至淫，哀不至伤，言其和也。"杨伯峻《论语译注》："《关雎》——《诗经》的第一篇。但这篇诗并没有悲哀的情调，因此刘台拱的《论语骈枝》说：'《诗》有《关雎》，《乐》亦有《关雎》，此章据《乐》言之。'"孙钦善《论语注译》："淫，过分。本章反映了孔子在控制情感方面的中庸思想。"

【石按】

本章是孔子对《关雎》乐章的评述。这里的《关雎》指乐章而言。淫：过分。

【今译】

孔子说："《关雎》这一乐章，欢乐而不过分，悲哀而不伤痛。"

3.21　哀公问社①于宰我②。宰我对曰："夏后氏以松，殷人以柏，周人以栗，曰：使民战栗③。"子闻之曰："成事不说，遂事不谏，既往不咎④。"

【辑注】

①皇侃《论语义疏》："社，社稷也。哀公见社稷种树之不同，故问宰我也。哀公，鲁君也。"

②皇侃《论语义疏》："宰我，孔子弟子，姓宰，名予，字子我也。"

③何晏《论语集解》引孔安国曰："凡建邦立社，各以其土所宜之木。宰我不本其本意，妄为之说。因周用栗，便云使民战栗。"钱穆《论语新解》："三代所树社木及所为社主各不同。夏居河东，其野宜松。殷居亳，其野宜柏。周居酆镐，其野宜栗。"

④何晏《论语集解》引包咸曰："事已成，不可复解说。事已遂，不可复谏止。事已往，不可复追咎。孔子非宰我，故历言此三者，欲使慎其后。"

【石按】

本章孔子认为，宰我对三代社主文化的解释（使民战栗）违背了"为政以德"的主张，因此持否定态度。社：土地神，这里指社主，即土地神的牌位。说：解说。遂：已实行。谏：谏阻。既：已经。咎：怪罪。

【今译】

哀公向宰我询问社主的事。宰我回答说:"夏代用松树(做社主),殷代用柏树(做社主),周代用栗树(做社主)。栗树意思是使老百姓畏惧战栗。"孔子听到了,说:"已完成的事情不再解说,已实行的事情不再谏阻,已过去的事情不再怪罪。"

3.22 子曰:"管仲之器小哉①!"或曰:"管仲俭乎?"曰:"管氏有三归②,官事不摄③,焉得俭?""然则管仲知礼乎?"曰:"邦君树塞门④,管氏亦树塞门。邦君为两君之好,有反坫⑤,管氏亦有反坫。管氏而知礼,孰不知礼?"

【辑注】

①何晏《论语集解》:"言其器量小也。"皇侃《论语义疏》:"管仲者,齐桓公之相管夷吾也。齐谓之仲父,故呼为管仲也。"

②俞樾《群经平议》:"谓管仲自朝而归,其家有三处也。"

③何晏《论语集解》引包咸曰:"摄,犹兼也。礼:国君事大,官各有人,大夫兼并。今管仲家臣备职,非为俭。"

④皇侃《论语义疏》:"邦君,谓诸侯也。树塞门,谓立屏以障隔门,别外内。礼:天子、诸侯并有之也。……管仲是大夫,亦学诸侯,于门立屏,故云'亦树塞门'也。"

⑤何晏《论语集解》引郑玄曰:"反坫,反爵之坫,在两楹之间。……若与邻国为好会,其献酢之礼更酌,酌毕则各反爵于坫上。今管氏皆僭为之如是,

是不知礼。"杨伯峻《论语译注》："坫，用以放置器物的设备，用土筑成的，形似土堆。"

【石按】

本章是孔子对管仲的评价。管仲：春秋时齐国人，名夷吾，曾做齐桓公的相，使齐国称霸诸侯。三归：三处家。摄：兼职。树塞门：树立照壁。树：树立。塞门：用以间隔内外视线的门屏，类似后来的照壁。反坫（diàn）：放置酒器、礼器的土台，在两楹之间。

【今译】

孔子说："管仲的器量太小了！"有人问："管仲节俭吗？"孔子说："管仲有三处家，各处各项职事，都设有专人，不兼摄，怎么算得上节俭呢？"又有人问："那么管仲懂得礼节吗？"孔子说："国君在宫殿门前立了个照壁，管仲也立了个照壁。国君设宴招待外国的君主，在堂上筑了个放置酒杯的土台子，管仲也筑了个这样的土台子。管仲如果懂得礼节，那还有谁不懂得礼节？"

3.23　子语鲁大师乐[1]，曰："乐其可知也：始作，翕如也[2]；从之，纯如也[3]，皦如[4]也，绎如[5]也，以成。"

【辑注】

[1]何晏《论语集解》："大师，乐官名。"

[2]何晏《论语集解》："五音始奏，翕如盛。"朱熹《论语集注》："翕，合也。"钱穆《论语新解》："翕，合义。翕如，谓钟声既起，闻者皆翕然振奋，是

为乐之始。"

③何晏《论语集解》："从，读曰纵。言五音既发，放纵尽其音声，纯纯和谐也。"

④何晏《论语集解》："言其音节明也。"

⑤皇侃《论语义疏》："绎，寻续也。言声相寻续而不断绝也。"

【石按】

本章孔子对鲁太师论述音乐，把和谐作为乐的基本要求。语（yù）：告诉。大（tài）师：乐官之长。翕（xī）如：乐声突起的样子。从（zòng）：随后，放开以后。纯如：纯一和谐的样子。皦（jiǎo）如：节奏分明的样子。绎如：余音袅袅的样子。

【今译】

孔子告诉鲁国太师音乐（的演奏）。说："音乐应该是可以通晓的：开始演奏，翕然振奋；放开以后，纯一和谐，节奏分明，余音袅袅，然后完成。"

3.24　仪封人请见①，曰："君子之至于斯也，吾未尝不得见也。"从者见之②。出，曰："二三子，何患于丧乎③？天下之无道也久矣，天将以夫子为木铎④。"

【辑注】

①何晏《论语集解》引郑玄曰："仪，盖卫邑。封人，官名。"朱熹《论语集注》："封人，掌封疆之官。"

②何晏《论语集解》引包咸曰:"从者,弟子随孔子行者。"

③何晏《论语集解》引孔安国曰:"语诸弟子,言何患于夫子圣德之将丧亡邪?天下之无道也久矣,极衰必盛。"

④何晏《论语集解》引孔安国曰:"木铎,施政教时所振也。言天将命孔子制作法度,以号令于天下。"

【石按】

本章仪封人认为,孔子有德有道,必将拯救乱世。仪:地名。封人:边疆守官。见:谒见。从者:跟随孔子的弟子。丧(sàng):不得志。木铎(duó):木舌的铜铃。古时发号施令时摇木铎。

【今译】

卫国仪邑的封疆官请求谒见孔子,说:"所有来到此地的君子,我从来没有不能见的。"孔子的随行弟子让他谒见了孔子。他见后出来说:"诸位,何必忧虑你们先生的暂时失意呢?天下无道的情况已经持续很久了,上天将要把你们的夫子作为木铎(来号令天下)。"

3.25 子谓《韶》①:"尽美矣,又尽善也②。"谓《武》③:"尽美矣,未尽善也。"

【辑注】

①何晏《论语集解》引孔安国曰:"《韶》,舜乐名。谓以圣德受禅,故尽善。"

②杨树达《论语疏证》:"声音之道与政通,乐者政之发于声音者也,古

人闻其乐而知其政。舜揖让传贤为大同之治,武王征诛世及为小康。故孔子称《韶》乐为尽美尽善,《武》尽美而未尽善也。……小康始于禹者,以其传子,创世及之制,违反选贤与能之道也。"

③何晏《论语集解》引孔安国曰:"《武》,武王乐也。以征伐取天下,故未尽善。"

【石按】

本章孔子对《韶》乐和《武》乐评价不同,反映了孔子对舜与武王得天下的方式有不同看法。舜以文德受尧之禅,武王以兵力革商之命。因此,《韶》尽美尽善,《武》尽美而未尽善。

【今译】

孔子评价《韶》乐:"美极了,而且好极了。"评价《武》乐:"美极了,却还不够好。"

3.26 子曰:"居上不宽,为礼不敬,临丧不哀,吾何以观之哉①?"

【辑注】

①皇侃《论语义疏》:"此说当时失德之君也。为君居上者,宽以得众,而当时居上者不宽也;又礼以敬为主,而当时行礼者不敬也;又临丧以哀为主,而当时临丧者不哀。此三条之事并为乖礼,故孔子所不欲观。"

【石按】

本章是孔子对春秋末年贵族阶层失礼现象的整体描述,认为上述表现都不足观。居上：居上位，指贵族统治者。宽：宽厚，指行德政。临丧：居丧。

【今译】

孔子说："居上位而不宽厚，行礼时而不庄敬，居丧时而不悲哀，我还有什么可以看的？"

里仁第四

4.1 子曰:"里仁为美^①。择不处仁,焉得知^②?"

【辑注】

①何晏《论语集解》引郑玄曰:"里者,人之所居。居于仁者之里,是为美。"杨伯峻《论语译注》:"里,这里可以看为动词。居住也。"

②何晏《论语集解》引郑玄曰:"求居而不处仁者之里,不得为有知。"

【石按】

本章孔子认为,选择住处要以有无仁德之风为标准。里:居住,动词。择:择居。处(chǔ):居住。知:后写作"智"。

【今译】

孔子说:"居住在仁德之地为好。择居而不居住在仁德之地,怎么能算是明智呢?"

4.2 子曰："不仁者不可以久处约，不可以长处乐①。仁者安仁②，知者利仁③。"

【辑注】

①皇侃《论语义疏》："约，犹贫困也。夫君子处贫愈久，德行无变。若不仁之人久居约，则必斯滥为盗，故不可久处也。乐，富贵也。君子富贵愈久，愈好礼不倦。若不仁之人久处富贵，必为骄溢也。"

②何晏《论语集解》引包咸曰："唯性仁者自然体之，故谓安仁。"

③何晏《论语集解》引王肃曰："知仁为美，故利而行之。"

【石按】

本章孔子分析了不仁者与仁者的不同表现，认为唯有仁者能安贫乐道。约：贫困。乐：安乐。安：习。利：贪。

【今译】

孔子说："没有仁德的人不能长期过贫困的生活，也不能长期过安乐的生活。有仁德的人安于实现仁，有智慧的人因仁有利才实现仁。"

4.3 子曰："唯仁者能好人，能恶人①。"

【辑注】

①皇侃《论语义疏》："夫仁人不佞，故能言人之好恶，是能好人能恶人也。"朱熹《论语集注》引游氏曰："好善而恶恶，天下之同情，然人每失其正者，心有所系而不能自克也。惟仁者无私心，所以能好恶也。"

【石按】

本章孔子认为，仁是区分善恶的标准。好（hào）：喜好。恶（wù）：厌恶。

【今译】

孔子说："只有有仁德的人才能真心地喜好某人，才能真心地厌恶某人。"

4.4 子曰："苟志于仁矣，无恶也①。"

【辑注】

①何晏《论语集解》引孔安国曰："苟，诚也。言诚能志于仁，则其余终无恶。"朱熹《论语集注》："志者，心之所之也。其心诚在于仁，则必无为恶之事矣。"

【石按】

本章孔子断言有志于修养仁德的人品质不坏。苟：假如。志：立志。

【今译】

孔子说："假如已立志修养仁德了，也就不会做坏事了。"

4.5 子曰："富与贵是人之所欲也，不以其道得之，不处也①。贫与贱是人之所恶也，不以其道得之，不去也②。君子去仁，恶乎成名③？君子无终食之间违仁④，造次必于是，颠沛必于是⑤。"

【辑注】

①何晏《论语集解》引孔安国曰:"不以其道得富贵,则仁者不处。"朱熹《论语集注》:"不以其道得之,谓不当得而得之。"

②杨伯峻《论语译注》:"'富与贵'可以说'得之','贫与贱'却不是人人想'得之'的。这里也讲'不以其道得之','得之'应该改为'去之'。"

③何晏《论语集解》引孔安国曰:"恶乎成名者,不得成名为君子。"

④皇侃《论语义疏》:"终食,食间也。"

⑤何晏《论语集解》引马融曰:"造次,急遽。颠沛,僵仆。虽急遽、僵仆,不违仁。"朱熹《论语集注》:"造次,急遽苟且之时。颠沛,倾覆流离之际。……言君子为仁,自富贵、贫贱、取舍之间,以至于终食、造次、颠沛之顷,无时无处而不用其力也。"

【石按】

本章孔子强调,君子在任何情况下都应该坚守仁德。不处:不接受。不去:不去除。恶乎:于何处。恶(wū):何。终食之间:一顿饭的功夫,指时间短,一刻。造次:匆忙急促时。颠沛:困难奔波时。

【今译】

孔子说:"富有与尊贵,这是每个人所盼望的,如果不按仁义之道就得到了富贵,君子决不接受。贫穷和低贱,这是每个人所厌恶的,如果不按仁义之道摆脱贫贱,君子决不去除。君子离开了仁,还能在哪方面成名呢?君子一刻(哪怕是一顿饭的功夫)也离不开仁,匆忙急促时一定执着于仁,困难奔波时一定执着于仁。"

4.6 子曰:"我未见好仁者,恶不仁者。好仁者,无以尚之①;恶不仁者,其为仁矣,不使不仁者加乎其身②。有能一日用其力于仁矣乎?我未见力不足者③。盖有之矣,我未之见也。"

【辑注】

①何晏《论语集解》引孔安国曰:"难复加也。"

②朱熹《论语集注》:"恶不仁者真知不仁之可恶,故其所以为仁者,必能绝去不仁之事,而不使少有及于其身。"

③皇侃《论语义疏》:"言只故不行耳,若行之则力必足也。"

【石按】

本章孔子感叹世人行仁之难。无以尚之:无法超过。尚:超过。盖:大概,也许。

【今译】

孔子说:"我没有见到过喜好仁德的人和厌恶不仁的人。喜好仁德的人,是无法超过的;厌恶不仁的人,他行仁德,就是不让不仁德的人影响自己。真有人肯花一天之力来用在仁上吗?我没有见过能力不够的。也许真有,但我没看见。"

4.7 子曰:"人之过也,各于其党①。观过,斯知仁矣②。"

【辑注】

①何晏《论语集解》引孔安国曰:"党,党类。"朱熹《论语集注》:"党,

类也。程子曰：'人之过也，各于其类。君子常失于厚，小人常失于薄；君子过于爱，小人过于忍。'"

②孙钦善《论语注译》："'仁'指仁德，仁人亦难免无过，但仁人之过，无论从其过错性质来看，还是从其对待过错的态度来看，皆与不仁人之过迥别。因此孔子认为一个人的过错，亦可作为判断一个人是否具有仁德的根据，这里含有从反面看问题的辩证法。"

【石按】

本章孔子从人的过错来看一个人的仁德。党：类。斯知仁矣：就知道仁德了。斯：就。

【今译】

孔子说："人的过错，各属于一定的类型。观察某人的过错，就可知他是否有仁德了。"

4.8 子曰："朝闻道，夕死可矣①。"

【辑注】

①朱熹《论语集注》："道者，事物当然之理。苟得闻之，则生顺死安，无复遗恨矣。朝夕，所以甚言其时之近。"钱穆《论语新解》："人生必有死，死又不可预知。正因时时可死，故必急求闻道。"李泽厚《论语今读》："这是非常著名的篇章，言'道'之不易'闻'，宜穷一生以求之也。宗教性特征极强。因为它连结生、死问题。……中国的'闻道'与西方的'认识真理'并不相同。后者发展为认识论，前者为纯'本体论'：它强调身体力行而归依，并不重对客体

包括上帝作为认识对象的知晓。"

【石按】

本章表明了孔子急于闻道的迫切性。"道",有时指微观的法则、原则、方法,有时指宏观的人生之道、社会之道。本章的"道"应是孔子所追求的人生大道。

【今译】

孔子说:"早晨听闻到真理,就是当晚死去也可以了。"

4.9　子曰:"士志于道,而耻恶衣恶食者,未足与议也①。"

【辑注】

①皇侃《论语义疏》:"若欲志于道而耻恶衣恶食者,此则是无志之人,故不足与共谋议于道也。"钱穆《论语新解》:"士在孔子时,乃由平民社会升入贵族阶层一过渡的身份。……但孔子之教,在使学者由明道而行道,不在使学者求仕而得仕。……盖道关系天下后世之公,衣食则属一人之私,其人不能忘情于一己衣食之美恶,岂能为天下后世作大公之计而努力以赴之?"

【石按】

本章孔子认为关心一己利益的人不足与之谋大事。而:如果。耻恶衣恶食:以恶衣恶食为耻。

【今译】

孔子说:"士人应立志追求真理,如果以粗衣淡饭为羞耻,这种人不值得与他去共谋大事。"

4.10　子曰："君子之于天下也，无适也，无莫也①，义之与比②。"

【辑注】

①皇侃《论语义疏》："言君子之于天下，无适无莫，无所贪慕也，唯义之所在也。"刘宝楠《论语正义》："《释文》云：'适，郑（玄）作敌。莫，郑（玄）音慕，无所贪慕也。'"

②朱熹《论语集注》："比，从也。"

【石按】

本章孔子论君子待人的态度应以"义"为依据。适：通"敌"，敌对，敌视。莫：通"慕"，羡慕。义之与比：与义比。

【今译】

孔子说："君子对待天下（的人和事），既不敌视，也不羡慕，只求合于义便从。"

4.11　子曰："君子怀德，小人怀土①；君子怀刑，小人怀惠②。"

【辑注】

①何晏《论语集解》引孔安国曰："怀，安也。""怀土，重迁。"

②何晏《论语集解》引孔安国曰："怀刑，安于法。"何晏《论语集解》引包咸曰："惠，恩惠。"

【石按】

本章孔子论君子与小人之别：君子关心德政与法度，小人关心乡土和实惠。

怀：关心。

【今译】

孔子说："君子关心德政，小人关心乡土；君子关心法度，小人关心实惠。"

4.12　子曰："放于利而行，多怨①。"

【辑注】

①何晏《论语集解》引孔安国曰："放，依也。每事依利而行，取怨之道。"朱熹《论语集注》："放，上声。"

【石按】

本章孔子劝人不要依据个人利益行事。放（fǎng）：依据。

【今译】

孔子说："只依据个人利益行事，会招致很多怨恨。"

4.13　子曰："能以礼让为国乎？何有①？不能以礼让为国，如礼何②？"

【辑注】

①何晏《论语集解》："何有者，言不难也。"
②朱熹《论语集注》："让者，礼之实也。何有，言不难也。言有礼之实以为国，则何难之有，不然，则其礼文虽具，亦且无如之何矣，而况于为国乎？"

【石按】

本章孔子强调应以礼让治国。为国：治国。何有：有何？有什么困难？如……何：把……怎么办。

【今译】

孔子说："能够用礼让治国吗？那有什么难的呢？不能用礼让治国，那又把礼让怎么办呢？"

4.14 子曰："不患无位，患所以立①。不患莫己知，求为可知也②。"

【辑注】

①皇侃《论语义疏》："时多患无爵位，故孔子抑之也。言何患无位，但患己才暗无德以处立于位耳。"

②皇侃《论语义疏》："又言若有才伎，则不患人不见知也。……若欲得人见知，唯当先学才伎，使足人知。"

【石按】

本章孔子主张看淡名与位，追求德与能。所以立：用来立身的凭借。莫己知：莫知己。为可知：让人可以了解的依据。

【今译】

孔子说："不要担心没有职位，应该担心有没有足以任职的德行与能力。不要担心没有人了解自己，应该求取让人可以了解的德行与才能。"

4.15　子曰："参乎！吾道一以贯之①。"曾子曰："唯。"子出，门人问曰："何谓也？"曾子曰："夫子之道，忠恕而已矣②。"

【辑注】

①皇侃《论语义疏》："贯，犹统也，譬如以绳穿物，有贯统也。孔子语曾子曰：吾教化之道，唯用一道以贯统天下万理也。"

②朱熹《论语集注》："尽己之谓忠，推己之谓恕。而已矣者，竭尽而无余之辞也。"

【石按】

本章曾子表述了孔子思想的精髓。吾道一以贯之：吾道以一贯之。唯：答应的声音。"己欲立而立人，己欲达而达人"，此之谓"忠"。"己所不欲，勿施于人"，此之谓"恕"。

【今译】

孔子说："参啊！我的学说用一个中心思想贯穿其中。"曾子应道："是。"孔子出去后，其他同学问："这话什么意思？"曾子说："先生的学说，只是忠和恕罢了。"

4.16　子曰："君子喻①于义，小人喻于利。"

【辑注】

①何晏《论语集解》引孔安国曰："喻，犹晓也。"皇侃《论语义疏》引范宁曰："弃货利而晓仁义，则为君子；晓货利而弃仁义，则为小人。"

【石按】

本章孔子通过君子与小人之别强调"义"的重要。孔子并非全不言利,只是反对见利忘义。喻:知晓,明白。

【今译】

孔子说:"君子知晓的是仁义,小人知晓的是利益。"

4.17　子曰:"见贤思齐焉①,见不贤而内自省也②。"

【辑注】

①何晏《论语集解》引包咸曰:"思与贤者等。"
②朱熹《论语集注》:"内自省者,恐己亦有是恶。"

【石按】

本章孔子论如何修德以存仁义。思齐:想着向他看齐。齐:动词。自省(xǐng):自我反省,反省自己是否也有如此不贤。

【今译】

孔子说:"遇见贤人便想着向他看齐,遇见不贤之人便应该内心自我反省。"

4.18　子曰:"事父母,几谏①,见志不从,又敬不违②,劳而不怨③。"

【辑注】

①何晏《论语集解》引包咸曰:"几者,微也。当微谏,纳善言于父母。"

②何晏《论语集解》引包咸曰："见志，见父母志有不从己谏之色，则又当恭敬，不敢违父母意而遂己之谏。"

③钱穆《论语新解》："劳，忧义。子女见父母有过，当忧不当怨。"

【石按】

本章孔子论侍奉父母之道。几（jī）：微，委婉。志：指父母之志。违：违背，触犯。劳：心忧。

【今译】

孔子说："侍奉父母，（若父母有过）当委婉劝谏，见父母心里不听从，仍要恭敬而不违背其心意，只是担忧，却不怨恨。"

4.19　子曰："父母在，不远游，游必有方①。"

【辑注】

①何晏《论语集解》引郑玄曰："方，犹常也。"皇侃《论语义疏》："《曲礼》云：'为人子之礼，出必告，反必面，所游必有常，所习必有业。'"

【石按】

本章孔子论子女要体谅父母的爱心。方：地方，去处。

【今译】

孔子说："父母在世，不离家远行，如必须远行，必定要有一定的去处。"

4.20　子曰:"三年无改于父之道,可谓孝矣。"

【石按】

本章重出。参见 1.11。

4.21　子曰:"父母之年,不可不知也。一则以喜,一则以惧①。"

【辑注】

①何晏《论语集解》引孔安国曰:"见其寿考则喜,见其衰老则惧。"朱熹《论语集注》:"知,犹记忆也。"

【石按】

本章孔子论要尽心孝顺父母。

【今译】

孔子说:"父母的年龄不可不谨记在心。一方面因(高寿)而喜悦,另一方面因(年高)而担忧。"

4.22　子曰:"古者言之不出,耻躬之不逮也①。"

【辑注】

①何晏《论语集解》引包咸曰:"古人之言不妄出口,为身行之将不及。"皇侃《论语义疏》:"躬,身也。逮,及也。"

【石按】

本章孔子告诫学者应讷于言而敏于行。耻：以……为耻。躬：自身。逮：赶上，做到。

【今译】

孔子说："古人话语不轻易出口，是羞耻于自己做不到。"

4.23　子曰："以约失之者鲜矣①。"

【辑注】

①皇侃《论语义疏》："鲜，少也。"程树德《论语集释》引《四书诠义》："约者，束也。内束其心，外束其身，谨言慎行，审密周详，谦卑自牧，皆所谓约。"

【石按】

本章孔子劝人做人做事要有所约束和自律。约：约束，指严于修身。鲜（xiǎn）：少。

【今译】

孔子说："因约束自己而发生过失，这是少有的。"

4.24　子曰："君子欲讷于言而敏于行①。"

【辑注】

①何晏《论语集解》引包咸曰："讷，迟钝也。言欲迟而行欲疾。"朱熹

《论语集注》引谢氏曰:"放言易,故欲讷;力行难,故欲敏。"

【石按】

本章孔子论君子的言行关系。讷(nè):说话迟钝。

【今译】

孔子说:"君子常想说话迟钝些,做事敏捷些。"

4.25　子曰:"德不孤,必有邻①。"

【辑注】

①皇侃《论语义疏》:"言人有德者,此人非孤然,而必有善邻里。"朱熹《论语集注》:"邻,犹亲也。德不孤立,必以类应。故有德者,必有其类从之,如居之有邻也。"

【石按】

本章孔子认为有仁德者必有善邻。

【今译】

孔子说:"有德者是不会孤立存在的,必有善邻影响他。"

4.26　子游曰:"事君数,斯辱矣,朋友数,斯疏矣①。"

【辑注】

①朱熹《论语集注》:"程子曰:'数,烦数也。'胡氏曰:'事君谏不行,则

当去；导友善不纳，则当止。至于烦渎，则言者轻，听者厌矣，是以求荣而反辱，求亲而反疏也。'"

【石按】

本章子游论君臣、朋友相处之道，与人相处要把握分寸。数（shuò）：频繁。斯：就。

【今译】

子游说："侍奉君主，如果频繁进谏，就会招致羞辱；对待朋友，如果反复劝告，就会导致疏远。"

公冶长第五

5.1 子谓公冶长[①]:"可妻也。虽在缧绁之中,非其罪也[②]。"以其子妻之[③]。子谓南容[④]:"邦有道,不废;邦无道,免于刑戮[⑤]。"以其兄之子妻之[⑥]。

【辑注】

①何晏《论语集解》引孔安国曰:"公冶长,弟子,鲁人也。姓公冶,名长。"

②何晏《论语集解》引孔安国曰:"缧,黑索。绁,系也。所以拘罪人。"

③皇侃《论语义疏》:"评之既竟,而遂以女嫁之也。"

④何晏《论语集解》引王肃曰:"南容,弟子南宫绦,鲁人也,字子容。"

⑤皇侃《论语义疏》:"明南宫之德也。若遭国君有道,则出仕官,不费己之才德也;若君无道,则危行言逊,以免于刑戮也。"

⑥钱穆《论语新解》:"孔子有兄孟皮,早卒,孔子以孟皮之女嫁南容。"

【石按】

本章是孔子对弟子公冶长与南容德行的评价。妻（qì）：去声，动词，嫁与作妻。缧绁（léi xiè）：这里指监狱。以其子妻之：把自己的女儿嫁给了他。子：儿女，此处指女儿。邦：国家。有道：政治清明。无道：政治黑暗。

【今译】

孔子评论公冶长："可以把女儿嫁给他。虽然被关在监狱中，并不是他的罪过。"把自己的女儿嫁给了他。孔子评论南容："国家政治清明，他会任官而不会被废弃；国家政治黑暗，他能免遭刑罚。"把自己的侄女嫁给了他。

5.2 子谓子贱①："君子哉若人②！鲁无君子者，斯焉取斯③？"

【辑注】

①何晏《论语集解》引孔安国曰："子贱，鲁人，弟子宓不齐。"
②钱穆《论语新解》："若人：犹云此人，指子贱。"
③朱熹《论语集注》："上斯斯此人，下斯斯此德。"钱穆《论语新解》："斯，此也。上斯字指子贱。下斯字指其品德。"

【石按】

本章孔子赞扬了宓子贱的德行，认为这美德是鲁君子的影响。君子哉若人：若人君子哉！若：这，指示代词。斯焉取斯：这人从哪里学取这样的好品德。斯：这人。焉：哪里。斯：指品德。

【今译】

孔子评论宓子贱："这人是君子啊！鲁国如果没有君子，这人从哪里学取这样的好品德呢？"

5.3 子贡问曰："赐也何如①？"子曰："女，器也②。"曰："何器也？"曰："瑚琏③也。"

【辑注】

①钱穆《论语新解》："赐，子贡名。与师言，自称名，敬也。子贡闻孔子历评诸弟子，问己如何。"

②朱熹《论语集注》："器者，有用之成材。"

③何晏《论语集解》引包咸曰："瑚琏，黍稷之器。夏曰瑚，殷曰琏，周曰簠簋，宗庙器之贵者。"钱穆《论语新解》："瑚琏乃宗庙中盛黍稷之器。……言其既贵重，又华美，如后世言廊庙之材。"

【石按】

本章是孔子对子贡的评价。女：即"汝"，指子贡。器：器皿。瑚琏（hú liǎn）：古代祭祀时用来盛稷黍的器物，在宗庙器物中算是贵重的。本章是说子贡虽达不到"君子不器"的境界，但也是可重用的人才。

【今译】

子贡问道："我怎么样？"孔子说："你是一件有用之器。"子贡说："什么器物？"孔子说："宗庙里盛黍稷的瑚琏。"

5.4 或曰:"雍也仁而不佞①。"子曰:"焉用佞?御人以口给②,屡憎于人。不知其仁③,焉用佞?"

【辑注】

①何晏《论语集解》引马融曰:"雍,弟子仲弓名,姓冉。"朱熹《论语集注》:"佞,口才也。仲弓为人重厚简默,而时人以佞为贤,故美其优于德,而病其短于才也。"

②朱熹《论语集注》:"御,当也,犹应答也。给,辨也。"

③孙钦善《论语注译》:"不知其仁:佯称不知,实际讳称其未达到仁。"

【石按】

本章孔子论仁者在言语方面的要求。佞(nìng):有口才,能言善辩。御:对付。口给:口中随时有供给,谓"能言善辩"。给(jǐ):供给。

【今译】

有人说:"冉雍嘛,有仁德却没有口才。"孔子说:"哪里定要有口才呢?用能言善辩对付人,常被人厌恶。不知他是否有仁德,哪里定要有口才呢?"

5.5 子使漆雕开仕①。对曰:"吾斯之未能信②。"子说。

【辑注】

①何晏《论语集解》引孔安国曰:"开,弟子。姓漆雕,名开。"

②皇侃《论语义疏》引范宁曰:"开(漆雕开)知其学未习究治道,不能使民信己。孔子悦其志道之深,不汲汲于荣禄也。"

【石按】

本章记述了孔子深喜漆雕开追求学道而不急于禄位。仕：做官。吾斯之未能信：吾未能自信于斯。

【今译】

孔子让漆雕开去做官。漆雕开回答说："我对此事还不能自信。"孔子听了很高兴。

5.6 子曰："道不行，乘桴浮于海①。从我者，其由与②？"子路闻之喜。子曰："由也，好勇过我③，无所取材④。"

【辑注】

①何晏《论语集解》引马融曰："桴，编竹木。大者曰筏，小者曰桴。"皇侃《论语义疏》："孔子圣道不行于世，故或欲居九夷，或欲乘桴泛海。"

②皇侃《论语义疏》："由，子路也。"

③皇侃《论语义疏》："然孔子本意托乘桴激时俗，而子路信之将行，既不达微旨，故孔子不复更言其实，且先云'由好勇过我'以戏之也。"

④何晏《论语集解》引郑玄曰："子路信夫子，欲行，故言好勇过我。无所取材者，无所取于桴材。以子路不解微言，故戏之耳。一曰：子路闻孔子欲浮海便喜，不复顾望，顾孔子叹其勇曰过我，无所取哉，言唯取于己。古字材、哉字同。"朱熹《论语集注》："材，与裁同，古字借用。……故夫子美其勇，而讥其不能裁度事理，以适于义也。"

【石按】

本章旨意历代注家意见不一。大多认为孔子于此处流露出"道不行"的失落。道：主张、思想、学说。桴（fú）：用竹或木编成的当船用的小筏子。其由与：大概是子路吧？其：大概。与：欤，疑问语气词。材：通"裁"，裁度。孔子认为子路有勇，所以加以赞扬，当见其沾沾自喜，好胜心切，故又加以抑止。

【今译】

孔子说："主张不能实现，我将乘坐小竹筏到海上去漂流。跟随我的，大概是子路吧？"子路听到后很高兴。孔子又说："子路啊，好勇超过了我，但无法裁度事理。"

5.7 孟武伯问："子路仁乎？"子曰："不知也①。"又问②。子曰："由也，千乘之国，可使治其赋也③。不知其仁也。""求也何如？"子曰："求也，千室之邑，百乘之家，可使为之宰也④。不知其仁也。""赤也何如⑤？"子曰："赤也，束带立于朝，可使与宾客言也⑥。不知其仁也。"

【辑注】

①何晏《论语集解》引孔安国曰："仁道至大，不可全名。"

②钱穆《论语新解》："孟武伯又问，然则子路为何等人。"

③何晏《论语集解》引孔安国曰："赋，兵赋。"

④何晏《论语集解》引孔安国曰："千室之邑，卿大夫之邑。卿大夫称家，诸侯千乘，大夫故曰百乘。宰，家臣。"

⑤何晏《论语集解》引马融曰："赤，弟子公西华。有容仪，可使为行人。"

⑥皇侃《论语义疏》引范宁曰:"束带,整朝服也。宾客,邻国诸侯来相聘享也。"钱穆《论语新解》:"宾者大客,如国君上卿。客者小宾,国君上卿以下。两字分用有别,合用则通。"

【石按】

本章记述孔子对诸弟子不轻许为"仁",说明"仁"是一种很高的道德标准。赋:兵赋,泛指军旅之事。治赋即治军。邑:分公邑和采邑两种。公邑直辖于诸侯,采邑是卿大夫的封地。家:古代卿大夫的封地,即采邑。宰:古代卿大夫的家臣和采邑的长官都称宰。束带:整束衣带。

【今译】

孟武伯问:"子路是仁人吗?"孔子说:"不知道。"孟武伯再问。孔子说:"仲由嘛,有一千辆兵车的国家,可以让他掌管军事。不知道他是否达到了仁。""冉求怎么样?"孔子说:"冉求嘛,千户人口的私邑,百辆兵车的封地,可以让他做总管。不知道他是否达到了仁。""公西赤怎么样?"孔子说:"公西赤嘛,穿着整齐的礼服,站在朝堂之上,可以让他负责外交。不知道他是否达到了仁。"

5.8 子谓子贡曰:"女与回也孰愈①?"对曰:"赐也何敢望回②?回也闻一以知十,赐也闻一以知二。"子曰:"弗如也,吾与女弗如也③。"

【辑注】

①何晏《论语集解》引孔安国曰:"愈,犹胜也。"

②孙钦善《论语注译》:"望:比。"

③何晏《论语集解》引包咸曰："既然子贡不如，复云吾与女俱不如者，盖欲以慰子贡也。"朱熹《论语集注》："与，许也。"

【石按】

本章是对颜回悟性的高度评价。孰愈：谁强。愈：胜过，强。望：比。与：有二解。包咸："我与汝均不如。"与，连词，和。朱熹："我赞许汝能自谓弗如。"与，动词，赞许。我们采用包咸说。

【今译】

孔子对子贡说："你与颜回，谁强？"子贡回答说："我嘛，哪里敢跟颜回比？颜回，听到一件事能推知十件事；我，听到一件事，只能推知两件事。"孔子说："不如他啊，我和你都不如他啊！"

5.9 宰予昼寝①。子曰："朽木不可雕也，粪土之墙不可杇也②，于予与何诛③？"子曰④："始吾于人也，听其言而信其行；今吾于人也，听其言而观其行。于予与改是⑤。"

【辑注】

①何晏《论语集解》引包咸曰："宰予，弟子宰我。"皇侃《论语义疏》："寝，眠也。宰予惰学而昼寝也。"

②何晏《论语集解》引包咸曰："朽，腐也。雕，雕琢刻画。"何晏《论语集解》引王肃曰："杇，镘也。此二者喻虽施功犹不成也。"皇侃《论语义疏》："墙，谓墙壁也。杇，谓杇镘之使之平泥也。"

③何晏《论语集解》引孔安国曰："诛，责也。今我当何责于女乎？深责

之。"皇侃《论语义疏》："予，宰予。与，语助也。言不足责也，言不足责即是责之深也。"

④参见俞樾《古书疑义举例》卷二"一人之辞而加曰字例"。

⑤何晏《论语集解》引孔安国曰："改是，听言信行，更察言观行，发于宰我之昼寝。"

【石按】

本章记述了孔子对宰我懒惰的批评。昼寝：白天睡觉。朽：腐烂。粪土：易剥落的泥土。杇（wū）：同"圬"，镘、涂饰、粉刷。于予与何诛：于予欤诛何，对于宰予呀，还责备什么呢？与（yú）：同"欤"，语气词。诛：责备。于予与改是：于予欤改是，由于宰予啊，我改变此态度。是：指示代词，指代"听其言而信其行"。

【今译】

宰予白天睡大觉。孔子说："腐烂的木头无法雕刻，掉土的墙壁无法粉刷，对于宰予呀，还责备什么呢？"孔子又说："起初我对人，听到他的话就相信他的行为；现在我对人，听到他的话还要观察他的行为。由于宰予啊，我改变此态度。"

5.10　子曰："吾未见刚者①。"或对曰："申枨②。"子曰："枨也欲③，焉得刚？"

【辑注】

①皇侃《论语义疏》："刚，谓性无欲者也。孔子言：我未见世有刚性无欲

之人也。"

②何晏《论语集解》引包咸曰:"申枨,鲁人。"

③何晏《论语集解》引孔安国曰:"欲,多情欲。"

【石按】

本章孔子感叹刚毅之难得,并认为"无欲则刚"。刚:刚毅。申枨(cháng):孔子的弟子。欲:贪欲。

【今译】

孔子说:"我没有见过刚毅的人。"有人回答说:"申枨。"孔子说:"申枨嘛,贪欲太多,哪里能刚毅?"

5.11 子贡曰:"我不欲人之加诸我也,吾亦欲无加诸人①。"子曰:"赐也,非尔所及也②。"

【辑注】

①何晏《论语集解》引马融曰:"加,陵也。"皇侃《论语义疏》:"子贡自愿云:我不愿世人以非理加陵之于我也。""而我亦愿不以非理加陵于人也。"

②何晏《论语集解》引孔安国曰:"言不能止人使不加非义于己。"皇侃《论语义疏》:"孔子抑子贡也。……此理深远,非汝分之所能及也。"

【石按】

本章孔子与子贡谈论恕道。"我不欲人之加诸我也",这是刚毅,"吾亦欲无加诸人",这是恕道。加诸我:加之于我。加:强加。诸:之于。加诸人:加之于人。及:达到,做得到。

【今译】

子贡说:"我不想别人强加什么东西给我,我也想不强加什么东西给别人。"孔子说:"子贡啊,这不是你能做到的。"

5.12 子贡曰:"夫子之文章①,可得而闻也;夫子之言性与天道②,不可得而闻也③。"

【辑注】

①皇侃《论语义疏》:"文章者,六籍也。"钱穆《论语新解》:"文章:指《诗》、《书》、礼、乐,孔子常举以教人。"

②朱熹《论语集注》:"性者,人所受之天理;天道者,天理自然之本体,其实一理也。"

③孙钦善《论语注译》:"是说孔子很少跟学生谈论命运与天道,故子贡'不可得而闻'。孔子很少谈论性命与天道,并不是说他不信天命,他实际是一个宿命论者,参见3.13、14.36、16.8、20.3等章。他很少谈论性命与天道,只是因为这个问题神秘莫测,不便言说罢了,例如他积累了丰富的人生阅历之后,'五十而知天命',而且知天命又与学占卜用的《易》有关:'加我数年,五十以学《易》,可以无大过矣。'"

【石按】

本章子贡说,孔子很少谈论命运与天道。文章:指文献典籍。可得而闻:可以听得到。性:指命运。天道:指自然的规律。

【今译】

子贡说:"先生讲《诗》、《书》、礼、乐,是可以听到的;先生讲命运与天道,却是听不到的。"

5.13 子路有闻,未之能行,唯恐有闻①。

【辑注】

①何晏《论语集解》引孔安国曰:"前所闻,未及行,故恐后有闻不得并行也。"皇侃《论语义疏》:"子路禀性果决,言无宿诺,故前有所闻于孔子,即欲修行。若未及能行,则不愿更有所闻,恐行之不周,故'唯恐有闻'也。"钱穆《论语新解》:"《论语》记孔子弟子行事,惟此一章。盖子路之勇于行,门人相推莫及,故特记之。"

【石按】

本章记述了子路果决而急于实践的行事风格。未之能行:未能行之。唯恐有闻:唯恐又闻。有:通"又"。

【今译】

子路有所闻,还没有能够去做,唯恐另有所闻。

5.14 子贡问曰:"孔文子①何以谓之'文'也②?"子曰:"敏而好学,不耻下问③,是以谓之文也。"

【辑注】

①何晏《论语集解》引孔安国曰:"孔文子,卫大夫孔圉。文,谥也。"

②皇侃《论语义疏》:"卫大夫孔叔圉以'文'为谥,子贡疑其太高,故问孔子也。问其何德而谥'文'也。"

③孙钦善《论语注译》:"《逸周书·谥法解》说:'经纬天地曰文,道德博厚曰文,学勤好问曰文,慈惠爱民曰文,愍民惠礼曰文,锡民爵位曰文。'可能因为取'文'为谥者歧义很多,故子贡有疑,而问孔子。旧说孔文子有秽行,故子贡有疑而问,孔子不没其善,作了下文的回答,详见朱熹《论语集注》。"俞樾《群经平议》:"且所谓'下问'者,必非以贵下贱之谓,凡以能问于不能,以多问于寡,皆是。"

【石按】

本章是孔子对孔文子谥号"文"的评述。谓:叫作。敏:勤勉。不耻下问:不以下问为耻。下问:向不如自己的人请教。

【今译】

子贡问道:"孔文子凭什么取谥叫'文'呢?"孔子说:"他勤勉好学,又谦虚下问,不以为耻,所以谥号叫'文'。"

5.15 子谓子产①:"有君子之道四焉:其行己也恭②,其事上也敬,其养民也惠③,其使民也义④。"

【辑注】

①何晏《论语集解》引孔安国曰:"子产,郑大夫公孙侨。"

②皇侃《论语义疏》:"言其行身己于世,常恭从,不逆忤人物也。"

③皇侃《论语义疏》:"言其养民皆用恩惠也。"

④皇侃《论语义疏》:"义,宜也。使民不夺农务,各得所宜也。"朱熹《论语集注》:"恭,谦逊也。敬,谨恪也。惠,爱利也。使民义,如都鄙有章、上下有服、田有封洫、庐井有伍之类。"

【石按】

本章孔子赞美子产之德。谓:评论。行己:行为态度。义:有法度。

【今译】

孔子评论子产:"有四种君子的德行:他行为态度谦逊,他服事君上恭敬谨慎,他抚养百姓有恩惠,他役使人民有法度。"

5.16 子曰:"晏平仲善与人交①,久而敬之②。"

【辑注】

①何晏《论语集解》引周生烈曰:"齐大夫。晏,姓。平,谥。名婴。"

②邢昺《论语注疏》:"此章言齐大夫晏平仲之德。凡人轻交易绝,平仲则久而愈敬,所以为善。"孙钦善《论语注译》:"之:旧说或指所敬之人,或指晏婴自己。"

【石按】

本章孔子称赞晏婴善于交友。晏平仲:春秋时齐国大夫,名婴。交:交友。敬之:有两种说法,一指晏婴恭敬别人,一指别人恭敬晏婴。两说均可。比较起来,晏婴越发恭敬别人,更能体现晏婴之德。

【今译】

孔子说:"晏平仲很善于与别人交朋友,相交越久,越发恭敬别人。"

5.17 子曰:"臧文仲居蔡①,山节藻棁②,何如其知也③?"

【辑注】

①何晏《论语集解》引包咸曰:"臧文仲,鲁大夫臧孙辰。文,谥也。蔡,国君之守龟,出蔡地,因以为名焉。长尺有二寸。居蔡,僭也。"皇侃《论语义疏》:"居,犹畜也。蔡,大龟也。礼:唯诸侯以上得畜大龟,以卜国之吉凶,大夫以下不得畜之。文仲是鲁大夫,而畜龟,是僭人君礼也。"

②何晏《论语集解》引包咸曰:"节者,栭也,刻镂为山。棁者,梁上楶,画为藻文,言其奢侈。"杨朝明《论语诠解》:"《礼记·明堂位》记载:'山节,藻棁,复庙,重檐,……天子之庙饰也。'臧文仲身为大夫,却依此来装饰龟室,显然是一种僭越行为。"孙钦善《论语注译》:"山:雕刻为山。节:柱上斗拱。藻:画藻为饰。棁(zhuō):梁上短柱。"

③何晏《论语集解》引孔安国曰:"非世人谓之为知。"钱穆《论语新解》:"世人皆称臧文仲为知,孔子因其谄龟邀福,故曰文仲之知究何如。"

【石按】

本章孔子批评了臧文仲的违礼行为。居:使……居住。蔡:用于占卜的大龟。山节:以山形为节,柱上斗拱雕成山形。节:柱上斗拱。藻棁:以藻文为棁,梁上短柱彩绘藻文。棁(zhuō):梁上短柱。何如其知也:其智何如也?知:后写作"智"。

【今译】

孔子说:"臧文仲造了一间房子给大神龟居住,柱上斗拱雕成山形,梁上短柱彩绘藻文,(装饰得像天子的祖庙一般,)他的智慧究竟怎样呢?"

5.18 子张问曰:"令尹子文三仕为令尹①,无喜色;三已之,无愠色。旧令尹之政,必以告新令尹。何如?"子曰:"忠矣②。"曰:"仁矣乎?"曰:"未知③,焉得仁?""崔子弑齐君④,陈文子有马十乘⑤,弃而违之⑥。至于他邦,则曰:'犹吾大夫崔子也!'违之。之一邦,则又曰:'犹吾大夫崔子也!'违之。何如?"子曰:"清矣⑦。"曰:"仁矣乎?"曰:"未知,焉得仁?"

【辑注】

①何晏《论语集解》引孔安国曰:"令尹子文,楚大夫。姓鬭,名穀,字於菟。"朱熹《论语集注》:"令尹,官名,楚上卿执政者也。"

②朱熹《论语集注》:"其为人也,喜怒不形,物我无间,知有其国而不知有其身,其忠盛矣,故子张疑其仁。"

③杨伯峻《论语译注》:"不是真的'不知',只是否定的另一种方式。"

④皇侃《论语义疏》:"崔子,齐大夫崔杼也。弑其君,庄公也。"

⑤皇侃《论语义疏》:"陈文子亦齐大夫也。十乘,四十匹马也。"

⑥皇侃《论语义疏》:"违,去也。"

⑦皇侃《论语义疏》引颜延之曰:"每适又讳,洁身者也。"

【石按】

本章孔子不轻许令尹子文和陈文子的行事为"仁",表明为仁之难。令尹子文:楚大夫,姓鬪(dòu),名穀(gòu),字於菟(wū tú)。令尹:楚国官名,相当于其他诸国的相。已:免职,罢免。忠:忠诚无私。崔子:崔杼(zhù),齐国大夫。齐君:指齐庄公,名光。弑:居下位者杀居上位者叫弑。陈文子:名须无,齐国大夫。十乘(shèng):四十匹。四马驾一车,所以四马称一乘。违之:离开齐国。违:离开。清:清白。

【今译】

子张问道:"令尹子文三次就任令尹,没有喜悦之色;三次罢免令尹,没有怨怒之色。旧时自己任令尹所推行的政策,一定把它告诉给新的接任令尹。这人怎么样?"孔子说:"已经忠诚无私了。"子张说:"达到仁了吗?"孔子说:"不知道。这怎能算仁?"子张又问:"崔杼杀了齐国国君。陈文子有马四十匹,抛弃了它们而离开了齐国。到了别的国家,便说:'这里的执政者同我们的崔大夫差不多!'又离开。又到另一个国家,便又说:'这里的执政者同我们的崔大夫差不多!'又离开。这人怎么样?"孔子说:"已经够洁身清白了。"子张说:"达到仁了吗?"孔子说:"不知道。这怎能算仁?"

5.19 季文子三思而后行①。子闻之,曰:"再②,斯可矣。"

【辑注】

①何晏《论语集解》引郑玄曰:"季文子,鲁大夫季孙行父。文,谥也。文子忠而有贤行,其举事寡过,不必乃三思。"

②皇侃《论语义疏》："孔子美之，言若文子之贤，不假三思，唯再思，此则可也。斯，此也。"

【石按】

本章孔子评价季文子行事过于谨慎。季文子：鲁大夫季孙行父（fǔ）。"文"是谥号。季文子素以谨慎多虑著称。再：两次。斯：就。

【今译】

季文子想三次，然后行动。孔子听说后，说："思考两次，这就可以了。"

5.20　子曰："宁武子①，邦有道则知，邦无道则愚。其知可及也，其愚不可及也②。"

【辑注】

①何晏《论语集解》引马融曰："卫大夫宁俞。武，谥也。"

②何晏《论语集解》引孔安国曰："详愚似实，故曰不可及也。"皇侃《论语义疏》："详，诈也。"杨伯峻《论语译注》："孔安国以为这'愚'是'佯愚似实'，故译为'装傻'。"

【石按】

本章是孔子对宁武子的评论。愚：装傻。有道：政治清明，安定。知：聪明，后写作"智"。无道：政治黑暗，危乱。

【今译】

孔子说："宁武子，在国家安定时便显得聪明，在国家危乱时便装傻。他的智慧别人赶得上，他的装傻别人赶不上。"

5.21 子在陈，曰："归与！归与！吾党之小子狂简，斐然成章，不知所以裁之①！"

【辑注】

①朱熹《论语集注》："此孔子周流四方，道不行而思归之叹也。吾党小子，指门人之在鲁者。狂简，志大而略于事也。斐，文貌。成章，言其文理成就，有可观者。裁，割正也。夫子初心，欲行其道于天下，至是而知其终不用也。于是始欲成就后学，以传道于来世。又不得中行之士而思其次，以为狂士志意高远，犹或可与进于道也。但恐其过中失正，而或陷于异端耳，故欲归而裁之也。"

【石按】

本章记述了孔子在陈思归故乡的心情。归与：回去吧！与：欤，语气词。党：乡党，此指家乡。狂：狂放。简：大，指志向远大。斐然：有文采的样子。章：文锦，引申指文章。裁：剪裁，引申指培养。

【今译】

孔子在陈国，说："回去吧！回去吧！我家乡的一帮年轻人，狂放不羁，志向远大，文采斐然可观，我不知道怎样去指导他们。"

5.22 子曰："伯夷、叔齐不念旧恶，怨是用希①。"

【辑注】

①何晏《论语集解》引孔安国曰："伯夷、叔齐，孤竹君之二子。孤竹，国

名。"皇侃《论语义疏》:"旧恶,故憾也。希,少也。人若录于故憾,则怨恨更多,唯夷、齐豁然忘怀。"

【石按】

本章孔子借伯夷、叔齐之事强调:为人处世要不计前嫌。旧恶:过去的仇怨,旧恨。是用:是以,因此。

【今译】

孔子说:"伯夷、叔齐不记旧恨,自己的怨恨因此很少。"

5.23 子曰:"孰谓微生高直①?或乞醯焉②,乞诸其邻而与之。"

【辑注】

①何晏《论语集解》引孔安国曰:"微生,姓,名高,鲁人也。"皇侃《论语义疏》:"于时世人多云微生高用性清直。"

②何晏《论语集解》引孔安国曰:"乞之四邻,以应求者,用意委曲,非为直人。"

【石按】

本章孔子论直。或:有人。乞:讨。醯(xī):醋。乞诸其邻:乞之于其邻。

【今译】

孔子说:"谁说微生高用性清直?有人向他讨醋,(他不直说没有,)他却向四邻讨来给人。"

5.24 子曰:"巧言、令色、足恭①,左丘明耻之,丘亦耻之。匿怨而友其人②,左丘明耻之,丘亦耻之。"

【辑注】

①何晏《论语集解》引孔安国曰:"足恭,便僻貌。"钱穆《论语新解》:"足恭:此二字有两解:一说,足,过义。以为未足,添而足之,实已过分。一说,巧言,以言语悦人。令色,以颜色容貌悦人。足恭,从两足行动上悦人。《小戴礼·表记篇》有云:'君子不失足于人,不失色于人,不失口于人。'《大戴礼》亦以足恭口圣相对为文。今从后说。"

②何晏《论语集解》引孔安国曰:"心内相怨,而外诈亲。"

【石按】

本章孔子认为:与人交往,立心要直,不可示人以虚伪。朱熹《论语集注》:"足,过也。"后世学者多以此为据,认为"足恭"是"过分恭敬"、"十足的恭敬"之意。如此一来,从语法上说,"恭"是形容词,"足"类似于程度副词性的成分。从汉语史上看,"足"没有用在形容词前表程度的用法,至少先秦未见。先秦两汉时期,"足恭"两字出现于《论语》、《管子》、《大戴礼》等文献中。《管子·小匡》:"足恭而辞结。"《大戴礼·曾子立事》:"足恭而口圣。""足"与"辞"、"口"等相对为文,也应该是名词。匿怨:隐藏怨恨。

【今译】

孔子说:"取巧的言语、伪善的面色、貌似恭敬的脚步,左丘明以为可耻,我也以为可耻。心藏怨恨,表面友善,左丘明以为可耻,我也以为可耻。"

5.25 颜渊、季路侍①。子曰："盍各言尔志②？"子路曰："愿车、马、衣、轻裘③，与朋友共，敝之而无憾④。"颜渊曰："愿无伐善，无施劳⑤。"子路曰："愿闻子之志！"子曰："老者安之，朋友信之，少者怀之⑥。"

【辑注】

①皇侃《论语义疏》："卑在尊侧曰侍也。"孙钦善《论语注译》："侍：指立侍。若坐侍，则称侍坐。"

②皇侃《论语义疏》："盍，何不也。"

③刘宝楠《论语正义》："今《注疏》与皇本正文有'轻'字，则后人依通行本增入，非其旧也。"

④朱熹《论语集注》："敝，坏也。憾，恨也。"

⑤皇侃《论语义疏》："有善而自称曰伐善也。"朱熹《论语集注》："施，亦张大之意。劳，谓有功，《易》曰'劳而不伐'足也。"

⑥何晏《论语集解》引孔安国曰："怀，归也。"皇侃《论语义疏》："愿己为老人必见抚安，朋友必见期信，少者必见思怀也。"

【石按】

本章是子路、颜回、孔子谈论自己的志向。侍：侍立两旁。盍：何不。"愿车、马、衣、轻裘"应为"愿车马衣裘"，"轻"是衍文。敝之而无憾：即使用坏了，也没什么遗憾。敝之：使之敝。敝：破，坏。憾：恨，遗憾。伐：自夸。施：表白。安：使之安。信之：使之信。怀之：使之怀。怀：安抚，得到关怀。

【今译】

颜渊、子路侍立两旁。孔子说："何不各自谈谈你们的志向？"子路说：

"我希望把自己的车马衣裘与朋友一同享用,即使用坏了,也没什么遗憾。"颜渊说:"希望不自夸自己的好处,不表白自己的功劳。"子路说:"希望听听先生的志向。"孔子说:"使年长者生活安定,使朋友们相互信任,使年少者得到关怀。"

5.26 子曰:"已矣乎①!吾未见能见其过而内自讼者也②。"

【辑注】

①朱熹《论语集注》:"已矣乎者,恐其终不得见而叹之也。"

②何晏《论语集解》引包咸曰:"讼,犹责也。言人有过莫能自责。"钱穆《论语新解》:"此章殆似颜子已死,孔子叹好学之难遇。"

【石按】

本章孔子担忧世人有过错而不能自责。已矣乎:完了吧。讼:责。

【今译】

孔子说:"完了吧!我没有看到能发现自己的过错而又在内心自我责备的人。"

5.27 子曰:"十室之邑,必有忠信如丘者焉①,不如丘之好学也②。"

【辑注】

①朱熹《论语集注》:"焉,如字,属上句。"

②钱穆《论语新解》:"本章言美质易得,须学而成。"李泽厚《论语今读》:"又一次强调'学'。"

【石按】

本章孔子述说自己的好学。十室：十户人家。必有忠信如丘者：必有如丘之忠信者。

【今译】

孔子说："十户人家的小地方，一定也有像我这样忠诚守信的人，只是不像我这样喜好学习罢了。"

雍也第六

6.1 子曰:"雍也可使南面①。"

【辑注】

①何晏《论语集解》引包咸曰:"可使南面者,言任诸侯治。"王引之《经义述闻》:"南面,有谓天子及诸侯者。……有谓卿大夫者。雍也可使南面,为可使为卿大夫也,《大戴礼·子张问入官篇》'君子南面临官',《史记·樗里子传》'请必言子于卫君,使子为南面',盖卿大夫有临民之权,临民者无不南面。仲子之德,可以临民。"孙钦善《论语注译》:"南面:泛指居官治民之位。"

【石按】

本章孔子认为冉雍可以从政为官,实际上也是对其德行的肯定。

【今译】

孔子说:"冉雍,可让他做官。"

6.2　仲弓问子桑伯子①。子曰："可也，简②。"仲弓曰："居敬而行简，以临其民，不亦可乎③？居简而行简，无乃大简乎④？"子曰："雍之言然。"

【辑注】

①朱熹《论语集注》："子桑伯子，鲁人，胡氏以为疑即庄周所称子桑户者是也。"杨伯峻《论语译注》："此人已经无可考。"

②何晏《论语集解》引孔安国曰："以其能简，故曰可也。"朱熹《论语集注》："简者，不烦之谓。"

③何晏《论语集解》："居身敬肃，临下宽略，则可。"皇侃《论语义疏》："言人若居身有敬而宽简，以临下民，能如此者乃为合礼，故云'不亦可乎'。"

④皇侃《论语义疏》："而伯子身无敬，而以简自居，又行简对物，对物皆无敬，而简如此，不乃大简乎？言其简过甚也。"

【石按】

本章孔子与仲弓借评点了子桑伯子，认为简略要修德为基础。简：简略。居敬而行简：居心严肃，办事简略。居简而行简：居心简慢，办事随意。无乃……乎：岂不是……吗？

【今译】

冉雍问子桑伯子这个人怎么样。孔子说："可以，他比较简略。"冉雍说："居心严肃，办事简略，用这样的态度来治理人民，不也是可以的吗？居心简慢，办事随意，岂不是太简略了吗？"孔子说："冉雍的话对呀。"

6.3　哀公问："弟子孰为好学？"孔子对曰："有颜回者好学，不迁怒，不贰过①。不幸短命死矣②，今也则亡③，未闻好学者也。"

【辑注】

①朱熹《论语集注》："迁，移也。贰，复也。怒于甲者，不移于乙；过于前者，不复于后。"

②朱熹《论语集注》："短命者，颜子三十二而卒也。"孙钦善《论语注译》："关于颜渊卒时的年龄，据《史记·仲尼弟子列传》'颜回少孔子三十岁'推之，应为四十一岁。……四十一岁称'短命'并无不可。"

③皇侃《论语义疏》："亡，无也。言颜渊既已死，则无复好学者也。"

【石按】

本章孔子赞扬了颜回的好学。《论语》中的"好学"不只是"爱好学习文化知识"的意思，不是就学习的态度和结果而言的，"好学"指善于修身。程树德《论语集释》："古人之学，在学为人。今人之学，在求知识。"迁怒：把愤怒发泄到别处。贰过：重犯同样的过错。亡：通"无"。

【今译】

哀公问孔子："你的弟子谁算得上好学？"孔子回答说："有个叫颜回的好学，从不把愤怒发泄到别处，从不重犯同样的过错。可惜短寿死了，如今则没有了，没有听到过好学的人了。"

6.4　子华使于齐①，冉子为其母请粟②。子曰："与之釜③。"请益。曰："与之庾④。"冉子与之粟五秉⑤。子曰："赤之适齐也，乘肥马，衣轻裘。吾闻之也：君子周急不继富⑥。"

【辑注】

①何晏《论语集解》引马融曰："子华，弟子公西华。赤之字。"

②皇侃《论语义疏》："冉子，冉求也。"

③何晏《论语集解》引马融曰："六斗四升曰釜。"杨伯峻《论语译注》："釜（fǔ），古代量名，容当时的量器六斗四升，约合今天的容量一斗二升八合。"

④杨伯峻《论语译注》："庾（yǔ），古代量名，容当日的二斗四升，约合今日的四升八合。"

⑤何晏《论语集解》引马融曰："十六斛曰秉，五秉合为八十斛。"杨伯峻《论语译注》："秉（bǐng），古代量名。……周秦的八十斛合今天的十六石。"

⑥何晏《论语集解》引郑玄曰："非冉有与之太多。"朱熹《论语集注》："急，穷迫也。周者，补不足。继者，续有余。"

【石按】

本章反映了孔子"周急不继富"的思想。粟：小米。周：救济。继：接济。

【今译】

公西华出使齐国，冉有为他的母亲请求小米。孔子说："给他六斗四升。"冉有请求加一点。孔子说："再给他二斗四升。"冉有却给他小米八十石。孔子说："公西赤到齐国去，坐着肥马驾的车子，穿着又轻又暖的皮袍。我听说过：君子只救济人之穷急，不接济人之富有。"

6.5 原思为之宰①，与之粟九百，辞②。子曰："毋！以与尔邻里乡党乎③！"

【辑注】

①何晏《论语集解》引包咸曰："弟子原宪。思，字也。孔子为鲁司寇，以原宪为家邑宰。"

②何晏《论语集解》引孔安国曰："九百，九百斗。辞，辞让不受。"

③何晏《论语集解》引孔安国曰："禄法所得当受，无让。"何晏《论语集解》引郑玄曰："五家为邻，五邻为里，万二千五百家为乡，五百家为党。"钱穆《论语新解》："孔子当冉有之请，不直言拒绝，当原思之辞，亦未责其不当。虽于授与之间，斟酌尽善而极严。而其教导弟子，宏裕宽大，而崇奖廉隅之义，亦略可见。"

【石按】

本章与上章相互关联，都是谈受禄的原则。上章，冉有请粟，是锦上添花；本章，孔子与粟，是雪中送炭。为之宰：做孔子的家宰。

【今译】

原思做孔子的家宰，孔子给他小米九百斗（作为俸禄），原思推辞（太多了）。孔子说："别推辞！把多的给你的邻居和乡亲吧！"

6.6 子谓仲弓曰："犁牛之子骍且角①，虽欲勿用，山川其舍诸②？"

【辑注】

①何晏《论语集解》："犁，杂文。骍，赤色。角者，角周正中牺牲。虽欲

以其所生犁而不用，山川宁肯舍之乎？言父虽不善，不害于子之美。"朱熹《论语集注》："骍，赤色。周人尚赤，牲用骍。"钱穆《论语新解》："犁牛，耕牛。古者耕牛不以为牲供祭祀。"

②皇侃《论语义疏》："勿犹不也。舍犹弃也。"朱熹《论语集注》："用，用以祭也。山川，山川之神也。言人虽不用，神必不舍也。仲弓父贱而行恶，故夫子以此譬之。言父之恶，不能废其子之善，如仲弓之贤，自当见用于世也。"

【石按】

本章孔子称赞仲弓虽出生贫贱，但可堪大用。犁牛不用于祭祀，喻指仲弓出身贫贱。骍且角：长着赤色的毛和周正的角，喻指仲弓才华出众。骍（xīng）：周代尚赤，祭祀牺牲的颜色用骍。角：指其角周正，符合牺牲的要求。勿用：指不用于祭祀。山川之神：喻指上层统治者。

【今译】

孔子评价冉雍说："耕牛生的小牛长着赤色的毛和周正的角，即使想不用它作祭祀的牺牛，山川之神难道肯舍弃它吗？"

6.7　子曰："回也，其心三月不违仁①，其余②，则日月至焉而已矣③。"

【辑注】

①朱熹《论语集注》："三月，言其久。"钱穆《论语新解》："违，离义。"

②皇侃《论语义疏》："其余谓他弟子也。"

③朱熹《论语集注》："日月至焉者，或日一至焉，或月一至焉，能造其域

而不能久也。"

【石按】

本章孔子把颜回与其他弟子相比,高度赞扬其对仁德的坚守。违仁:离开仁德。日月至焉:哪天哪月偶尔想到仁。

【今译】

孔子说:"颜回啊,他的心长年累月都不会离开仁德,其余的弟子却只是哪天哪月偶尔想到仁德罢了。"

6.8 季康子问:"仲由可使从政也与?"子曰:"由也果,于从政乎何有①?"曰:"赐也可使从政也与?"曰:"赐也达,于从政乎何有?"曰:"求也可使从政也与?"曰:"求也艺,于从政乎何有②?"

【辑注】

①邢昺《论语注疏》:"何有,言不难也。"

②朱熹《论语集注》:"从政,谓为大夫。果,有决断。达,通事理。艺,多才能。"

【石按】

本章孔子向季康子介绍子路、子贡、冉有的从政才能。果:果敢。达:通达。艺:多才多艺。

【今译】

季康子问孔子:"子路可以让他管理政事吗?"孔子说:"子路果敢,对于管理政事有什么难的?"又问:"子贡可以让他管理政事吗?"孔子说:"子贡通达，对于管理政事有什么难的？"又问："冉有可以让他管理政事吗？"孔子说："冉有多才多艺，对于管理政事有什么难的？"

6.9　季氏使闵子骞为费宰①。闵子骞曰："善为我辞焉。如有复我者，则吾必在汶上矣②。"

【辑注】

①何晏《论语集解》引孔安国曰："费，季氏邑。季氏不臣，而其邑宰数畔，闻闵子骞贤，故欲用之。"皇侃《论语义疏》："闵子骞，弟子闵损也。"

②何晏《论语集解》引孔安国曰："复我者，重来召我。""去之汶水上，欲北如齐。"

【石按】

本章记述了闵子骞的贤达。费（bì）：季氏的封邑，在今山东费县西北一带。复我：再来召我。汶（wèn）上：汶水之北。在汶上：指要离开鲁国到齐国去。

【今译】

季氏派人请闵子骞做他的封邑费地的家宰。闵子骞对使者说："婉言替我回绝了吧。如果再有人来召我，那么我一定会离开鲁国去齐国。"

6.10　伯牛有疾①，子问之，自牖执其手②，曰："亡之，命矣夫③！斯人也而有斯疾也！斯人也而有斯疾也！"

【辑注】

①何晏《论语集解》引马融曰:"伯牛,弟子冉耕。"

②何晏《论语集解》引包咸曰:"牛有恶疾,不欲见人,故孔子从牖执其手。"

③钱穆《论语新解》:"亡之:一说:亡同无。无之,谓伯牛无得此病之道。又一说:亡,丧也。其疾不治,将丧此人。就下文命矣夫语气,当从后解。"

【石按】

本章既表现了孔子师徒感情深厚,又反映了孔子安命的思想。问:探望。亡之:无之,没办法。

【今译】

伯牛得了重病,孔子去探望他,从窗外握着他的手,说:"没办法,命该如此!这样的人竟会得这样的病啊!这样的人竟会得这样的病啊!"

6.11　子曰:"贤哉,回也!一箪食①,一瓢饮,在陋巷②,人不堪其忧,回也不改其乐。贤哉,回也!"

【辑注】

①何晏《论语集解》引孔安国曰:"箪,笥也。"朱熹《论语集注》:"箪,竹器。食,饭也。"

②钱穆《论语新解》:"里中道曰巷,人所居亦谓之巷。陋巷,犹陋室。"杨逢彬《论语新注新译》:"陋巷:偏远的街巷。"

【石按】

本章孔子盛赞颜回安贫乐道的乐观精神。箪(dān):古时盛饭的圆形竹器。

饮：用如名词，指引用的水。陋巷：简陋的小巷。堪：忍受。

【今译】

孔子说："真贤德啊，颜回！一竹筐饭，一瓜瓢水，住在简陋的小巷，别人不能忍受自身的忧苦，颜回却不会改变自得之乐。真贤德啊，颜回！"

6.12 冉求曰："非不说子之道，力不足也。"子曰："力不足者，中道而废。今女画①。"

【辑注】

①何晏《论语集解》引孔安国曰："画，止也。力不足者，当中道而废，今汝自止耳，非力极也。"钱穆《论语新解》："孔子之道高且远，颜渊亦有末由也已之叹，然叹于既竭吾才之后。孔子犹曰：'吾见其进，未见其止。'又曰：'求也退，故进之。'是冉、颜之相异，正在一进一退之间。孔子曰：'有能一日用其力于仁矣乎，我未见力不足者。'此即孟子不为不能之辨。学者其细思之。"

【石按】

本章孔子批评了冉求学道有知难而退、半途而废的想法。说（yuè）：喜欢，后写作"悦"。子之道：指孔子"一以贯之"的"忠恕"之道。中道：半路。废：停止，这里指因疲乏而走不动了。女：汝。画：同"划"，划定界限，这里指原地不动。孔子认为人人都有能力修养仁德，只有肯做与不肯做的区别。

【今译】

冉求说："不是不喜欢您的学说，是我能力不够。"孔子说："能力不够的人，走到半路才会停止。现在你却原地不动。"

6.13 子谓子夏曰:"女为君子儒,无为小人儒①。"

【辑注】

①何晏《论语集解》引孔安国曰:"君子为儒,将以明道。小人为儒则矜其名。"钱穆《论语新解》:"儒在孔子时,本属一种行业,后逐渐成为学派之称。孔门称儒家,孔子乃创此学派者。本章儒字尚是行业义。同一行业,亦有人品高下志趣大小之分,故每一行业,各有君子小人。孔门设教,必为君子儒,无为小人儒,乃有此一派学术。后世惟辨儒之真伪,更无君子儒小人儒之分。因凡为儒者,则必然为君子。此已只指学派而言,不指行业言。"

【石按】

本章孔子教育子夏要做"君子儒",不要做"小人儒"。参见胡适《说儒》。女:汝,你。

【今译】

孔子对子夏说:"你要做君子式的儒者,不要做小人式的儒者。"

6.14 子游为武城宰①。子曰:"女得人焉耳乎②?"曰:"有澹台灭明者,行不由径③,非公事,未尝至于偃之室也④。"

【辑注】

①何晏《论语集解》引包咸曰:"武城,鲁下邑。"

②何晏《论语集解》引孔安国曰:"焉、耳、乎,皆助辞。"

③何晏《论语集解》引包咸曰:"澹台,姓,灭明,名,字子羽。言其公且

方。"朱熹《论语集注》:"径,路之小而捷者。"

④皇侃《论语义疏》:"公事,其家课税也。偃,子游名也。偃之室:谓子游所住邑之廨舍也。"

【石按】

本章反映了孔子重视举贤才。武城:今山东费县西南。女:汝。焉:于此。耳:尔,此处。澹(tán)台灭明:姓澹台,名灭明,字子羽。《史记·仲尼弟子列传》认为他是孔子弟子。行不出径:不走捷径,这里比喻做事奉公守法,光明磊落。径:小路。

【今译】

子游做武城的地方官。孔子说:"你在那里求得了人才吗?"子游回答:"有个叫澹台灭明的人,行事从不走捷径,不是公事,从不到我居处来。"

6.15 子曰:"孟之反不伐①,奔而殿,将入门,策其马,曰:'非敢后也,马不进也。'②"

【辑注】

①何晏《论语集解》引孔安国曰:"鲁大夫孟之侧。与齐战,军大败。不伐者,不自伐其功。"邢昺《论语注疏》:"夸功曰伐。"

②何晏《论语集解》引马融曰:"殿,在军后。前曰奔,后曰殿。孟之反贤而有勇,军大奔,独在后为殿。人迎功之,不欲独有其名,曰:我非敢在后拒敌,马不能前进。"皇侃《论语义疏》:"门,鲁国门也。"朱熹《论语集注》:"策,鞭也。战败而还,以后为功。"

【石按】

本章孔子赞扬了孟之反有军功而不自夸的行事作风。伐：自夸。奔而殿：战败逃跑叫奔，在后面断后叫殿。军败殿后为勇，必有军功。门：指鲁国都城城门。策：鞭打。

【今译】

孔子说："孟之反是个不自夸的人。打败仗时大家奔逃，他勇于殿后，将进城门时，故意鞭打他的马，说：'不是我敢于殿后，而是马走不快。'"

6.16 子曰："不有祝鲍之佞①而②有宋朝之美③，难乎免于今之世矣④！"

【辑注】

①何晏《论语集解》引孔安国曰："佞，口才也。祝鲍，卫大夫子鱼也。"

②王引之《经传释词》："而，犹与也。言有祝鲍之佞与有宋朝之美也。"

③何晏《论语集解》引孔安国曰："宋朝，宋之美人，而善淫。"

④皇侃《论语义疏》引范宁曰："祝鲍以佞谄被宠于灵公，宋朝以美色见爱于南子。无道之世，并以取容。孔子恶时民浊乱，唯佞色是尚，中正之人不容其身，故发'难乎'之谈，将以激乱俗，亦欲发明君子全身远害也。"

【石按】

本章孔子认为，卫灵公夫妇宠幸祝鲍和宋朝，必有祸患。不有……而有……：不仅有……而且有……。而：而且。祝鲍（tuó）：卫大夫，字子鱼。祝：宗庙官名。佞：口才。宋朝：宋公子，卫大夫，有美色。免：免祸。

【今译】

孔子说:"不仅有祝鮀的口才,而且有宋朝的美貌,难以免祸于当今社会。"

6.17 子曰:"谁能出不由户?何莫由斯道也①?"

【辑注】

①何晏《论语集解》引孔安国曰:"言人立身成功当由道,譬犹出入要当从户。"皇侃《论语义疏》:"道,先王之道也。"

【石按】

本章孔子强调做什么都必须遵循仁道,就像出门不可能不经过门户一样。何:为什么。莫:否定代词,没有人。斯道:这条路,指仁道。斯:此。

【今译】

孔子说:"谁能够外出而不经过大门?为什么没有人走这条路(仁道)?"

6.18 子曰:"质胜文则野①,文胜质则史②,文质彬彬③,然后君子。"

【辑注】

①皇侃《论语义疏》:"质,实也。胜,多也。文,华也。言实多而文饰少则如野人,野人,鄙略大朴也。"

②何晏《论语集解》引包咸曰:"史者,文多而质少。"皇侃《论语义疏》:"史,记书史也。"

③何晏《论语集解》引包咸曰:"彬彬,文质相半之貌。"

【石按】

本章孔子认为质朴与文采同样重要,君子应文质搭配得当。质:质朴,指人内在的本质。文:文采,借指礼乐修养。彬彬:相配适中的样子。

【今译】

孔子说:"质朴胜过文采就会粗野鄙俚(像野人),文采胜过质朴就会虚浮粉饰(像史官)。质朴和文采搭配均匀,然后可以成为君子。"

6.19 子曰:"人之生也直①,罔之生也幸而免②。"

【辑注】

①何晏《论语集解》引马融曰:"言人所生于世而自终者,以其正直也。"皇侃《论语义疏》:"自终,谓用道故不横夭殇也。"

②何晏《论语集解》引包咸曰:"诬罔正直之道而亦生者,是幸而免。"

【石按】

本章孔子指出,人生必以正直为立身处世之本。直:正直。罔:指诬罔不直的人。幸:侥幸。免:免于灾害。

【今译】

孔子说:"人的生存靠正直,不正直的人也能生存,是因为侥幸地避免了灾害。"

6.20　子曰："知之者不如好之者，好之者不如乐之者①。"

【辑注】

①何晏《论语集解》引包咸曰："学问，知之者不如好之者笃，好之者不如乐之者深。"钱穆《论语新解》："本章之字指学，亦指道。"孙钦善《论语注译》："恐不止限于为学，当也包括修养仁德在内。孔子平生所好，一为学，一为仁。"

【石按】

本章孔子意在说明学习与修身追求的三种不同境界。"知之者"、"好之者"、"乐之者"既指三种境界，也指三类不同的人。

【今译】

孔子说："知道它的人不如爱好它的人，爱好它的人不如以它为乐的人。"

6.21　子曰："中人以上，可以语上也；中人以下，不可以语上也①。"

【辑注】

①何晏《论语集解》引王肃曰："上谓上知之所知也。"朱熹《论语集注》："语，告也。言教人者，当随其高下而告语之，则其言易入而无躐等之弊也。"

【石按】

本章孔子指出教育应因人而异、因材施教、由浅入深、循序渐进。孔子认为人的智力差异是先天的。中人：中等智力的人。语：告诉，讲。上：上等的知识，高深的学问。

【今译】

孔子说:"中等智力以上的人,可以跟他讲上等的知识;中等智力以下的人,不可以跟他讲上等的知识。"

6.22 樊迟问知①。子曰:"务民之义,敬鬼神而远之②,可谓知矣。"问仁。曰:"仁者先难而后获③,可谓仁矣。"

【辑注】

①皇侃《论语义疏》:"问孔子为智之道也。"

②何晏《论语集解》引王肃曰:"务所以化导民之义。"朱熹《论语集注》:"民,亦人也。""专用力于人道之所宜,而不惑于鬼神之不可知,知者之事也。"

③何晏《论语集解》引孔安国曰:"先劳苦乃后得功,此所以为仁。"钱穆《论语新解》:"难事做在人前,获报退居人后,可算是仁了。"

【石按】

本章孔子教导樊迟什么是明智之举,什么是求仁之道。知:明智,后写作"智"。务:致力于。民之义:人之义,指符合礼义的人际关系。《礼记·礼运》:"何谓人义?父慈、子孝、兄良、弟弟、夫义、妇听、长惠、幼顺、君仁、臣忠十者谓之人义。"先难而后获:遇到困难时站在前面,在面对收获时退居后面。

【今译】

樊迟问怎样才算明智。孔子说:"致力于让人民做事合乎礼义,使民众敬奉鬼神但不被鬼神所迷惑,这可以算作明智。"又问怎样才算仁。孔子说:"仁德的人在遇到困难时站在前面,在面对收获时退居后面,这可以算作仁了。"

6.23 子曰："知者乐水，仁者乐山；知者动，仁者静；知者乐，仁者寿①。"

【辑注】

①朱熹《论语集注》："知者达于事理而周流无滞，有似于水，故乐水；仁者安于义理而厚重不迁，有似于山，故乐山。动静以体言，乐寿以效言也。动而不括故乐，静而有常故寿。"钱穆《论语新解》："本章首明仁知之性，次明仁知之用，三显仁知之效。……盖道德本乎人性，人性出于自然，自然之美反映于人心，表而出之，则为艺术。故有道德者多知爱艺术，此二者皆同本于自然。"

【石按】

本章孔子从三个角度谈论智者与仁者的不同：一是喜好；二是性情；三是效果。知者：智者，聪明的人。知：后写作"智"。

【今译】

孔子说："聪明的人喜欢水，仁爱的人喜欢山；聪明的人性情好动，仁爱的人性情宁静；聪明的人快乐，仁爱的人长寿。"

6.24 子曰："齐一变，至于鲁；鲁一变，至于道①。"

【辑注】

①朱熹《论语集注》："孔子之时，齐俗急功利，喜夸诈，乃霸政之余习。鲁则重礼教，崇信义，犹有先王之遗风焉，但人广政息，不能无废坠尔。道，则先王之道也。言二国之政俗有美恶，故其变而之道有难易。"

【石按】

本章孔子认为，齐国自桓公始实行霸道，对周代的礼制和文化破坏太多，因此需要改变，改霸道为王道。鲁国虽然实行王道，为礼乐之邦，但当时已礼崩乐坏，仍需要改变才能达到先王之道。

【今译】

孔子说："齐国一改变，就能达到鲁国的样子；鲁国一改变，就能达到先王之道。"

6.25 子曰："觚不觚，觚哉！觚哉①！"

【辑注】

①何晏《论语集解》引马融曰："觚，礼器。一升曰爵，二升曰觚。"何晏《论语集解》："觚哉觚哉，言非觚也。以喻为政不得其道则不成。"朱熹《论语集注》："觚，棱也，或曰酒器，或曰木简，皆器之有棱者也。不觚者，盖当时失其制而不为棱也。"朱熹《论语集注》引程子曰："觚而失其形制，则非觚也。举一器，而天下之物莫不皆然。故君而失其君之道，则为不君；臣而失其臣之职，则为虚位。"

【石按】

本章孔子意在讽刺当时君不君、臣不臣、父不父、子不子的社会乱象，只是借觚说事。

【今译】

孔子说："觚已不像个觚了，觚啊！觚啊！"

6.26　宰我问曰："仁者，虽告之曰：'井有仁焉①。'其从之也？"子曰："何为其然也？君子可逝也，不可陷也②；可欺也，不可罔也③。"

【辑注】

①朱熹《论语集注》引刘聘君曰："有仁之仁当作人。"

②何晏《论语集解》引包咸曰："逝，往也。言君子可使往视之耳，不肯自投从之。"朱熹《论语集注》："逝，谓使之往救。陷，谓陷之于井。"

③钱穆《论语新解》："欺，被骗。罔，迷惑。"

【石按】

本章孔子告诫宰我：仁者会明辨是非，可欺不可辱。井有仁焉：皇侃《论语义疏》本为"井有仁者焉"，"仁"后有"者"字。刘聘君认为"井有仁"即"井有人"。其实，此处的"仁"也可以理解为抽象的"仁德"。从：追随。何为其然也：为什么应该这样呢？逝：往，这里指去看。陷：陷害。罔：迷惑，被骗住。

【今译】

宰我问道："有仁德的人，假如告诉他说：'井里有仁德。'他会追随仁德而跳井吗？"孔子说："为什么应该这样呢？君子可能会去看，但不可能被陷害；可能被欺骗，但不可能被骗住。"

6.27　子曰："君子博学于义，约之以礼，亦可以弗畔矣夫①！"

【辑注】

①何晏《论语集解》引郑玄曰:"弗畔,不违道。"皇侃《论语义疏》:"博,广也。约,束也。畔,违也,背也。言君子广学六籍之文,又用礼自约束,能如此者亦可得不违背于道理也。"

【石按】

本章孔子论学习与修身的内容与方法。文:典籍文献。畔:通"叛",指离经叛道。

【今译】

孔子说:"君子广博地学习典籍文献,再用礼仪规范来约束自己,也就可以不离经叛道了。"

6.28 子见南子,子路不说。夫子矢之曰:"予所否者,天厌之!天厌之①!"

【辑注】

①何晏《论语集解》引孔安国曰:"旧以南子者,卫灵公夫人,淫乱,灵公惑之。孔子见之者,欲因以说灵公使行治道。矢,誓也。"邢昺《论语注疏》:"予,我也。否,不也。厌,弃也。言我见南子,所不为求行治道者,愿天厌弃我。再言之者,重其誓言,欲使信之也。"朱熹《论语集注》:"盖古者仕于其国,有见其小君之礼,而子路以夫子见此淫乱之人为辱,故不悦。……否,谓不合于礼,不由其道也。"钱穆《论语新解》:"予所否者:古人誓言皆上用所

字，下用者字，此句亦然。"

【石按】

本章记述了孔子见南子后对子路的辩解。南子：卫灵公夫人，卫国的实际掌权者。矢：发誓，通"誓"。否：不当，不合礼。

【今译】

孔子去见南子，子路不高兴。孔子发誓说："我若有不合礼之处，天厌弃我吧！天厌弃我吧！"

6.29　子曰："中庸之为德也，其至矣乎！民鲜久矣[①]。"

【辑注】

①皇侃《论语义疏》："中，中和也。庸，常也。鲜，少也。言中和可常行之德，是先王之道，其理县全善，而民少有行此者也已久，言可叹之深也。"朱熹《论语集注》："中者，无过无不及之名也。庸，平常也。至，极也。鲜，少也。言民少此德，今已久矣。"杨伯峻《论语译注》："中庸，这是孔子的最高道德标准。'中'，折中，无过，也无不及，调和；'庸'，平常。孔子拈出这两个字，就表示他的最高道德标准，其实就是折中的和平常的东西。"

【石按】

本章孔子讨论中庸之道。"中庸"是孔子及儒家的重要思想之一，在《论语》中主要指折中、适当、不走极端，是以中为用、取用其中的意思。至：至高无上，至美无比。鲜：少。

【今译】

孔子说:"中庸作为一种道德,大概是至高无上的了!人们缺少它已经很久了。"

6.30 子贡曰:"如有博施于民而能济众,何如①?可谓仁乎?"子曰:"何事于仁,必也圣乎②!尧、舜其犹病诸③!夫仁者,己欲立而立人,己欲达而达人。能近取譬,可谓仁之方也已④。"

【辑注】

①皇侃《论语义疏》:"言若有人所能广施恩惠于民,又能救济众民之患难,能如此者何如?"

②邢昺《论语注疏》:"言君能博施济众,何止事于仁!谓不啻于仁,必也为圣人乎!"

③朱熹《论语集注》:"言此何止于仁,必也圣人能之乎!则虽尧舜之圣,其心犹有所不足于此也。""病,心有所不足也。"

④何晏《论语集解》引孔安国曰:"方,道也。但能近取譬于己,皆如己所欲而施之于人。"

【石按】

本章孔子借子贡之问谈"圣"与"仁"的区别。博施:广施恩惠。济众:救济大众。何事于仁:哪里只是仁的事情。病诸:病之乎,以之为病乎,以此为心病呢。近取譬:取近譬,联系身边的事情,指将心比心,推己及人。方:方法。

【今译】

子贡问:"如果有人能广施恩惠给人民,又能救济民众的患难,怎么样?可以说是达到仁了吗?"孔子说:"这哪里只是仁的事情,一定是达到了圣啊!尧舜大概还以此为心病呢(难以做到)!至于仁,是说自己想站起来,就帮助别人站起来,自己想发达,就帮助别人发达。能将心比心,推己及人,可以说是行仁的方法了。"

述而第七

7.1 子曰:"述而不作①,信而好古②,窃比于我老彭③。"

【辑注】

①皇侃《论语义疏》:"述者,传于旧章也。作者,新制礼乐也。孔子自言:我但传述旧章,而不新制礼乐也。……孔子是有德无位,故'述而不作'也。"

②皇侃《论语义疏》:"言己常存于忠信,而复好古先王之道。"

③何晏《论语集解》引包咸曰:"老彭,殷贤大夫,好述古事。"

【石按】

本章孔子表明了自己对待古代文化的态度。"述而不作,信而好古",这可以看作是孔子的文化观。孔子一直把"祖述尧舜、宪章文武"作为自己的文化使命。述:转述。作:制作,创造。信:相信。窃:私下。

【今译】

孔子说:"传述继承而不制作创新,忠信并喜好古先王之道,我私下把自己比作老彭。"

7.2　子曰:"默而识之①,学而不厌,诲人不倦②,何有于我哉③?"

【辑注】

①朱熹《论语集注》:"识,记也。默识,谓不言而存诸心也。"

②邢昺《论语注疏》:"学古而心不厌,教诲于人不有倦息。"

③黄式三《论语后案》:"何有于我,言何难于己也。《经》中所言'何有',皆不难之词。"

【石按】

本章孔子谈自己的学与教,前两句讲学习,后一句讲教人。识(zhì):记住。厌:满足。诲人:教导别人。何有于我哉:于我有何哉,对我来说有什么呢?也就是说,这三件事对我来说都不难。

【今译】

孔子说:"默默地记住,学习而不知满足,教导别人而不知疲倦,对我来说有什么呢?"

7.3　子曰:"德之不修,学之不讲①,闻义不能徙②,不善不能改,是吾忧也③。"

【辑注】

①刘宝楠《论语正义》:"修,治也。""讲,习也。"

②孙钦善《论语注译》:"徙,趋赴。"

③何晏《论语集解》引孔安国曰:"夫子常以此四者为忧。"朱熹《论语集注》引尹氏曰:"德必修而后成,学必讲而后明,见善能徙,改过不吝,此四者日新之要也。"

【石按】

本章孔子担忧修身问题。修德、讲学、徙义、改不善是修身的四大方面,孔子为自己担忧,更为天下士人担忧。修:修养。讲:讲习。徙:奔赴。

【今译】

孔子说:"不修养德行,不讲习学问,听到正义却不能奔赴,不好的又不能改正,这些是我的忧虑。"

7.4 子之燕居①,申申如也,夭夭如也②。

【辑注】

①皇侃《论语义疏》:"燕居者,退朝而居也。"

②何晏《论语集解》引马融曰:"申申、夭夭,和舒之貌。"皇侃《论语义疏》:"申申者,心和也。夭夭者,貌舒也。"

【石按】

本章记述了孔子闲居时的神态。燕居:闲居。申申如:心情和畅的样子。夭夭如:身体舒展的样子。

【今译】

孔子在家闲居时，心情和畅，身体舒展。

7.5 子曰："甚矣吾衰也！久矣吾不复梦见周公①！"

【辑注】

①朱熹《论语集注》："孔子盛时，志欲行周公之道，故梦寐之间，如或见之。至其老而不能行也，则无复是心，而亦无复是梦矣，故因此而自叹其衰之甚也。"

【石按】

本章孔子晚年感叹自己身体衰弱，信念也随之淡化，不思周公之道。甚矣吾衰也：吾衰也甚矣。久矣吾不复梦见周公：吾不复梦见周公久矣。

【今译】

孔子说："我衰老得太厉害了！竟然很久没有梦见周公了！"

7.6 子曰："志于道①，据于德②，依于仁③，游于艺④。"

【辑注】

①皇侃《论语义疏》："志者，在心向慕之谓也。"

②朱熹《论语集注》："据者，执守之意。"

③皇侃《论语义疏》："依，依倚。"

④何晏《论语集解》:"艺,六艺也。"孙钦善《论语注译》:"游,广泛涉猎。"

【石按】

本章孔子总结了自己一生的追求。志:立志。道:先王之道。德:道德修养。

【今译】

孔子说:"立志先王之道,执守道德修养,依倚仁爱学说,博取六艺之能。"

7.7 子曰:"自行束脩①以上,吾未尝无诲焉!"

【辑注】

①皇侃《论语义疏》:"束脩,十束脯也。"刘宝楠《论语正义》:"郑(玄)注《论语》曰:'束脩谓年十五以上也。'"钱穆《论语新解》:"束脩:一解,脩是干脯,十脡为束。古人相见,必执贽为礼,束脩乃贽之薄者。又一解,束脩为束带修饰。古人年十五,可自束带修饰以见外傅。"

【石按】

本章孔子表明了自己的教育观念:有教无类,人人都有受教育的权力。"束脩"历来用两种不同的解释,我们认为郑玄的说法较可取。

【今译】

孔子说:"凡束带修饰、年十五以上的,我没有不加以教诲的。"

述而第七　131

7.8　子曰："不愤不启，不悱不发。举一隅不以三隅反，则不复也①。"

【辑注】

①何晏《论语集解》引郑玄曰："孔子与人言，必待其人心愤愤、口悱悱，乃后启发为说之。如此则识思之深也。说则举一隅以语之，其人不思其类，则不复重教之也。"皇侃《论语义疏》："隅，角也。床有四角，屋有四角，皆曰隅也。"朱熹《论语集注》："愤者，心求通而未得之意。悱者，口欲言而未能之貌。启，谓开其意。发，谓达其辞。""反者，还以相证之义。复，再告也。"

【石按】

本章孔子谈启发式的教学方法。愤：愤懑。启：启发，开导。悱（fěi）：想说而说不出。发：启发，开导。隅：角，角落。反：类推。复：重复。

【今译】

孔子说："不到发愤思考而懂不了的地步，不去开导他。不到想说而说不出的程度，不去启发他。告诉他一个角而不能类推出其他三个角，就不再重复教了。"

7.9　子食于有丧者之侧，未尝饱也①。子于是日哭，则不歌②。

【辑注】

①何晏《论语集解》："丧者哀戚，饱食于其侧，是无恻隐之心。"皇侃《论语义疏》："谓孔子助葬时也。"

②何晏《论语集解》："一日之中，或哭或歌，是亵于礼容。"皇侃《论语义

疏》引范宁曰:"是日,即吊赴之日也。礼:歌哭不同日也。"

【石按】

本章记述了孔子助丧执礼时的专业精神。未尝饱:从未吃饱过。

【今译】

孔子(助葬时)在有丧事的人旁边吃饭,从未吃饱过。孔子如果这天吊丧哭泣了,那么就不再唱歌。

7.10 子谓颜渊曰:"用之则行,舍之则藏,唯我与尔有是夫①!"子路曰:"子行三军,则谁与②?"子曰:"暴虎冯河③,死而无悔者,吾不与也。必也临事而惧,好谋而成者也④。"

【辑注】

①钱穆《论语新解》:"有用我者,则行此道于世。不能有用我者,则藏此道在身。""孔子之许颜渊,正许其有此可行可藏之道在身。有是夫是字,即指此道。有此道,始有所谓行藏。"

②何晏《论语集解》引孔安国曰:"子路见孔子独美颜渊,以为己勇,至夫子为三军将,亦当唯与己俱,故发此问。"

③何晏《论语集解》引孔安国曰:"暴虎,徒搏。冯河,徒涉。"

④朱熹《论语集注》:"惧,谓敬其事。成,谓成其谋。"

【石按】

本章反映了孔子处世谋事的态度:在处世方面,用之则行,舍之则藏;在谋事方面,主张谨慎谋划,反对鲁莽无谋。行三军:统帅三军。行:为。谁与:

与谁，参与谁，与谁共同干。与：参与，动词。暴虎：徒手搏虎。冯（píng）河：徒身渡河。

【今译】

孔子对颜渊说："如果用我，就行此道于世。如果不用我，就藏此道于身。只有我和你有此道啊！"子路说："先生如果统帅三军，那么会与谁共同干呢？"孔子说："徒手搏虎，徒身渡河，至死不悔的人，我不和他们一起干。（能和我一起共事的）一定是面临任务而能谨慎小心、喜欢谋划而能成功的人。"

7.11　子曰："富而可求也，虽执鞭之士，吾亦为之①。如不可求，从吾所好②。"

【辑注】

①何晏《论语集解》引郑玄曰："富贵不可求而得之，当修德以得之。若于道可求者，虽执鞭贱职，我亦为之。"杨伯峻《论语译注》："执鞭之士：根据《周礼》，有两种人拿着皮鞭，一种是古代天子以及诸侯出入之时，有二至八人拿着皮鞭使行路之人让道。一种是市场的守门人，手执皮鞭来维持秩序。"

②何晏《论语集解》引孔安国曰："所好者，古人之道。"

【石按】

本章反映了孔子对待富贵的态度。而：如果。执鞭之士：市场的看门人。

【今译】

孔子说："财富如果可以求得，即使是做个市场的看门人，我也去干。如果不可以求得，就干我想干的。"

7.12 子之所慎：齐①、战、疾。

【辑注】

①皇侃《论语义疏》："斋者，先祭之名也。将欲祭祀，则先散斋七日、致斋三日也。斋之言齐也。人心有欲，散漫不齐，故将接神，先自宁静，变食迁坐，以自齐洁也。"朱熹《论语集注》："齐之为言齐也，将祭而齐其思虑之不齐者，以交于神明也。……战则众之死生、国之存亡系焉，疾又吾身之所以死生存亡者，皆不可以不慎也。"

【石按】

本章记述了孔子所谨慎的三件事：斋戒、战争与疾病。斋戒为民祈福，战争为民安宁，疾病为民健康。孔子所谨慎的都是民之大事。齐：通"斋"，斋戒。

【今译】

孔子小心谨慎的事是：斋戒、战争、疾病。

7.13 子在齐闻《韶》，三月不知肉味①，曰："不图为乐之至于斯也②。"

【辑注】

①何晏《论语集解》引周生烈曰："孔子在齐闻习《韶》乐之盛美，故忽忘于肉味。"皇侃《论语义疏》："《韶》者，舜乐名也。"朱熹《论语集注》："不知肉味，盖心一于是而不及乎他也。"

②杨伯峻《论语译注》："想不到欣赏音乐竟到了这种境界。"

【石按】

本章记述了孔子对《韶》乐的痴迷。图：思虑，想到。为乐：欣赏音乐。

【今译】

孔子在齐国听到《韶》乐，三个月尝不出肉味，说："没想到欣赏音乐能到达这种境界。"

7.14 冉有曰："夫子为卫君乎①？"子贡曰："诺，吾将问之。"入，曰："伯夷、叔齐何人也？"曰："古之贤人也。"曰："怨乎？"曰："求仁而得仁，又何怨②？"出，曰："夫子不为也③。"

【辑注】

①何晏《论语集解》引郑玄曰："为，犹助也。卫君者，谓辄也。"皇侃《论语义疏》："卫灵公逐太子蒯聩，灵公以鲁哀公二年夏四月薨，而立蒯聩之子辄为卫君。孔子时在卫，为辄所宾接。后蒯聩还夺辄国，父子相围。时人多疑孔子应助辄拒父，故冉有传物之疑以问子贡也。"

②何晏《论语集解》引孔安国曰："夷、齐让国远去，终于饿死，故问怨邪？以让为仁，岂有怨乎？"

③何晏《论语集解》引郑玄曰："父子争国，恶行。孔子以伯夷、叔齐为贤且仁，故知不助卫君明矣。"

【石按】

本章记述了孔子在卫国面对父子争位时的态度，同时也反映了子贡的智慧。为卫君：帮助卫君。

【今译】

冉有问:"先生会帮助卫君吗?"子贡说:"好吧,我去问问。"进入孔子屋内,问:"伯夷、叔齐是什么样的人?"孔子说:"是古代的贤人。"又问:"他们怨悔吗?"孔子说:"他们追求以谦让为仁德,又都得到了仁德,又怨悔什么呢?"子贡出来后说:"先生不会帮助卫君。"

7.15 子曰:"饭疏食、饮水①,曲肱而枕之②,乐亦在其中矣。不义而富且贵,于我如浮云③。"

【辑注】

①朱熹《论语集注》:"疏食,粗饭也。"

②皇侃《论语义疏》:"肘前曰臂,肘后曰肱,通亦曰臂。"

③何晏《论语集解》引郑玄曰:"富贵而不以义者,于我如浮云,非己之有。"

【石按】

本章反映了孔子安贫乐道、鄙薄不义之富贵的思想。饭:吃,动词。疏:粗。水:冷水。古代以汤指热水,水指冷水。曲肱:使肱弯曲。肱(gōng):上臂。这里泛指胳膊。枕(zhèn):当枕头用,动词。

【今译】

孔子说:"吃粗粮,喝冷水,弯着胳膊做枕头,快乐也就在其中了。做不正当的事情而得来的富贵,对我来说就如同浮云。"

7.16 子曰:"加我数年①,五十以学《易》②,可以无大过矣。"

【辑注】

①朱熹《论语集注》:"此章之言,《史记》作'假我数年,若是,我于《易》则彬彬矣'。加正作假。"

②杨树达《论语疏证》:"《史记·孔子世家》曰:孔子晚而喜易。"李学勤《从帛书〈易传〉看孔子与〈易〉》:"《论语·述而下》,文云:子曰:'加我数年,五十以学易,可以无大过矣。'……《述而》这一章如何解释,前人有种种看法,不能在此细说。最关键的是《经典释文》说'鲁读"易"为"亦"',这样文章成了'亦可以无大过矣',和《周易》无关了。按上古'易'、'亦'本不同韵部,其可通读是较晚的,这可能是传《鲁论》的汉人说法,未可以为典据。"(《中原文物》1989年第2期)

【石按】

本章孔子叹惜自己学《易》太晚。本章历来分歧较多,涉及孔子思想和易学史,此不赘述。加:通"假",借。

【今译】

孔子说:"再借我数年时间,退回到五十岁开始学习《易》,就可以没有大的过失了。"

7.17 子所雅言①,《诗》、《书》、执礼②,皆雅言也。

【辑注】

①何晏《论语集解》引孔安国曰："雅言，正言也。"

②何晏《论语集解》引郑玄曰："《礼》不诵，故言执。"

【石按】

本章记述了孔子使用当时通行的标准语的情况。雅言：通行的标准语，也称正言。正言：当时中原各国通行的语言。相对于鲁国的方言而言，"正言"相当于现在的普通话。执礼：行礼。

【今译】

孔子也讲普通话，诵《诗》、读《书》、行礼，都用普通话。

7.18 叶公问孔子于子路，子路不对①。子曰："女奚不曰：其为人也，发愤忘食，乐以忘忧，不知老之将至云尔②。"

【辑注】

①何晏《论语集解》引孔安国曰："叶公，名诸梁，楚大夫，食菜于叶，僭称公。不对者，未知所以答。"

②杨伯峻《论语译注》："云尔：云，如此；尔同'耳'，而已，罢了。"

【石按】

本章是孔子自述心志。叶：旧读 shè，地名，即今河南叶县南三十里之古叶城。叶公：楚国大夫沈诸梁，字子高，为叶地县尹。云尔：如此罢了。

【今译】

叶公沈诸梁问子路孔子为人如何，子路不回答。孔子对子路说："你为什么不告诉他：他的为人啊，发愤得忘记了吃饭，高兴得忘记了忧愁，连快要老了都不知道，如此而已。"

7.19 子曰："我非生而知之者①，好古②，敏以求之者也③。"

【辑注】

①皇侃《论语义疏》："知之，谓知事理也。"朱熹《论语集注》："生而知之者，气质清明，义理昭著，不待学而知也。"

②皇侃《论语义疏》："好古人之道。"

③何晏《论语集解》引郑玄曰："言此者，劝人学。"

【石按】

本章孔子以自身经历劝人学习。生而知之者：天生聪颖的人。古：指古代文化。敏：勤奋敏捷。

【今译】

孔子说："我不是天生聪颖的人，而是喜好古代文化、勤奋敏捷地求取智慧的人。"

7.20 子不语怪、力、乱、神①。

【辑注】

①何晏《论语集解》引王肃曰："怪，怪异也。""神，谓鬼神之事。或无益

教化，或所不忍言。"朱熹《论语集注》："怪异、勇力、悖乱之事，非理之正，固圣人所不语。"朱熹《论语集注》引谢氏曰："圣人语常而不语怪，语德而不语力，语治而不语乱，语人而不语神。"

【石按】

本章反映了孔子崇尚道德和质实的思想。

【今译】

孔子不谈论怪异、勇力、悖乱、鬼神。

7.21 子曰："三人行，必有我师焉。择其善者而从之，其不善者而改之①。"

【辑注】

①朱熹《论语集注》："三人同行，其一我也。彼二人者，一善一恶，则我从其善而改其恶焉，是二人者皆我师也。"杨伯峻《论语译注》："三人行：几个人一块走路。"

【石按】

本章说明孔子善于从正反两方面进行学习，善于择师，学无常师。三人：数人，"三"为虚指。行：同行。

【今译】

孔子说："几人同行，其中一定有可以做我老师的人。选择他们的优点来学习，对照他们的缺点来改正我自己。"

7.22　子曰："天生德于予，桓魋其如予何①？"

【辑注】

①《史记·孔子世家》："孔子去曹适宋，与弟子习礼大树下。宋司马桓魋欲杀孔子，拔其树。孔子去。弟子曰：'可以速矣。'孔子曰：'天生德于予，桓魋其如予何！'"皇侃《论语义疏》："言天生圣德于我，我与天同然，桓魋虽无道，安能违天而害我乎？"

【石按】

本章孔子充分展示了自己的文化自信。孔子以周代的道德化身自居，以周代的文化代表自居，认为自己的文化使命未完成，自有上天保佑，桓魋不能逆天而动。桓魋（tuí）：宋国的司马向魋，因为是宋桓公的后代，故又称桓魋。如予何：把我怎么样。

【今译】

孔子说："上天把道德降生在我身上，桓魋能把我怎么样呢？"

7.23　子曰："二三子以我为隐乎①？吾无隐乎尔。吾无行而不与二三子者，是丘也②。"

【辑注】

①何晏《论语集解》引包咸曰："二三子，谓诸弟子。圣人知广道深，弟子学之不能及，以为有所隐匿，故解之。"

②何晏《论语集解》引包咸曰："我所为，无不与尔共之者，是丘之心。"朱

熹《论语集注》："与，犹示也。"刘宝楠《论语正义》："'行'者，谓所行事也。'与'犹示也，教也。"

【石按】

本章体现了孔子教育的公开原则和公平原则。二三子：你们这些学生。以我为隐：以……为，以为，认为。隐：隐瞒。吾无隐乎尔：吾无隐于尔，我对你们没有隐瞒。不与二三子：没有教给你们这些学生。与：示，教。是丘也：这就是孔丘。是：这。

【今译】

孔子说："你们这些学生以为我有所隐瞒吧？我没有隐瞒你们什么。我没有什么事情没有教给你们这些学生，这就是我孔丘。"

7.24　子以四教：文、行、忠、信①。

【辑注】

①皇侃《论语义疏》引李充曰："其典籍辞义谓之文，孝悌恭睦谓之行，为人臣则忠，与朋友交则信。此四者，教之所先也。故以文发其蒙，行以积其德，忠以立其节，信以全其终也。"

【石按】

本章记述了孔子的教学内容。忠：先秦时代，"忠"的意义很广，不限于"忠君"。《孟子·滕文公上》："分人以才谓之惠，教人以善谓之忠。"《韩非子·诡使》："法令所以为治也，而不从法令为私善者，世谓之忠。"《左传·宣公二年》"贼民之主，不忠。"此处的"忠"指"待人忠诚"。

【今译】

孔子教给弟子四方面内容：文献典籍、礼仪实践、待人忠诚、讲求诚信。

7.25　子曰："圣人，吾不得而见之矣；得见君子者①，斯可矣。"

子曰："善人，吾不得而见之矣；得见有恒者②，斯可矣。亡而为有，虚而为盈，约而为泰③，难乎有恒矣。"

【辑注】

①皇侃《论语义疏》："孔子叹世无贤圣也。言吾已不能见世有圣人，若得见君子之行，则亦可矣。言世亦无此也。"邢昺《论语注疏》："圣人谓上圣之人，若尧、舜、禹、汤也。君子谓行善无怠之君也。言当时非但无圣人，亦无君子也。"

②皇侃《论语义疏》："有恒，谓虽不能作善，而守常不为恶者也。言尔时非唯无作片善者，亦无直置不为恶者，故亦不得见也。"朱熹《论语集注》引张子曰："有恒者，不贰其心。善人者，志于仁而无恶。"

③皇侃《论语义疏》："指无为有，说虚作盈，家贫约而外诈奢泰，皆与恒反，故云'难乎有恒矣'。"

【石按】

本章孔子感叹世风今不如昔，已无贤圣。斯：就。有恒者：有恒心的人。亡：通"无"。约：贫困。泰：奢华。

【今译】

孔子说："圣人，我不能见到了；能见到君子，就可以了。"孔子又说："善人，我不能见到了；能见到有恒心的人，就可以了。把无当有，空虚却装作充实，虽贫困仍奢华，这样就难以有恒心向善了。"

7.26 子钓而不纲①，弋不射宿②。

【辑注】

①何晏《论语集解》引孔安国曰："钓者，一竿钓。纲者，为大纲以横绝流。"皇侃《论语义疏》："孔子用一竿而钓，则一一得鱼，是所少也。若纲横流而取，则得者多，则孔子所不为也。"

②何晏《论语集解》引孔安国曰："弋，缴射也。宿，宿鸟。"皇侃《论语义疏》："孔子亦缴射，唯白日用事，而不及夜射栖宿之鸟也。……仁心所不忍也。"

【石按】

本章在于描写孔子平日行事富有仁德。纲：本指提网的总绳，此处名词用作动词，指用网捕鱼。弋（yì）：用带有绳子的箭射鸟。

【今译】

孔子用鱼竿钓鱼而不用渔网捕鱼，用带有绳子的箭射鸟时不射归宿巢中的鸟。

7.27 子曰："盖有不知而作之者①，我无是也。多闻，择其善者而从之；多见而识之。知之次也②。"

【辑注】

①皇侃《论语义疏》:"'不知而作'谓妄作穿凿,为异端也。时盖多有为此者。"钱穆《论语新解》:"不知而作,……此作字当同述而不作之作,盖指创制立说言。"

②何晏《论语集解》引孔安国曰:"如此者,次于天生知之者。"

【石按】

本章孔子论学习方法。多见而识之:识(zhì),记。知之次:《论语·季氏》:"生而知之者,上也;学而知之者,次也。"

【今译】

孔子说:"大概有无知而妄自创作的,我没有这种毛病。多听,选择其中好的遵从它;多看,并且记住它。我这是次一等的知。"

7.28 互乡难与言,童子见,门人惑①。子曰:"与其进也,不与其退也②,唯何甚③?人洁己以进,与其洁也,不保其往也④。"

【辑注】

①何晏《论语集解》引郑玄曰:"互乡,乡名也。其乡人言语自专,不达时宜,而有童子来见孔子,门人怪孔子见之。"皇侃《论语义疏》:"此一乡之人皆专愚,不可与之共言语也。"

②何晏《论语集解》引孔安国曰:"教诲之道,与其进,不与其退。"朱熹《论语集注》:"与,许也。……但许其进而来见耳,非许其既退而为不善也。"

③皇侃《论语义疏》:"言教化与进,而汝等怪之,此亦何太甚也。唯,

语助也。"

④皇侃《论语义疏》："往，谓已过之行。言其既洁己而犹进之，是与其洁也，而谁保其往日之所行耶？"

【石按】

本章孔子教弟子宽容。童子：少年。惑：疑惑。与其进：赞许他的进步。与：赞许，动词。何甚：何必那么过分。甚：过分。洁己：使己洁。童子求见，必有一种洁身自好之心。不保其往：不包庇他过去的行为。保：保护，包庇。

【今译】

互乡人难以跟他们讲话，但孔子却接见了那里的一个少年，弟子们疑惑不解。孔子说："赞许他们的进步，不赞许他们的退步。何必那么过分？别人洁身自好以求进步，我是赞许其洁身自好之心，不是包庇他的过去行为。"

7.29 子曰："仁远乎哉？我欲仁，斯仁至矣①。"

【辑注】

①何晏《论语集解》引包咸曰："仁道不远，行之即是。"皇侃《论语义疏》："世人不肯行仁，故孔子引之也。"

【石按】

孔子在此勉励世人修养仁德，强调只要自己有志于习仁，他就可以得到。参见《论语·颜渊》："为仁由己，而由人乎哉？"

【今译】

孔子说："仁很远吗？我想达到仁，那么仁就到了。"

7.30 陈司败问："昭公知礼乎①？"孔子曰："知礼。"孔子退，揖巫马期而进之②，曰："吾闻君子不党，君子亦党乎③？君取于吴，为同姓，谓之吴孟子。④君而知礼，孰不知礼？"巫马期以告。子曰："丘也幸，苟有过，人必知之⑤。"

【辑注】

①何晏《论语集解》引孔安国曰："司败，官名，陈大夫。昭公，鲁昭公。"

②何晏《论语集解》引孔安国曰："巫马期，弟子，名施。"皇侃《论语义疏》："孔子退：答司败竟，而退去。""揖者，古人欲相见前进，皆先揖之也。"

③何晏《论语集解》引孔安国曰："相助匿非曰党。"皇侃《论语义疏》："昭公不知礼，而孔子云'知礼'，所以是党也。"

④何晏《论语集解》引孔安国曰："鲁、吴俱姬姓，礼同姓不婚，而君取之。当称吴姬，讳曰孟子。"

⑤朱熹《论语集注》："孔子不可自谓讳君之恶，又不可以娶同姓为知礼，故受以为过而不辞。"

【石按】

本章记述孔子为尊者讳的尴尬和善于改过的言语。司败：司寇。进之：使之进，请坐马期走近自己。君子不党：党，此处指偏私、偏袒。君取于吴：取，后写作"娶"。君而知礼：而，如果。上古，主谓之间的"而"表假设。丘也幸：丘，我孔丘；也，话题标记，无义。苟有过：苟，假如，只要。

【今译】

陈国的司寇问："鲁昭公懂礼吗？"孔子说："懂礼。"孔子走后，司寇向巫马期作揖，请他走近自己，说："我听说君子无所偏袒，难道君子也会偏袒吗？

鲁君从吴国娶夫人，（吴与鲁）是同姓，故讳称吴姬为吴孟子。鲁君如果懂礼，还有谁不懂礼呢？"巫马期把这些话告诉了孔子。孔子说："我孔丘真幸运，只要有错，人家一定会知道。"

7.31 子与人歌而善，必使反之，而后和之①。

【辑注】

①何晏《论语集解》："乐其善，故使重歌而自和之。"朱熹《论语集注》："和，去声。反，复也。"

【今译】

孔子与人一起唱歌，如果别人唱得好，一定让他再唱一遍，然后和着一起唱。

7.32 子曰："文，莫吾犹人也①。躬行君子，则吾未之有得②。"

【辑注】

①皇侃《论语义疏》："孔子谦也。文，文章也。莫，无也，无犹不也。孔子言：我之文章不胜于人，故曰'吾犹人也'。"程树德《论语集释》："《经义述闻》：'莫'盖'其'之误，言文辞吾其犹人也，上下相应。"杨伯峻《论语译注》引吴承仕注："'莫'是一词，'大约'的意思。"

②皇侃《论语义疏》："躬，身也。言我文既不胜人，故身自行君子之行者，则吾亦未得也。"

【石按】

本章孔子认为：求知易，求为君子难。莫：大概。

【今译】

孔子说："文章，大概我和别人差不多。做一个身体力行的君子，那么我也就没能做到。"

7.33　子曰："若圣与仁，则吾岂敢①？抑为之不厌，诲人不倦，则可谓云尔已矣②。"公西华曰："正唯弟子不能学也③。"

【辑注】

①何晏《论语集解》引孔安国曰："孔子谦，不敢自名仁圣。"皇侃《论语义疏》："言圣及仁则吾不敢自许有，故云'岂敢'也。不敢自名已有此二事也。"

②皇侃《论语义疏》："为，犹学也。为之不厌，谓虽不敢云自有仁圣，而学仁圣之道不厌也。学而不厌，又教诲不倦，乃可自谓如此耳也。"

③何晏《论语集解》引马融曰："正如所言，弟子犹不能学，况仁圣乎？"朱熹《论语集注》："然不厌不倦，非己有之则不能，所以弟子不能学也。"

【石按】

本章表现了孔子对盛名的谦让和对修身的不懈追求。若：至于。抑：只不过。为之：学习（做圣与仁）。云尔：这样说。已矣：罢了。唯：语气副词，表判断。

【今译】

孔子说:"至于圣人和仁人,那我怎么敢当呢?只不过学习(做圣仁)永不厌烦,教别人(做圣仁)永不疲倦,只可说是如此罢了。"公西华说:"这(不厌不倦)正是我们弟子学不了的。"

7.34　子疾病,子路请祷①。子曰:"有诸②?"子路对曰:"有之。诔曰:'祷尔于上下神祇③。'"子曰:"丘之祷久矣④。"

【辑注】

①皇侃《论语义疏》:"子疾病:疾甚曰病。孔子疾甚也。""祷,谓祈祷鬼神以求福也。孔子病甚,故子路请于孔子,欲为孔子祈求福也。"

②皇侃《论语义疏》:"孔子言:死生有命,不欲有祷。故反问子路有此祈祷之事乎,心不许也。"

③何晏《论语集解》引孔安国曰:"子路失其指。"皇侃《论语义疏》:"子路不达孔子意,闻孔子之问,仍引得古旧祷天地之诔辞以答孔子也。天曰神,地曰祇也。"杨逢彬《论语新注新译》:"诔(lěi):《说文解字》做讄,生者祈祷文;和哀悼死者的'诔'不同。"

④何晏《论语集解》引孔安国曰:"孔子素行合于神明,故曰'丘之祷久矣。'"皇侃《论语义疏》:"孔子不欲非之,故云我之祷已久,今则不复须也。"

【石按】

本章通过孔子对请祷之事的反对,表现了他对鬼神与祈祷的理性态度。疾病:病得很重。疾:动词,病是疾的补语。病:疾加也。诸:之乎,"之乎"的合音词。祇(qí):地神。丘之祷久矣:我很久以来就在祈祷了。这句话是孔子对子路请祷的否定。

【今译】

孔子病得很重,子路请求为他祈祷。孔子说:"有这回事吗?"子路回答说:"有这回事。诔文上说:'为你向天地神灵祈祷。'"孔子说:"我很久以来就在祈祷了。"

7.35 子曰:"奢则不孙,俭则固①。与其不孙也,宁固。"

【辑注】

①何晏《论语集解》引孔安国曰:"俱失之。奢不如俭,奢则僭上,俭则不及礼。固,陋也。"皇侃《论语义疏》:"不孙者,僭滥不恭之谓也。……人若奢华,则僭滥不恭;若简约,则固陋不及礼也。"

【石按】

本章孔子认为对越礼行为应无条件地反对。孙:通"逊"。不逊:指因骄奢而不恭,行为越礼。固:固陋,寒酸。指因过度节俭而寒酸,做事达不到礼仪要求。

【今译】

孔子说:"奢华就会越礼,节俭就会固陋不及礼。与其越礼,宁可固陋不及礼。"

7.36 子曰:"君子坦荡荡,小人长戚戚①。"

【辑注】

①何晏《论语集解》引郑玄曰:"坦荡荡,宽广貌。长戚戚,多忧惧。"皇侃《论语义疏》引江熙曰:"君子坦尔夷任,荡然无私;小人驰竞于荣利,耿介于得失,故长为愁府也。"

【今译】

孔子说:"君子心怀坦荡宽广,小人心怀忧戚不安。"

7.37 子温而厉,威而不猛,恭而安①。

【辑注】

①皇侃《论语义疏》引王弼曰:"温和不厉,厉不温;威者心猛,不猛者不威;恭则不安,安者不恭。此对反之常名也。若夫温而能厉,威而不猛,恭而能安,斯不可名之理全矣。"邢昺《论语注疏》:"此章说孔子体貌也。言孔子体貌温和而能严正,俨然人望而畏之而无刚暴,虽为恭孙而能安泰,此皆与常度相反。若《皋陶谟》之九德也。他人不能,唯孔子能然,故记之也。"

【石按】

本章通过描述孔子的神态体现了儒家追求中庸、和谐的人生修为。这是内心修养在外貌上的自然流露。

【今译】

孔子温和而严厉，威严而不凶猛，恭敬而安详。

泰伯第八

8.1 子曰:"泰伯①,其可谓至德也已矣。三以天下让②,民无得而称焉。"

【辑注】

①孙钦善《论语注译》:"泰伯:亦作'太伯',周朝祖先古公亶父(周太王)的长子。他的两个弟弟依次为仲雍和季历。季历的儿子为姬昌。传说古公亶父想把君位通过贤子季历传给有圣端的姬昌。古公亶父得了重病,泰伯为实现父亲的意愿,便偕同仲雍出走到荆蛮之地,自号勾吴,立为吴太伯,成为吴国的始祖。古公亶父死后,季历立为君,后传位姬昌,即周文王。详见《史记·周本纪》及《吴太伯世家》。"

②皇侃《论语义疏》引范宁曰:"有二释:一云:……又一云:太王病而讬采药出,生不事之以礼,一让也;太王薨而不反,使季历主丧,死不丧之以礼,二让也;断发文身示不可用,使季历主祭祀,不祭之以礼,三让也。"

【石按】

"让"是礼的重要特征,也是儒家思想的主体,因此本章以谦让为至德。至德:至高的德行。无得:无法。

【今译】

孔子说:"泰伯,那可以说是有至高的德行了。三次让出国君位置,老百姓无法以合适的词来称颂他。"

8.2 子曰:"恭而无礼则劳①,慎而无礼则葸②,勇而无礼则乱③,直而无礼则绞④。君子笃于亲,则民兴于仁⑤;故旧不遗,则民不偷⑥。"

【辑注】

①邢昺《论语注疏》:"劳谓困苦,言人为恭孙,而无礼以节之,则自困苦。"

②何晏《论语集解》:"葸,畏惧之貌。言慎而不以礼节之,则常畏惧。"

③皇侃《论语义疏》:"若勇而无礼,则为杀害之乱也。"

④皇侃《论语义疏》:"直若有礼,则自行不邪曲;若不得礼,对面讥刺他人之非,必致怨恨也。"

⑤皇侃《论语义疏》:"君子,人君也。笃,厚也。人君若自于亲属笃厚,则民下化之,皆竞起仁恩也。孝悌也者,其仁之本兴也。"

⑥皇侃《论语义疏》:"故旧,谓朋友也。偷,薄也。人君富贵而不遗忘昔旧友朋,则下民效之,不为薄行也。"

【石按】

本章旨在说明行事都须以礼节之,而且人君是执礼的关键和表率。劳:劳倦。葸（xǐ）：胆怯。乱：作乱，闯祸。绞：（说话）偏激。君子：人君。笃：笃厚。不偷：厚道。偷：浇薄，不厚道。

【今译】

孔子说："恭敬而不懂礼就会劳倦，谨慎而不懂礼就会显得胆怯，勇敢而不懂礼就会违法作乱，直率而不懂礼就会说话偏激。人君厚待自己的亲族，老百姓就会兴起仁德的修养；人君若不遗弃他的老朋友，老百姓就会厚道。"

8.3 曾子有疾，召门弟子曰："启予足！启予手[1]！《诗》云：'战战兢兢，如临深渊，如履薄冰[2]。'而今而后，吾知免夫！小子[3]！"

【辑注】

[1]何晏《论语集解》引郑玄曰："启，开也。曾子以为受身体于父母，不敢毁伤，故使弟子开衾而视之。"王念孙《广雅疏证·释诂》："《说文》：'晵，省视也。'……古通作'启'。《论语·泰伯篇》：'曾子有疾，召门弟子曰：启予足！启予手！'启者，视也。郑注训'启'为'开'，失之。"

[2]何晏《论语集解》引孔安国曰："言此诗者，喻己常戒慎，恐有所毁伤。"

[3]皇侃《论语义疏》："而今，今日也。而后，即今日以后也。免，免毁伤也。既临终而得不毁伤，故知自今日以后全归泉壤，得免毁伤之事也。"何晏《论语集解》引周生烈曰："小子，弟子也。呼之者，欲使听识其言。"

【石按】

本章以曾子临终之言表现了终身心存谨慎的孝道观。启：通"晵"，看。《诗经》三句见《诗经·小雅·小旻》。履：行走。而今而后：今日以后。免：

指免于灾难、刑戮，以保全身体。曾子以孝著称，而保全身体是孝的重要内容。小子：弟子们。

【今译】

曾子病重，把他的弟子召来，说道："看看我的脚！看看我的手！《诗》说：'战战兢兢，好像面临深渊一样，好像行走在薄冰上一样。'今日以后，我才确知可以免于刑戮了呀！弟子们啊！"

8.4　曾子有疾，孟敬子问之①。曾子言曰："鸟之将死，其鸣也哀；人之将死，其言也善②。君子所贵乎道者三：动容貌，斯远暴慢矣；正颜色，斯近信矣；出辞气，斯远鄙倍矣③。笾豆之事，则有司存④。"

【辑注】

①何晏《论语集解》引马融曰："孟敬子，鲁大夫仲孙捷。"朱熹《论语集注》："问之者，问其疾也。"

②何晏《论语集解》引包咸曰："欲戒敬子，言我将死，言善可用。"

③何晏《论语集解》引郑玄曰："此道，谓礼也。动容貌，能济济跄跄，则人不敢暴慢之。正颜色，能矜庄严栗，则人不敢欺诞之。出辞气，能顺而说之，则无恶戾之言入于耳。"

④皇侃《论语义疏》："旧云：敬子不存大事，大事即斥前三礼也。而好修饰笾豆，笾豆比三事为小事，故曾子先戒此三礼，若笾豆之事付于有司，不关汝也。有司，谓典笾豆之官也。"

【石按】

本章是曾子临终前对孟敬子提出的三项礼仪建议,认为君子对于礼仪应注重容态仪表等大的方面,而不要拘泥于烦琐小事。问:探问。道:礼仪之道。动容貌:整肃容貌。暴:粗暴无礼。慢:懈怠不敬。出辞气:注意言辞声调。辞:言辞。气:语气、声调。鄙:粗野鄙陋。倍:通"背",背理,过失。笾豆:祭祀的礼器。有司:小吏。

【今译】

曾子病重,孟敬子来探问。曾子说:"鸟要死时,它的鸣叫是悲哀的;人要死时,他的言语是善意的。君子注重的礼道有三:整肃容貌,自身就会远离粗暴和懈怠了;端正脸色态度,自身就会近于诚信了;注意言辞声调,自身就会远离粗野和过失了。至于笾豆之类的礼仪细节,自有主管的小吏负责。"

8.5 曾子曰:"以能问于不能,以多问于寡,有若无,实若虚,犯而不校①——昔者吾友尝从事于斯矣②。"

【辑注】

①何晏《论语集解》引包咸曰:"校,报也。言见侵犯不报。"朱熹《论语集注》:"校,计校也。"

②何晏《论语集解》引马融曰:"友谓颜渊。"

【石按】

本章宣传的是孔门的谦虚美德,与《论语·述而》的"亡而为有,虚而为盈,约而为泰,难乎有恒"形成对照。犯:冒犯。校:计较。吾友:指颜回。

【今译】

曾子说:"有才能却向没有才能的人请教,知识丰富却向知识贫乏的人请教,有了却像没有,充实却像空虚,被人冒犯也不计较——从前我的一位朋友曾这样做过。"

8.6 曾子曰:"可以托六尺之孤①,可以寄百里之命②,临大节而不可夺也③,君子人与?君子人也④。"

【辑注】

①何晏《论语集解》引孔安国曰:"六尺之孤,幼少之君。"皇侃《论语义疏》:"六尺之孤,谓童子无父而为国君者也。"

②皇侃《论语义疏》:"百里谓国也,言百里举全数也。命者,谓国之教令也。幼君既未能行政,故寄冢宰摄之也,如周公辅政也。"

③皇侃《论语义疏》:"国有大难,臣能死之,是临大节而不可夺也。"

④朱熹《论语集注》:"其才可以辅幼君、摄国政,其节至于死生之际而不可夺,可谓君子矣。与,疑辞。也,决辞。设为问答,所以深著其必然也。"

【石按】

本章是曾子论君子之德才。命:国家的命运。节:节操。大节:能考验节操的国家存亡与个人生死的关键时刻。夺:强取。

【今译】

曾子说:"可以把幼主托付给他,可以把国家的命运交付与他,面临国家存亡与个人生死的关键时刻也休想强迫他,这是君子一类的人吗?这是君子一类的人哪。"

8.7 曾子曰:"士不可以不弘毅①,任重而道远。仁以为己任,不亦重乎?死而后已,不亦远乎?"

【辑注】

①何晏《论语集解》引包咸曰:"弘,大也。毅,强而能断也。"朱熹《论语集注》:"非弘不能胜其重,非毅无以致其远。"又引程子曰:"弘大刚毅,然后能胜重任而远到。"

【石按】

本章为曾子论士。"弘毅"、"任重道远"是儒家的精神追求和生存写照。弘:志向远大。毅:意志刚毅。仁以为己任:以仁为己任,以实现仁德为己任。死而后已:至死方休。已:停止。

【今译】

曾子说:"士不可以不志向远大、意志刚毅,因为担子沉重而路途遥远。以实现仁德为己任,不也很沉重吗?至死方休,不也很遥远吗?"

8.8 子曰:"兴于《诗》,立于礼,成于乐①。"

【辑注】

①何晏《论语集解》引包咸曰:"兴,起也。言修身当先学诗。""礼者,所

以立身。""乐，所以成性。"杨朝明《论语诠解》："兴，起也，始也，是为第一步；立，初成也，是为第二步；成，完成，第三步也。"

【石按】

本章孔子阐明了为学修身的次第，反映出《诗》、礼、乐的重要。

【今译】

孔子说："兴起于《诗》，初成于礼，完成于乐。"

8.9　子曰："民可使由之，不可使知之①。"

【辑注】

①何晏《论语集解》："由，用也。可使用而不可使知者，百姓能日用而不能知。"朱熹《论语集注》引程子曰："圣人设教，非不欲人家喻而户晓也，然不能使之知，但能使之由之尔。"

【石按】

本章孔子认为，老百姓可以遵道而行，但不知其所以然。由：从，听从。知：了解，知道。

【今译】

孔子说："老百姓可以让他们听从，不能够使他们了解为什么要听从。"

8.10　子曰："好勇疾贫，乱也①。人而不仁，疾之已甚，乱也②。"

【辑注】

①何晏《论语集解》引包咸曰:"好勇之人而患疾己贫贱者,必将为乱。"

②皇侃《论语义疏》引郑玄曰:"不仁人疾之太甚,是使之为乱也。"朱熹《论语集注》:"好勇而不安分,则必作乱。恶不仁之人而使之无所容,则必致乱。二者之心,善恶虽殊,然其生乱则一也。"

【石按】

本章谈治理之道,分析社会的乱源。人而不仁:而,如果。疾之已甚:憎恨他太过分。

【今译】

孔子说:"好勇斗狠而又恨自己太穷,就会作乱。一个人如果无仁德之心,对他过分憎恨,也会使他作乱。"

8.11 子曰:"如有周公之才之美,使骄且吝,其余不足观也已①。"

【辑注】

①邢昺《论语注疏》:"周公,周公旦也,大圣之人也,才美兼备。设人有周公之才美,使为骄矜,且鄙吝,其余虽有善行,不足观也。言为鄙吝所揜弃也。"朱熹《论语集注》引程子曰:"'骄,气盈。吝,气歉。'……盖骄者吝之枝叶,吝者骄之本根。故尝验之天下之人,未有骄而不吝,吝而不骄者也。"

【石按】

本章戒人骄吝。骄:骄矜,骄傲。吝:鄙吝,自满。

【今译】

孔子说:"如果有周公那样的才华和美质,假使他骄傲而且自满,别的方面也不值得一看了。"

8.12 子曰:"三年学,不至于谷①,不易得也。"

【辑注】

①皇侃《论语义疏》引孙绰曰:"谷,禄也。云三年学足以通业,可以得禄,虽时不得禄,得禄之道也。"朱熹《论语集注》:"谷,禄也。……为学之久,而不求禄,如此之人,不易得也。"杨伯峻《论语译注》:"这'至'字和《雍也篇第六》'回也其心三月不违仁,其余则日月至焉而已矣'的'至'用法相同,指意念之所至。"

【石按】

本章表现孔子欣赏弟子一心向学、一心向道。至于谷:想做官受禄。谷:禄,借指做官。

【今译】

孔子说:"学了三年,其心还不想做官受禄,很难得啊!"

8.13 子曰:"笃信好学,守死善道①。危邦不入,乱邦不居。天下有道则见,无道则隐②。邦有道,贫且贱焉,耻也。邦无道,富且贵焉,耻也③。"

【辑注】

①皇侃《论语义疏》:"令笃厚于诚信,而好学先王之道也。"邢昺《论语注疏》:"守死善道者,守节至死,不离善道也。"

②皇侃《论语义疏》:"谓初仕时也,见彼国将危,则不须入仕也。""见,谓出仕也。谓世王有道,则宜出仕也。"

③邢昺《论语注疏》:"邦有道贫且贱焉耻也者,耻其不得明君之禄也;邦无道富且贵焉耻也者,耻食污君之禄,以致富贵也。"

【石按】

本章孔子论处世态度,应坚守善道,进退有度。笃信好学,守死善道:笃信善道,好学善道,为善道而死守。有道:政治清明;无道:政治黑暗。见(xiàn):出仕为官。隐:隐退。

【今译】

孔子说:"笃定地信仰善道,喜好学习善道,誓死守卫善道。危险的国家不入仕,动乱的国家不居官。天下有道就出仕,无道就退隐。国家政治清明,如果贫贱,是耻辱;国家政治黑暗,如果富贵,是耻辱。"

8.14 子曰:"不在其位,不谋其政①。"

【辑注】

①何晏《论语集解》引孔安国曰:"欲各专一于其职。"邢昺《论语注疏》:"此章戒人侵官也。"

【今译】

孔子说:"不在那个职位,就不要谋划那方面的政事。"

8.15 子曰:"师挚之始,《关雎》之乱,洋洋乎盈耳哉①!"

【辑注】

①何晏《论语集解》引郑玄曰:"师挚,鲁人师之名。始,犹首也。"皇侃《论语义疏》:"《关雎》,《诗》篇也。洋洋,声盛也。"刘宝楠《论语正义》引刘台拱《论语骈枝》曰:"始者,乐之始;乱者,乐之终。……凡乐之大节,有歌有笙,有间有合,是为一成。始于升歌,终于合乐。是故升歌谓之始,合乐谓之乱。"

【石按】

本章为孔子谈论音乐的演奏过程。"乐"为上古士人所习的六艺之一。始:升歌,开始演奏。乱:合乐,合奏结尾。洋洋乎:美盛的样子。

【今译】

孔子说:"从太师挚开始演奏,到以《关雎》篇合奏结尾,美妙的音乐充盈于耳啊!"

8.16 子曰:"狂而不直,侗而不愿①,悾悾而不信②,吾不知之矣③。"

【辑注】

①何晏《论语集解》引孔安国曰："狂者进取，宜直。""侗，未成器之人，宜谨愿。"

②何晏《论语集解》引包咸曰："悾悾，悫也，宜可信。"

③何晏《论语集解》引孔安国曰："言皆与常度反，我不知之。"朱熹《论语集注》："侗，无知貌。愿，谨厚也。悾悾，无能貌。吾不知之者，甚绝之之辞，亦不屑之教诲也。"

【石按】

本章孔子感叹世风日下，人心不古。狂：粗狂的样子。侗（tóng）：无知的样子。愿：厚道。悾悾（kōng）：憨厚的样子。"狂、侗、悾悾"表状态；"直、愿、信"表属性。

【今译】

孔子说："粗狂的样子却又不直率，无知的样子却又不厚道，憨厚的样子却又不诚信，我不知道怎么办了。"

8.17　子曰："学如不及，犹恐失之①。"

【辑注】

①朱熹《论语集注》："言人之为学，既如有所不及矣，而其心犹竦然，惟恐其或失之，警学者当如是也。"钱穆《论语新解》："学问无穷，汲汲终日，犹恐不逮。"李泽厚《论语今读》："既急求新知，又恐失旧知，故瞻前顾后。"

【石按】

本章反映了孔子勤奋好学的态度。不及：来不及，赶不上。

【今译】

孔子说："学习好像来不及似的，（学到后）还恐怕忘掉。"

8.18　子曰："巍巍乎！舜禹之有天下也而不与焉[1]。"

【辑注】

[1]何晏《论语集解》："美舜禹也，言己不与求天下而得之。巍巍，高大之称。"刘宝楠《论语正义》："然则以'不与'为任贤使能，乃此文正诂。必言'有天下'者，舜、禹以受禅有天下，复任人治之，而己无所与，故舜复禅禹，禹复禅益也。"

【石按】

本章及后两章都是孔子称美尧、舜、禹等儒家理想的君王。与（yù）：参与。

【今译】

孔子说："崇高啊！舜禹有天下却不参与其事，无为而治。"

8.19　子曰："大哉！尧之为君也。巍巍乎！唯天为大，唯尧则之[1]。荡荡乎！民无能名焉[2]。巍巍乎！其有成功也[3]。焕乎！其有文章[4]。"

【辑注】

①何晏《论语集解》引孔安国曰："则，法也。美尧能法天而行化。"朱熹《论语集注》："唯，犹独也。"

②朱熹《论语集注》："荡荡，广远之称也。……故其德之广远，亦如天之不可以言语形容也。"

③朱熹《论语集注》："成功，事业也。"孙钦善《论语注译》："成功，大功。"

④朱熹《论语集注》："焕，光明之貌。文章，礼乐法度也。"

【石按】

则：效法。荡荡乎：恩泽广远。名：用言语称赞。成功：功绩。焕乎：光辉灿烂。

【今译】

孔子说："伟大啊！尧做国君。高大啊！只有天最为高大，只有尧能效法天。恩泽广远啊！老百姓无法用言语称赞他。崇高啊！他的功绩。光辉灿烂啊！他的礼乐法度。"

8.20 舜有臣五人而天下治①。武王曰："予有乱臣十人②。"孔子曰："才难，不其然乎？唐虞之际，于斯为盛③。有妇人焉，九人而已。三分天下有其二，以服事殷。周之德，其可谓至德也已矣④。"

【辑注】

①何晏《论语集解》引孔安国曰："禹、稷、契、皋陶、伯益。"

②何晏《论语集解》引马融曰："乱，治也。治官者十人，谓周公旦、召公

奭、大公望、毕公、荣公、大颠、闳夭、散宜生、南宫适，其一人谓文母。"

③何晏《论语集解》引孔安国曰："唐者，尧号。虞者，舜号。际者，尧舜交会之间。斯，此也。言尧舜交会之间，比于周，周最盛，多贤才，然尚有一妇人，其余九人而已。大才难得，岂不然乎？"刘宝楠《论语正义》："'唐虞之际'者，际犹下也，后也。……夫子此言唐虞之下，至周乃为盛也。"

④何晏《论语集解》引包咸曰："殷纣淫乱，文王为西伯而有至德，天下归周者三分有二，而犹以服事殷，故谓之至德。"

【石按】

本章赞周之盛德。乱臣：治臣，指治理天下的大臣。唐虞之际：尧舜之后。

【今译】

舜有大臣五人而天下大治。周武王说："我有治理天下的大臣十人。"孔子说："人才难得，不是这样吗？尧舜之后，武王时人才最为兴盛。（十人中）有一位还是妇女，实际只有九位罢了。周文王得了三分之二的天下，仍然臣服于殷商。周的德行，应该可以说是最高的了。"

8.21 子曰："禹，吾无间然矣①！菲饮食而致孝乎鬼神②，恶衣服而致美乎黻冕③，卑宫室而尽力乎沟洫④。禹，吾无间然矣！"

【辑注】

①皇侃《论语义疏》："间，犹非觊也。孔子美禹之德美盛，而我不知何以厝于非觊矣。"又引郭象曰："故史籍无所称，仲尼不能间，故曰'禹，吾无间然矣。'"刘宝楠《论语正义》："《后汉书·殇帝纪》引此文，李贤注：'间，非

也。'《孟子·离娄篇》：'政不足间也。'亦训非。……《论语》：'禹吾无间然矣'，'若由也不得其死然'，然字并与焉同义。"

②何晏《论语集解》引马融曰："菲，薄也。致孝乎鬼神，祭祀丰絜。"

③何晏《论语集解》引孔安国曰："损其常服，以盛祭服。"朱熹《论语集注》："黻，蔽膝也，以韦为之。冕，冠也，皆祭服也。"

④皇侃《论语义疏》："沟洫，田头通水之用也。禹自所居，土阶三尺，茅茨不翦，是卑宫室也。而通达畎亩，以利田农，是尽力沟洫也。"

【石按】

吾无间然矣：吾无间焉矣，我不忍责难他了。《论语·先进》："孝哉闵子骞！人不间于其父母昆弟之言。""无间、不间"都是不忍责难、无法非议之义。间（jiàn）：非觑，非议，责难。黻（fú）：祭祀时穿的礼服。冕：帽子。此处指祭祀时戴的礼帽。沟洫：指疏导河流治水。

【今译】

孔子说："对于禹，我不忍责难他了。紧缩饮食却用丰盛的祭品向鬼神尽孝，穿破烂的衣服却把祭祀的衣服做得很华美，自己住的宫室很破败却尽力导河治水。对于禹，我不忍责难他了。"

子罕第九

9.1　子罕言利与命与仁①。

【辑注】

①何晏《论语集解》:"罕者,希也。利者,义之和也。命者,天之命也。仁者,行之盛也。寡能及之,故希言也。"杨逢彬《论语新注新译》:"句中'与'是连词。"

【石按】

本章论述了孔子对私利、天命和仁德的态度,历来各家看法分歧较大。罕:很少。与:连词,和。先秦时期,一句话中,可以连着用两个连词"与"来连接。例如:《左传·昭公二十五年》:"公鸟死,季公亥与公思展与公鸟之臣申夜姑相其室。"《国语·郑语》:"夏后卜杀之与去之与止之,莫吉。"

【今译】

孔子很少谈论私利、天命和仁德。

9.2　达巷党人①曰："大哉孔子！博学而无所成名②。"子闻之，谓门弟子曰："吾何执？执御乎？执射乎？吾执御矣③。"

【辑注】

①何晏《论语集解》引郑玄曰："达巷者，党名也。五百家为党。此党之人美孔子博学，道艺不成一名而已。"

②朱熹《论语集注》："博学而无所成名，盖美其学之博而惜其不成一艺之名也。"

③朱熹《论语集注》："执，专执也。射、御皆一艺，而御为人仆，所执尤卑。言欲使我何所执以成名乎？然则吾将执御矣。闻人誉己，承之以谦也。"

【石按】

本章反映了孔子主张博学、反对专于一艺的思想。达巷党人：达巷的百姓。无所成名：没有成名的地方。执：专门学习。御：驾车。射：射箭。御、射是六艺的两个科目。

【今译】

达巷的百姓说："伟大呀，孔子！他博学，却没有成名的地方。"孔子听了，对弟子们说："我专门学习什么呢？专习驾车？专习射箭？我专门学习驾车好了。"

9.3　子曰："麻冕，礼也；今也纯，俭，吾从众①。拜下，礼也；今拜乎上，泰也。虽违众，吾从下②。"

【辑注】

①何晏《论语集解》引孔安国曰："冕，缁布冠也。古者绩麻三十升布以为之。纯，丝也。丝易成。故从俭。"皇侃《论语义疏》："礼，谓周礼也。周礼有六冕，以平板为主，而用三十升麻布衣板，上玄下纁，故云'麻冕，礼也。'""今，谓周末孔子时也。纯，丝也。周末不复用三十升布，但织丝为之，故云'今也'。三十升布，用功巨多，难得，难得则为奢华。而织丝易成，易成则为俭约，故云'俭'也。""众，谓周末时人也。时既人人从易用丝，故孔子曰吾亦从众也。"

②皇侃《论语义疏》："下，谓堂下也。礼：君与臣燕，臣得君赐酒，皆下堂而再拜，故云'拜下，礼也。'""上，谓堂上也。泰，骄泰也。当于时周末君臣饮燕，臣得君赐酒，不复下堂，但于堂上而拜，故云'今拜乎上，泰也'。""违众而从旧礼拜于下，故云'吾从下'也。"

【石按】

本章讲孔子对待礼仪的态度，以维护礼的本质为原则，不完全随时俗而转移。麻冕：用麻织品做成的黑色礼帽。纯：黑色的丝。俭：省俭方便。拜下：拜于堂下。拜乎上：于堂上拜。泰：倨傲不恭。

【今译】

孔子说："礼帽用麻织品精细地做，这是符合古代礼制规定的；现在大家都用丝织品来做，省俭方便，我服从大众习俗。臣见君，先在堂下拜，然后上堂磕头，这是符合古代礼制规定的；现在都只在堂上拜，倨傲不恭。虽然违背现在大家的做法，我还是依照旧礼先在堂下拜。"

9.4　子绝四：毋意①，毋必②，毋固③，毋我④。

【辑注】

①程树德《论语集释》："此章之'意'……乃测度之义。"

②何晏《论语集解》："用之则行，舍之则藏，故无专必。"

③朱熹《论语集注》："固，执滞也。"

④杨伯峻《论语译注》：我，"唯我独是"。

【石按】

本章讲孔子为人处世的四种心态。绝：杜绝。毋：不要，表禁止。意：凭空猜测。必：绝对肯定。固：拘泥固执。我：自以为是。

【今译】

孔子杜绝四种毛病：不要凭空猜测，不要绝对肯定，不要拘泥固执，不要自以为是。

9.5　子畏于匡①，曰："文王既没，文不在兹乎②？天之将丧斯文也，后死者不得与于斯文也③；天之未丧斯文也，匡人其如予何④？"

【辑注】

①何晏《论语集解》引包咸曰："匡人误围夫子，以为阳虎。阳虎曾暴于匡，夫子弟子颜尅时又与虎俱行，后尅为夫子御，至于匡，匡人相与共识尅，又夫子容貌与阳虎相似，故匡人乃以兵围之。"程树德《论语集释》引俞樾《群经平议》："王肃注曰：'犯法狱死谓之畏。'是畏为拘囚之名，后人不达古义，

曲为之说，盖皆失之。"

②何晏《论语集解》引孔安国曰："兹，此也。言文王虽已死，其文见在此。此，自谓其身。"

③何晏《论语集解》引孔安国曰："文王既没，故孔子自谓后死。言天将丧此文者，本不当使我知之；今使我知之，未欲丧也。"

④何晏《论语集解》引马融曰："其如予何者，犹言奈我何也。天之未丧斯文，则我当传之。匡人欲奈我何，言其不能违天以害己。"

【石按】

本章中孔子又一次以周文化的代表自居，以继承文王之道为己任。畏：被拘，囚禁。匡：地名，在今河南省长垣县西南。没（mò）：死。文：礼乐制度、文化遗产，此处特指周代的文化遗产。兹：这里，此处孔子特指"我这里"。后死者：孔子自指。与（yù）：及，接触，得到。其如予何：其，难道，表反诘语气；如予何，把我怎么样。如……何：奈……何，把……怎么样。予：我。

【今译】

孔子被囚禁在匡地，说："唯一知道周代礼乐文化的周文王已死，饱含周代礼乐制度的文化遗产不都在我这里吗？上天如果真要消灭这种文化，那么作为后死者的我就不会懂得这种文化；上天如果不想消灭这种文化，那么匡人难道敢把我怎么样？"

9.6　太宰问于子贡曰①："夫子圣者与？何其多能也②？"子贡曰："固天纵之将圣，又多能也③。"子闻之，曰："太宰知我乎？吾少也贱，故多能鄙事。君子多乎哉？不多也④。"

【辑注】

①何晏《论语集解》引孔安国曰:"太宰,大夫官名。或吴或宋,未可分也。"刘宝楠《论语正义》:"郑(玄)注云:'太宰是吴太宰嚭。'"

②皇侃《论语义疏》:"太宰闻孔子圣,又闻孔子多能,而其心疑圣人务大,不应细碎多能,故问子贡,言孔子既圣,其那复多能乎?"

③皇侃《论语义疏》:"子贡答曰:孔子大圣,是天所固纵,又使多能也。固,故也。将,大也。"

④何晏《论语集解》引包咸曰:"我少小贫贱,常自执事,故多能为鄙人之事。君子固不当多能。"

【石按】

本章说明了孔子多能的原因以及君子当追求远大、不当多能的思想。圣者:圣人。与:欤,吗,疑问语气词。多能:多才多艺。固:本来。将圣:大圣。知:了解。

【今译】

太宰向子贡问道:"孔夫子是圣人吗?为什么那么多才多艺?"子贡说:"本来这就是上天使他成为大圣人,又让他多才多艺。"孔子听到后,说:"太宰了解我吗?我年轻时地位低下,所以会做很多鄙贱的事情。君子技艺多吗?不多的。"

9.7 牢曰:"子云:'吾不试,故艺①。'"

子罕第九   177

【辑注】

①何晏《论语集解》引郑玄曰:"牢,弟子子牢也。试,用也。言孔子自云:我不见用,故多能伎艺。"

【石按】

本章继续讨论孔子多能的原因。试:用,被国家所用,指做官。

【今译】

子牢说:"孔子说过:'因为我不曾被国家所用,所以学了些技艺。'"

9.8　子曰:"吾有知乎哉?无知也①。有鄙夫问于我,空空如也②。我叩其两端而竭焉③。"

【辑注】

①何晏《论语集解》:"知者,知意之知也。知者,言未必尽。今我诚尽。"皇侃《论语义疏》:"知,谓有私意于其间之知也。""知意,谓故用知为知也。圣人忘知,故无知,知意也。""若用知者,则用意有偏,故其言未必尽也。"邢昺《论语注疏》:"知者,意之所知也。孔子言,我有意之所知不尽以教人乎哉?无之也。常人知者言未必尽,今我诚尽也。"

②刘宝楠《论语正义》:"《释文》:'空空,郑或作悾悾'此与前篇'悾悾而不信'同。……此鄙夫来问夫子,其意甚诚恳,故曰'空空如'。皇《疏》以为虚空,非也。"杨逢彬《论语新注新译》:"空空如,很诚恳的样子。"

③何晏《论语集解》引孔安国曰:"有鄙夫来问于我,其意空空然。我则发事之终始两端以语之,竭尽所知,不为有爱。"朱熹《论语集注》:"两端,犹言

两头。言终始、本末、上下、精粗,无所不尽。"

【石按】

本章表现了孔子教人尽心尽意,毫无保留。定州汉墓竹简本《论语》,"无知也"为"无智也"。有知:即"有智",玩弄心机,有意不把知识完全教给人。无知:即"无智",不玩弄心机,把知识尽心尽意教人。《论语·述而》:"二三子以我为隐乎?吾无隐乎尔。吾无行而不与二三子者,是丘也。"这就是"无知"的具体表现。空空如:也写作"空空然",诚恳的样子。"空空"是重言词,也写作"悾悾",与"空虚"义的"空"字形偶合,意义无关。"如"、"然"是重言词的词尾。叩:叩问,仔细询问。两端:问题的始末。竭:竭尽。

【今译】

孔子说:"我有没教的知识吗?我没有没教的知识。有个粗人来问我问题,很诚恳的样子。我仔细询问了问题的始末,然后竭尽全力让他明白。"

9.9 子曰:"凤鸟不至,河不出图,吾已矣夫①!"

【辑注】

①何晏《论语集解》引孔安国曰:"圣人受命,则凤鸟至,河出图,今天无此瑞。'吾已矣夫'者,伤不得见也。河图,八卦是也。"杨伯峻《论语译注》:"古代传说,凤凰是一种神鸟,祥瑞的象征,出现就是表示天下太平。又说,圣人受命,黄河就出现图画。孔子说这几句话,不过借此比喻当时天下无清明之望罢了。"

【石按】

本章是孔子感叹自己生不逢时，难见盛世太平。已：止，完了。

【今译】

孔子说："凤凰也不来了，黄河也不出现八卦图了，我的理想完了呀！"

9.10　子见齐衰者①、冕衣裳者②与瞽者③，见之，虽少必作；过之，必趋④。

【辑注】

①皇侃《论语义疏》："此记孔子哀人有丧者也。齐衰，五服之第二者也。"

②皇侃《论语义疏》："记孔子尊敬在位者也。冕衣裳者，《周礼》大夫以上之服也。"

③何晏《论语集解》引包咸曰："瞽，盲也。"

④何晏《论语集解》引包咸曰："作，起也。趋，疾行也。此夫子哀有丧、尊在位、恤不成人。"

【石按】

本章描述了孔子见到穿丧服、礼服以及瞎子时所表现出的礼节，以展现儒家"礼"的观念。齐衰（zī cuī）者：穿丧服的人。冕衣裳者：穿礼服的人。冕，礼帽；衣，上衣；裳，下裳。瞽者：瞎子。少：少年。作：站起来。过：经过。趋：弯腰快走。"作"、"趋"这两个动作都表示敬意。

【今译】

孔子遇到穿丧服的、穿礼服的和瞎子，会见他们时，虽是少年，也一定会站起来；经过他们时，一定会弯腰快走几步。

9.11　颜渊喟然叹曰："仰之弥高，钻之弥坚。瞻之在前，忽焉在后[1]。夫子循循然善诱人，博我以文，约我以礼[2]。欲罢不能，既竭吾才[3]。如有所立，卓尔。虽欲从之，末由也已[4]！"

【辑注】

[1]何晏《论语集解》："喟，叹声。"皇侃《论语义疏》："颜于孔子道，愈瞻愈高，弥钻弥坚，非己屑力之能得也。"朱熹《论语集注》："仰弥高，不可及。钻弥坚，不可入。在前在后，恍惚不可为象。此颜渊深知夫子之道，无穷尽、无方体，而叹之也。"

[2]何晏《论语集解》："循循，次序貌。诱，进也。言夫子正以此道进劝人，有次序。"皇侃《论语义疏》："博，广也。文，文章也。言孔子广以文章诱引于我，故云'博我以文'也；又以礼教约束我，故云'约我以礼'也。"

[3]皇侃《论语义疏》："文博礼束，故我虽欲罢止而不能止也。""竭，尽也。才，才力也。我不能罢，故尽竭我之才力学之也。"

[4]皇侃《论语义疏》："卓，高远貌也。言虽自竭才力以学，博文约礼，而孔子更有所言述创立，则卓尔高绝也。""末，无也。言其好妙高绝，虽己欲从之，而无由可及也。"

【石按】

本章借颜回之口展示了孔子之道的高深与魅力。喟然叹：大声地感叹。仰：仰望。钻：钻研。瞻：看。忽焉：忽然。循循然：循序渐进地。诱：诱导。博我：使我广博。文：六艺方面的知识和文献。约我：约束我。罢：停止。既：已经。竭：竭尽。如有所立：一旦有所创立。卓尔：高远的样子。从：追随。末由：没有途径。

【今译】

颜回深深赞叹说："（老师的学说）越仰望越觉崇高，越钻研越觉坚固。看到它在前面，忽然又到了后面。老师循序渐进地善于诱导人，用广博的六艺知识充实我，用系统的礼仪规范约束我。想停止却不能停止，已经竭尽了我的才能。他一旦有所创立，又那么高远，虽然想去追随它，却没有途径了。"

9.12　子疾病①，子路使门人为臣②。病间③，曰："久矣哉，由之行诈也！无臣而为有臣。吾谁欺？欺天乎④！且予与其死于臣之手也，无宁死于二三子之手乎⑤！且予纵不得大葬，予死于道路乎⑥？"

【辑注】

①何晏《论语集解》引包咸曰："疾甚曰病。"

②何晏《论语集解》引郑玄曰："孔子尝为大夫，故子路欲使弟子行其臣之礼。"朱熹《论语集注》："夫子时已去位，无家臣。"钱穆《论语新解》："使门人为臣：为孔子家臣也。大夫之丧，由家臣治其礼。"

③何晏《论语集解》引孔安国曰："少差曰间。"

④皇侃《论语义疏》："我实无臣，今汝诈立之，持此诈欲欺谁乎？天下人皆知我无臣，则人不可欺。今日立之，此政是远欲欺天。"

⑤何晏《论语集解》引马融曰："无宁，宁也。二三子，门人也。"杨伯峻

《论语译注》:"(为臣)和今天的组织治丧处有相似之处。……不同之处是治丧处人死以后才组织,才开始工作。'臣'却不然,死前便工作,死者的衣衾手足的安排以及剪须诸事都由'臣'去处理。所以孔子这里也说'死于臣之手'的话。"

⑥何晏《论语集解》引孔安国曰:大葬,"君臣礼葬。"

【石按】

本章孔子批评了子路的越礼行为。儒家对葬礼有严格的规定,不同等级的人有不同的安葬仪式。古代大夫治丧,有家臣治其礼。此时,孔子已不做大夫,反对子路按大夫之礼为他办理丧事。《礼记·王制》:"大夫废其事,终身不仕,死以士礼葬之。"疾病:病重。臣:治丧的家臣。病间(jiàn):病少差,病稍愈。扬雄《方言》:"差、知,愈也。南楚病愈者谓之差,或谓之间。"无宁:宁可。二三子:你们这些学生。大葬:君臣隆重的葬礼。

【今译】

孔子病重,子路让同门做了治丧的家臣。孔子病稍好转,说:"子路搞这种欺诈的行为已经很久了!不该有治丧之臣,却偏偏设治丧之臣,我能欺骗谁呢?欺骗老天吧!况且我与其死在治丧之臣手里,宁可死于你们这些学生之手!我纵然不能享受君臣隆重的葬礼,我难道会死在路上吗?"

9.13 子贡曰:"有美玉于斯,韫椟而藏诸?求善贾而沽诸①?"子曰:"沽之哉!沽之哉!我待贾者也②。"

【辑注】

①何晏《论语集解》引马融曰:"韫,藏也。椟,匮也。谓藏诸匮中。沽,

卖也。"皇侃《论语义疏》:"子贡欲观孔子圣德藏用何如,故托事以谘臧否也。美玉,譬孔子圣道也。言孔子有圣道可重,如世间有美玉而在此也。""善贾,贵价也。"

②皇侃《论语义疏》引王弼曰:"重言'沽之哉',卖之不疑也。故孔子乃聘诸侯以急行其道也。"朱熹《论语集注》:"子贡以孔子有道不仕,故设此二端以问也。孔子言固当卖之,但当待贾,而不当求之耳。"

【石按】

本章反映了孔子的处世态度,主张等待时机,积极入世,即"用之则行,舍之则藏"。斯:这里。韫(yùn):藏。椟(dú):匣子。诸:之乎。善贾(gǔ):识货的商人。沽:卖。

【今译】

子贡问:"假如有一块美玉在这里,是放在匣子里藏起它呢?还是找个识货的商人卖了它呢?"孔子说:"卖掉它吧!卖掉它吧!我正在等待买主呢。"

9.14 子欲居九夷①。或曰:"陋②,如之何?"子曰:"君子居之,何陋之有③?"

【辑注】

①何晏《论语集解》引马融曰:"九夷,东方之夷,有九种。"皇侃《论语义疏》:"孔子圣道不行于中国,故托欲东往居于九夷也,亦如'欲乘桴浮海'也。"

②皇侃《论语义疏》引孙绰曰:"九夷所以为陋者,以无礼义也。"钱穆

《论语新解》:"陋:文化闭塞。"

③何晏《论语集解》引马融曰:"君子所居则化。"

【石按】

本章反映了孔子退而求其次的入世思想,主张用先进的中原文化去教化九夷。九夷:东方未开化的部落。或:有的人。陋:落后。如之何:怎么办。何陋之有:有何陋?

【今译】

孔子想到东方未开化的部落去居住。有人说:"那里太落后,怎么办?"孔子说:"君子住在那里,还会落后吗?"

9.15　子曰:"吾自卫反鲁,然后乐正,雅、颂各得其所①。"

【辑注】

①何晏《论语集解》引郑玄曰:"反鲁,鲁哀公十一年冬。是时,道衰乐废,孔子来还,乃正之,故雅、颂各得其所。"朱熹《论语集注》:"鲁哀公十一年冬,孔子自卫反鲁。是时周礼在鲁,然《诗》乐亦颇残阙失次,孔子周流四方,参互考订,以知其说。晚知道终不行,故归而正之。"

【石按】

本章说明孔子在周游列国、晚年回到鲁国之后,不再求仕,着力整理《诗经》等典籍文献。反:后写作"返",返回。乐正:《诗经》的音乐得到整理。

【今译】

孔子说:"我从卫国回到鲁国,《诗》的音乐才得到整理,《雅》乐和《颂》

乐各自归位。"

9.16　子曰:"出则事公卿,入则事父兄,丧事不敢不勉,不为酒困①,何有于我哉②!"

【辑注】

①何晏《论语集解》引马融曰:"困,乱也。"刘宝楠《论语正义》:"夫子此言'事公卿',则已仕鲁时也。……言出仕朝廷,则尽其忠顺以事公卿也。入居私门,则尽其孝悌以事父兄也。若有丧事,则不敢不勉力以从礼也,未尝为酒乱其性也。"

②参见 7.2 注③。

【石按】

本章孔子自谦其日常作为。事:服事。勉:尽力,尽礼。不为酒困:不被酒乱,不嗜酒乱性。何有于我哉:于我有何哉,对我来说有什么呢?

【今译】

孔子说:"出外就服事公卿,回家就服事父兄,办丧事不敢不尽礼,不嗜酒乱性,对我来说有什么呢?"

9.17　子在川上曰:"逝者如斯夫!不舍昼夜①。"

【辑注】

①何晏《论语集解》引包咸曰:"逝,往也。言凡往者如川之流。"朱熹《论语集注》:"自此至篇终,皆勉人进学不已之辞。"又引程子曰:"天运而不已,日往则月来,寒往则暑来,水流而不息,物生而不穷。……是以君子法之,自强不息。"

【石按】

本章是孔子伤逝惜时的感叹。逝:流逝。斯:这样,此处指河水。夫(fú):感叹语气词。不舍昼夜:昼夜不舍,日夜不停,指河水日夜不停地流。舍:止,停止。

【今译】

孔子在河边说:"流逝的时光就像河水一样啊!日夜不停。"

9.18 子曰:"吾未见好德如好色者也①。"

【辑注】

①何晏《论语集解》:"疾时人薄于德而厚于色,故发此言。"

【今译】

孔子说:"我没有见过喜爱美好德行能像喜爱美色那样的人。"

9.19 子曰:"譬如为山,未成一篑,止,吾止也①。譬如平地,虽覆一篑,进,吾往也②。"

【辑注】

①何晏《论语集解》引包咸曰:"篑,土笼也。此劝人进于道德。为山者其功虽已多,未成一笼而中道止者,我不以其前功多而善之。见其志不遂,故不与也。"皇侃《论语义疏》:"此戒人为善垂成而止者也。"

②何晏《论语集解》引马融曰:"平地者将进加功,虽始覆一篑,我不以其功少而薄之。据其欲进而与之。"皇侃《论语义疏》:"此奖人始为善而不住者也。"朱熹《论语集注》:"盖学者自强不息,则积少成多;中道而止,则前功尽弃。其止其往,皆在我而不在人也。"

【石按】

本章言学者当自强不息,则积少成多;若半途而废,则前功尽弃。篑(kuì):土筐。未成一篑:差一筐未成。覆:倒。

【今译】

孔子说:"(学习或道德修养)好比堆土成山,只差一筐土,如果停止,我就是停止了。好比在平地堆土,虽然只倒下一筐土,如果前进,我就是勇往直前了。"

9.20 子曰:"语之而不惰者,其回也与①!"

【辑注】

①邢昺《论语注疏》:"惰,懈惰也。言余人不能尽解,故有懈惰于夫子之语时,其语之而不懈惰者,其唯颜回也与。颜渊解故也。"朱熹《论语集注》:"惰,懈怠也。"又引范氏曰:"颜子闻夫子之言,而心解力行,造次颠沛未尝违

之。"钱穆《论语新解》:"盖答问多因其所疑,语则教其所未至。闻所语而不得于心,故惰。独颜子于孔子之言,触类旁通,心解力行,自然不懈。此见颜子之高。"

【石按】

本章孔子赞扬了颜回学而不厌、毫不懈怠的精神。语(yù):告诉。惰:松懈怠惰。其:大概。也与:也欤。

【今译】

孔子说:"告诉他学问而从不松懈怠惰的,大概只有颜回了吧!"

9.21 子谓颜渊,曰:"惜乎!吾见其进也,未见其止也[1]。"

【辑注】

[1]皇侃《论语义疏》:"颜渊死后,孔子有此叹也。"朱熹《论语集注》:"颜子既死而孔子惜之,言其方进而未已也。"

【石按】

本章孔子称赞颜渊只进不止的进取精神。《论语·子罕》:"譬如为山,未成一篑,止,吾止也。譬如平地,虽覆一篑,进,吾往也。"本章"进"与"止"的意义与此同。谓:谈论。

【今译】

孔子谈到颜渊,说:"可惜了呀!我只见他进取不已,从未见他停止不前。"

9.22　子曰："苗而不秀者有矣夫！秀而不实者有矣夫①！"

【辑注】

①何晏《论语集解》引孔安国曰："言万物有生而不育成者，喻人亦然。"朱熹《论语集注》："谷之始生曰苗，吐华曰秀，成谷曰实。盖学而不至于成，有如此者，是以君子贵自勉也。"钱穆《论语新解》："或说本章承上章，惜颜子。或说起下章，励学者。玩本章辞气，慨叹警惕，兼而有之。"李泽厚《论语今读》："用苗之秀、实即生命之成长来喻人生、学问，甚好。"

【石按】

本章以万物生长比喻人生或学问。苗：长苗。秀：开花。实：结果。

【今译】

孔子说："长苗而不开花的有了吧！开花而不结果的有了吧！"

9.23　子曰："后生可畏①，焉知来者之不如今也②？四十、五十而无闻焉，斯亦不足畏也已③。"

【辑注】

①何晏《论语集解》："后生，谓年少。"皇侃《论语义疏》："可畏，谓有才学可心服者也。"

②皇侃《论语义疏》："焉，安也。来者，未来之事也。今，谓我今身也。后生既可畏，亦安知未来之人师徒教化不如我之今日乎？曰不可诬也。"

③皇侃《论语义疏》："又言后生虽可畏，若年四十五十而无声誉闻达于世

者，则此人亦不足可畏也。"朱熹《论语集注》："孔子言后生年富力强，足以积学而有待，其势可畏，安知其将来不如我之今日乎？然或不能自勉，至于老而无闻，则不足畏矣。言此以警人，使及时勉学也。"

【石按】

本章在于鼓励和警醒年轻人及时勤勉努力。后生：年轻人。可畏：值得敬畏。焉：怎么。来者：他们的将来。今：我们的今天。无闻：默默无闻，没有名声。

【今译】

孔子说："年轻人值得敬畏，怎么知道他们的将来就不如我们的今天呢？（如果他们）四十岁或五十岁还默默无闻，那也就不值得敬畏了。"

9.24 子曰："法语之言，能无从乎？改之为贵①。巽与之言，能无说乎？绎之为贵②。说而不绎，从而不改，吾末如之何也已矣③。"

【辑注】

①皇侃《论语义疏》："言彼人有过失，若我以法则语之，彼人闻法，当时无不口从而云止，当不敢复为者，故云'能无从乎'。"邢昺《论语注疏》："谓人有过，以礼法正道之言告语之，当时口无不顺从之者。口虽服从，未足可贵，能必自改之，乃为贵耳。"

②何晏《论语集解》引马融曰："巽，恭也。谓恭逊谨敬之言，闻之无不说者。能寻绎行之，乃为贵。"皇侃《论语义疏》："巽，恭逊也。绎，寻绎也。"钱穆《论语新解》："巽，恭顺义。与，许与义。"

③邢昺《论语注疏》："夫形服而心不化,故云末如之何,犹言不可奈何也。"

【石按】

本章孔子告诫弟子要善于分析和采纳别人的意见,所谓"见教在人而学在己"。法语:用礼法正告。语(yù):告诉。从:听从。巽与:谦恭地称赞。巽(xùn):通"逊",谦恭。与:赞许。说(yuè):后写作"悦",高兴。绎:理出头绪,分析。末如之何:无如之何,把……没办法。

【今译】

孔子说:"用礼法正告的话,能不听从吗?改正错误才可贵。谦恭称赞的话,能不让人高兴吗?分析原因才可贵。盲目高兴而不加分析,表面听从而实际不改,我把他没办法了。"

9.25 子曰:"主忠信,毋友不如己者,过则勿惮改。"

【石按】

本章重出,参见 1.8。

9.26 子曰:"三军可夺帅也,匹夫不可夺志也①。"

【辑注】

①何晏《论语集解》引孔安国曰:"三军虽众,人心不一,则其将帅可夺而取之。匹夫虽微,苟守其志,不可得而夺也。"邢昺《论语注疏》:"帅,谓将

也。匹夫，谓庶人也。"

【石按】

本章孔子勉励弟子守志。三军：周制，大的诸侯国可以拥有上、中、下三军，或称中、左、右三军，每军一万二千五百人。一般用"三军"作为军队的通称。匹夫：一个普通人。

【今译】

孔子说："一支军队可以剥夺其主帅的军权，一个普通人不可剥夺他的意志。"

9.27 子曰："衣敝缊袍，与衣狐貉者立，而不耻者，其由也与[1]？'不忮不求，何用不臧[2]？'"子路终身诵之。子曰："是道也，何足以臧[3]？"

【辑注】

[1]何晏《论语集解》引孔安国曰："缊，枲着。"皇侃《论语义疏》："衣，犹着也。敝，败也。缊，枲着也。狐貉，轻裘也。由，子路也。当时人尚奢华，皆以恶衣为耻，唯子路能果敢率素，虽服败麻枲着袍裘，与服狐貉轻裘者并立而不为羞耻。""枲，麻也。以碎麻着裘也。碎麻曰缊，故絮亦曰缊。"朱熹《论语集注》："子路之志如此，则能不以贫富动其心，而可以进于道矣，故夫子称之。"

[2]何晏《论语集解》引马融曰："忮，害也。臧，善也。言不忮害，不贪求，何用为不善？"朱熹《论语集注》："此《卫风·雄雉》之诗，孔子引之，以美子路也。"

[3]何晏《论语集解》引马融曰："尚复有美于是者，何足以为善？"朱熹《论语集注》："终身诵之，则自喜其能，而不复求进于道矣，故夫子复言此以警之。"

【石按】

本章孔子对子路先称赞其安贫乐道，后贬抑其沾沾自喜，以使子路自强不息。衣（yì）：动词，穿。敝：破。缊（yùn）：旧絮。当时尚无棉花，絮指乱麻絮。狐貉（hé）：轻裘。衣狐貉者：指衣着华贵的人。忮（zhì）：嫉妒。求：贪求。臧：善。

【今译】

孔子说："穿着破絮袍，与穿着狐貉裘的人站在一起，而不感到耻辱的人，大概只有子路吧？'不嫉妒，不贪求，为什么不好？'"子路一生老念这两句诗。孔子说："这种做法，哪里能够算得上好呢？"

9.28 子曰："岁寒，然后知松柏之后彫也[1]。"

【辑注】

[1]何晏《论语集解》："喻凡人处治世，亦能自修整，与君子同；在浊世，然后知君子之正，不苟容。"朱熹《论语集注》引谢氏曰："士穷见节义，世乱识忠臣。欲学者必周于德。"

【石按】

本章以松柏为比，喻君子处乱世更显节操。彫：通"凋"，凋谢。

【今译】

孔子说："年岁寒冷，才知道松针柏叶是最后凋谢的。"

9.29　子曰："知者不惑，仁者不忧，勇者不惧①。"

【辑注】

①朱熹《论语集注》："明足以烛理，故不惑；理足以胜私，故不忧；气足以配道义，故不惧。"刘宝楠《论语正义》引《申鉴·杂言》："君子乐天知命，故不忧；审物明辨，故不惑；定心致公，故不惧。"

【石按】

本章孔子在于倡导儒家君子的三种美德：智、仁、勇。知：后写作"智"。

【今译】

孔子说："聪明的人不疑惑，仁爱的人不忧愁，勇敢的人不恐惧。"

9.30　子曰："可与共学，未可与适道①；可与适道，未可与立②；可与立，未可与权③。"

【辑注】

①何晏《论语集解》："适，之也。虽学，或得异端，未必能之道。"朱熹《论语集注》："可与者，言其可与共为此事也。"钱穆《论语新解》："同一向学，或志不在道，如学以求禄之类。故可与共学，未必可与共适道。"

②何晏《论语集解》："虽能之道，未必能有所立。"

③何晏《论语集解》："虽能有所立，未必能权量其轻重之极。"皇侃《论语义疏》引王弼曰："权者，道之变。"朱熹《论语集注》引程子曰："可与共学，

知所以求之也。可与适道，知所往也。可与立者，笃志固执而不变也。……可与权，谓能权轻重，使合义也。"

【石按】

本章述说了修身立德的三种境界及相关的择友标准。可与：可与之。适：之，走向。权：通权达变。

【今译】

孔子说："可以与他一起学习，但未必可以与他一起走向道。可以与他一起走向道，但未必可以与他一起坚守道。可以与他一起坚守道，但未必可以与他一起通权达变。"

9.31 "唐棣之华，偏其反而。岂不尔思？室是远而[①]。"子曰："未之思也，夫何远之有？"

【辑注】

①何晏《论语集解》："逸诗也。唐棣，栘也，花反而后合。"朱熹《论语集注》："偏，《晋书》作翩。然则反亦当与翻同，言花之摇动也。而，语助也。……上两句无意义，但以起下两句之辞耳。其所谓尔，亦不知其何所指也。"程树德《论语集释》引《四书辨疑》："自汉魏以来，解《论语》者多矣，此章之说，皆莫能明。"

【石按】

本章素来难解，我们只就字面译出。华：花。偏其反而：翩翩翻翻貌。岂不尔思：岂不思尔。室：家。未之思也：未思之也。何远之有：有何远？

【今译】

"棠棣的花，翩翩翻翻地摇动。难道不想你吗？你的家太远了。"孔子说："你没有真想他，那有什么远的？"

乡党第十

10.1 孔子于乡党①,恂恂如也,似不能言者②。其在宗庙、朝廷,便便言,唯谨尔③。

【辑注】

①朱熹《论语集注》:"乡党,父兄宗族之所在。"

②何晏《论语集解》引王肃曰:"恂恂,温恭貌。"

③何晏《论语集解》引郑玄曰:"便便,辩也。虽辩而谨敬。"

【石按】

本章记述了孔子在乡里和朝廷的言谈举止合礼。乡党:家乡,乡里。恂(xún)恂如:恭顺貌。便(pián)便:能言善辩的样子。

【今译】

孔子在家乡,非常恭顺,好像不能说话的样子。他在宗庙和朝廷上,能言善辩,只是言语很谨慎。

10.2 朝，与下大夫言，侃侃如也；与上大夫言，訚訚如也①。君在，踧踖如也，与与如也②。

【辑注】

①何晏《论语集解》引孔安国曰："侃侃，和乐貌。""訚訚，中正之貌。"朱熹《论语集注》："此君未视朝时也。"

②何晏《论语集解》引马融曰："君在者，君视朝也。踧踖，恭敬之貌。与与，威仪中适貌。"

【石按】

本章表现了孔子在朝堂事上接下的言谈举止合礼。侃侃如：温和快乐的样子。訚（yín）訚如：正直恭顺的样子。踧（cù）踖（jí）如：恭恭敬敬的样子。与与如：谨慎安详的样子。

【今译】

上朝时，（君主未到）同下大夫交谈，温和快乐；同上大夫交谈，正直恭顺。君主到朝，恭恭敬敬，谨慎安详。

10.3 君召使摈①，色勃如也②，足躩如也③。揖所与立，左右手。衣前后，襜如也④。趋进，翼如也⑤。宾退，必复命曰："宾不顾矣⑥。"

【辑注】

①何晏《论语集解》引郑玄曰："君召使摈者，有宾客使迎之。"皇侃《论语义疏》："摈者，为君接宾也。"

②何晏《论语集解》引孔安国曰:"必变色。"皇侃《论语义疏》:"既召己接摈,故己宜变色起敬。"

③何晏《论语集解》引包咸曰:"足躩,盘辟貌。"刘宝楠《论语正义》:"郑玄此注云:'躩如,逡巡貌。'逡巡,亦盘辟之义。"杨逢彬《论语新注新译》:"躩如:盘旋貌,逡巡不前貌;如此以示敬畏恭敬。"

④何晏《论语集解》引郑玄曰:"揖左人,左其手;揖右人,右其手。一俯一仰,故衣前后则襜如也。"皇侃《论语义疏》引江熙曰:"揖两手,衣裳襜如动也。"

⑤朱熹《论语集注》:"疾趋而进,张拱端好,如鸟舒翼。"杨伯峻《论语译注》:"趋进:在行步时一种表示敬意的行动。"

⑥何晏《论语集解》引郑玄曰:"复命白君:'宾已去矣。'"黄式三《论语后案》:"复命,返命也。顾,回视也。"

【石按】

本章记述了孔子受命接待外宾时的礼仪姿态。摈(bìn):迎接宾客。色:脸色。勃如:变得庄重的样子。躩(jué)如:脚步稳健恭敬的样子。所与立:两旁站立的人。左右手:向左右拱手。衣前后:衣服前后摆动。襜(chān)如:飘飞的样子。趋进:弯腰快步前进。翼如:像鸟展翅一样。复命:回复国君。顾:回头看。

【今译】

国君召孔子让他接待宾客,孔子脸色变得庄重,脚步稳健恭敬。向两旁站立的人作揖,向左拱拱手,向右拱拱手。衣服前后摆动,飘飘飞扬。弯腰快步前进,像鸟展翅一样。宾客走后,一定回复国君说:"宾客不再回头看了。"

10.4 入公门，鞠躬如也，如不容①。立不中门，行不履阈②。过位，色勃如也，足躩如也，其言似不足者③。摄齐升堂，鞠躬如也，屏气似不息者④。出，降一等，逞颜色，怡怡如也⑤。没阶，趋进，翼如也⑥。复其位，踧踖如也⑦。

【辑注】

①何晏《论语集解》引孔安国曰："敛身。"皇侃《论语义疏》："公，君也。谓孔子入君门时也。鞠，曲敛也。躬，身也。臣入君门，自曲敛身也。君门虽大，而己恒曲敛，如君门之狭，不见容受为也。"朱熹《论语集注》："鞠躬，曲身也。公门高大而若不容，敬之至也。"

②何晏《论语集解》引孔安国曰："阈，门限。"朱熹《论语集注》："礼：士大夫出入君门，由闑右，不践阈。"

③何晏《论语集解》引包咸曰："过君之空位。"皇侃《论语义疏》："即君虽不在此位，此位可尊，故臣行入，从君位边过，面色勃然、足躩为敬也。""言语细下，不得多言，如言不足之状也。"朱熹《论语集注》："君虽不在，过之必敬，不敢以虚位而慢之也。言似不足，不敢肆也。"

④何晏《论语集解》引孔安国曰："皆重慎也。衣下曰齐。摄者，抠衣也。"皇侃《论语义疏》："裣，衣裳下缝也。"朱熹《论语集注》："礼：将升堂，两手抠衣，使去地尺，恐蹑之而倾跌失容也。屏，藏也。息，鼻息出入者也。近至尊，气容肃也。"

⑤何晏《论语集解》引孔安国曰："先屏气，下阶舒气，故怡怡如也。"皇侃《论语义疏》："降，下也。逞，申也。出降一等，谓见君已竟，而下堂至阶第一级时也。初对君既屏气，故出降一等而申气。气申则颜色亦申，故颜容怡悦也。"

⑥何晏《论语集解》引孔安国曰:"没,尽也。下尽阶。"邢昺《论语注疏》:"下尽阶,则疾趋而出,张拱端好,如鸟之舒翼也。"

⑦何晏《论语集解》引孔安国曰:"来时所过位。"皇侃《论语义疏》:"位,谓初入时所过君子空位也。今出至此位,而更踧踖为敬也。"

【石按】

本章记述了孔子在朝的礼仪容貌。公门:君门。鞠躬如:恭恭敬敬弯着腰的样子。履阈(yù):踩踏门坎。阈:门坎。位:君位。其言似不足者:话也不敢多说的样子。摄齐(zī):提起衣服的下摆。齐:本写作"禥",下裳缝了边的下摆。堂:指路寝(正室)之堂。等:台阶。逞:放松。没阶:下尽台阶。没:尽。没阶趋进:《经典释文》:"没阶趋,一本作'没阶趋进',误也。"定州汉墓竹简本《论语》作"殁阶趋",也无"进"字。因此,"进"是衍文。复其位:又经过君主的位子。

【今译】

孔子走进国君的大门,恭恭敬敬弯着腰,好像没有容身之地。站立时,不在门之正中;行走时,不踩踏门坎。走过君主的位子时,脸色庄重起来,脚步稳健恭敬起来,话也不敢多说。提起衣服的下摆,登阶升堂,恭恭敬敬弯着腰,屏住呼吸,好像不敢出气的样子。从堂里出来,走下一个台阶,面色轻松,神情怡悦。下完台阶,快步而行,像鸟展翅一样。又经过君主的位子时,还是恭恭敬敬的。

10.5 执圭,鞠躬如也,如不胜①。上如揖,下如授②。勃如战色,足蹜蹜，如有循③。享礼，有容色④。私觌，愉愉如也⑤。

【辑注】

①何晏《论语集解》引包咸曰："为君使以聘问邻国，执持君之圭。"皇侃《论语义疏》："圭虽轻而己执之恒如圭重，似己不能胜，故曲身如不胜也。"

②何晏《论语集解》引郑玄曰："上如揖，授玉宜敬也。下如授，不敢忘礼也。"朱熹《论语集注》："上如揖，下如授，谓执圭平衡，手与心齐，高不过揖，卑不过授也。"

③朱熹《论语集注》："战色，战而色惧也。蹜蹜，举足促狭。如有循……言行不离地，如缘物也。"杨伯峻《论语译注》："蹜蹜，举脚密而狭的样子。"

④何晏《论语集解》引郑玄曰："享，献也。聘礼既聘而享，享用圭璧，有庭实也。"杨伯峻《论语译注》："享礼：古代出使外国，初到所聘问的国家，便行聘问礼。'执圭'一段所写的正是行聘问礼时孔子的情貌。聘问之后，便行享献礼。'享礼'就是享献礼，使臣把所带来的各种礼物罗列满庭。"钱穆《论语新解》："有容色：言和气满容。不复有勃战之色。"

⑤何晏《论语集解》引郑玄曰："觌，见也。既享，乃以私礼见。愉愉，颜色之和也。"

【石按】

本章记述了孔子出使时的礼仪容貌。不胜（shēng）：拿不起。上如揖，下如授：指执圭的上下位置。执圭一般与心平齐，上到拱手的位置，下到以手授物的位置，过高过低则失敬。勃如战色：脸色庄重而敬惧。蹜蹜（suō）：脚步细碎的样子。如有循：好像沿着什么贴地而行。享礼：献礼。有容色：满面和气。私觌（dí）：私下相见。愉愉如：轻松愉快的样子。

【今译】

（孔子出使聘问他国）拿着玉圭，恭恭敬敬弯着腰，好像拿不起的样子。上举，像作揖；下拿，像授物。脸色庄重而敬惧，脚步细碎，好像沿着什么贴地而行。（聘问完毕）献礼时，满面和气。私下相见时，轻松愉快。

10.6　君子不以绀緅饰①，红紫不以为亵服②。当暑，袗绤绤，必表而出之③。缁衣，羔裘④；素衣，麑裘⑤；黄衣，狐裘⑥。亵裘长，短右袂⑦。必有寝衣，长一身有半⑧。狐貉之厚以居⑨。去丧，无所不佩⑩。非帷裳，必杀之⑪。羔裘玄冠不以吊⑫。吉月，必朝服而朝⑬。

【辑注】

①何晏《论语集解》引孔安国曰："绀者，斋服盛色，以为饰，似衣斋服。緅者，三年练，以緅饰衣，为其似衣丧服，故皆不以饰衣。"皇侃《论语义疏》："饰者，衣之领袖缘也。"朱熹《论语集注》："君子，谓孔子。绀，深青扬赤色，齐服也。緅，绛色。三年之丧，以饰练服也。"

②何晏《论语集解》引王肃曰："亵服，私居非公会之服，皆不正。"朱熹《论语集注》："红紫，间色不正，且近于妇人女子之服也。亵服，私居服也。言此则不以为朝祭之服可知。"

③何晏《论语集解》引孔安国曰："当暑则单服。绤绤，葛也。必表而出，加上衣也。"皇侃《论语义疏》："袗，单也。绤，细练葛也。绤，大练葛也。表，谓加上衣也。古人冬则衣裘，夏则衣葛也。若在家，则裘葛之上，亦无别衣也。若出行、接宾，皆加上衣。"

④何晏《论语集解》引孔安国曰:"服皆中外之色相称也。"朱熹《论语集注》:"缁,黑色。羔裘,用黑羊皮。"

⑤皇侃《论语义疏》:"素衣,谓衣裳并用素也。麑,鹿子也。鹿子色近白,与素微相称也。"

⑥皇侃《论语义疏》:"岁终大蜡报功,象物色黄落,故着黄衣黄冠也。而狐貉亦黄,故特为裘以相称也。"

⑦何晏《论语集解》引孔安国曰:"私家裘长,主温也。短右袂者,便作事也。"

⑧何晏《论语集解》引孔安国曰:"今之被也。"

⑨何晏《论语集解》引郑玄曰:"在家以接宾客。"皇侃《论语义疏》:"此谓在家接宾客之裘也。家居主温,故厚为之也。"

⑩何晏《论语集解》引孔安国曰:"去,除也。非丧则备佩所宜佩也。"皇侃《论语义疏》:"去丧,谓三年丧毕,丧服已除也。"

⑪何晏《论语集解》引王肃曰:"衣必有杀缝,唯帷裳无杀也。"邢昺《论语注疏》:"杀,谓杀缝。"朱熹《论语集注》:"朝祭之服,裳用正幅如帷,要有襞积,而旁无杀缝。"

⑫何晏《论语集解》引孔安国曰:"丧主素,吉主玄。吉凶异服,故不相吊也。"皇侃《论语义疏》:"吊,吊丧也。丧凶主素,故羔玄不用吊也。"

⑬何晏《论语集解》引孔安国曰:"吉月,月朔也。朝服,皮弁服。"

【石按】

本章记述孔子在衣服及服饰方面所遵循的礼仪。绀(gàn):近乎黑色的天青色。缁(zōu):近乎黑色的铁青色。饰:衣领和衣袖的边饰。亵服:平常家居的衣服。袗(zhěn):单衣。绨(chī):细葛布。绤(xì):粗葛布。表:加上衣。出：出家门。缁（zī）：黑色。羔裘：古代指黑羊羔皮裘。素：白色。麑（ní）：小鹿，毛为白色。亵裘：平常家居的皮衣。袂（mèi）：衣袖。寝衣：小被子。古代大被叫"衾"，小卧被叫"被"。居：居家接待宾客。帷裳：上朝、祭祀时穿的礼服。杀（shài）：杀缝，以免脱线。吊：吊丧。吉月：每月初一。

【今译】

君子不用绀色緅色作衣领和衣袖的边饰，红色和紫色不用来做平常家居的衣服。夏天时，穿或粗或细的葛布单衣，一定要再加一件上衣才能出家门。黑色外衣，配黑羊羔皮裘；白色外衣，配小鹿皮裘；黄色外衣，配狐貉皮裘。平常家居的皮衣要长一点，但右手的衣袖要短。（睡觉时）一定要有被子，长度约一人半长。穿着狐貉的厚皮裘居家接待宾客。守丧结束后，没有什么饰物不可以佩带。除了上朝、祭祀时穿的礼服外，（其他衣服）一定要杀缝。黑羊羔皮裘和黑色的帽子，都不能在吊丧时穿戴。每月初一，一定穿着朝服上朝。

10.7 齐，必有明衣，布[①]。齐必变食[②]，居必迁坐[③]。

【辑注】

①何晏《论语集解》引孔安国曰："以布为沐浴衣。"朱熹《论语集注》："齐，必沐浴，浴竟，即着明衣，所以明洁其体也，以布为之。"杨伯峻《论语译注》："现在的布一般是用草棉（棉花）纺织的，但古代没有草棉，布的质料，王夫之《四书稗疏》说：'古之言布者，兼丝麻枲葛而言之。练丝为帛，未练为布，盖今之生丝绢也。'"

②何晏《论语集解》引孔安国曰："改常馔。"朱熹《论语集注》："变食，

谓不饮酒，不茹荤。"钱穆《论语新解》："改常食。不饮酒，不茹荤，如蒜韭之类。"

③何晏《论语集解》引孔安国曰："易常处。"杨伯峻《论语译注》："迁坐，等于说改变卧室。古代的上层人物平常和妻室居于'燕寝'；斋戒之时则居于'外寝'（也叫'正寝'），和妻室不同房。"

【石按】

本章记述斋戒前后的衣食与礼节。齐（zhāi）：同"斋"，斋戒。古人在祭祀之前必先斋，斋必有所戒。明衣：浴衣。布：古代没有棉花（草棉），布指麻布、葛布等。变食：改变平常的饮食。此主要指不饮酒，不吃葱、姜、蒜等有刺激性的食物。迁坐：改变居室。此主要指不与妻妾同房。

【今译】

斋戒，一定有浴衣，用布做的。斋戒时一定改变平常的饮食，起居一定改变居室。

10.8 食不厌精，脍不厌细①。食饐而餲②，鱼馁而肉败③，不食。色恶，不食。臭恶，不食。失饪④，不食。不时⑤，不食。割不正⑥，不食。不得其酱⑦，不食。肉虽多，不使胜食气⑧。唯酒无量，不及乱⑨。沽酒市脯，不食。不撤姜食，不多食⑩。

【辑注】

①皇侃《论语义疏》："细切鱼及肉，皆曰脍也。"朱熹《论语集注》："食精则能养人，脍粗则能害人。不厌，言以是为善，非谓必欲如是也。"

②何晏《论语集解》引孔安国曰："馇、餲，臭味变。"

③何晏《论语集解》引孔安国曰："鱼败曰馁。"

④何晏《论语集解》引孔安国曰："失饪，失生熟之节。"皇侃《论语义疏》："煮食或未熟，或已过熟，并不食也。"

⑤何晏《论语集解》引郑玄曰："不时，非朝、夕、日中时。"

⑥邢昺《论语注疏》："谓折解牲体脊、肋、臂、臑之属，礼有正数，若解割不得其正，则不食也。"杨伯峻《论语译注》："'割'和'切'不同。'割'指宰杀猪牛羊时肢体的分解。古人有一定的分解方法，不按那方法分解的，便叫'割不正'。"

⑦何晏《论语集解》引马融曰："鱼脍，非芥酱不食。"朱熹《论语集注》："食肉用酱，各有所宜，不得则不食，恶其不备也。"

⑧皇侃《论语义疏》："胜犹多也。"朱熹《论语集注》："食以谷为主，故不使肉胜食气。"杨伯峻《论语译注》："气，《说文》引作'既'。'既'、'气'、'饩'三字古书通用。'食气'，饭料。"

⑨皇侃《论语义疏》："酒虽多无有限量，而人宜随己能而饮，不得及至于醉乱。"

⑩何晏《论语集解》引孔安国曰："撤，去也。"

【石按】

本章记述孔子的日常饮食习惯与礼仪。食：饭食。厌：嫌弃。脍（kuài）：切得很细的鱼和肉。馇（yì）：食物腐败变味。餲（ài）：食物严重腐败变味。馁（něi）：鱼腐烂。败：肉腐烂。臭（xiù）：气味。饪（rèn）：生熟的火候。不时：不是吃饭的时候。割不正：不按方法分解的肉。酱：酱料。食气：主食。无量：不限量。

【今译】

饭食不嫌弃做得精，鱼肉不嫌弃切得细。饭食腐败变味，鱼肉腐烂，不吃。食物变色，不吃。气味难闻，不吃。火候不当，不吃。不是吃饭的时候，不吃。不按方法分解的肉，不吃。没有合适的酱料，不吃。肉虽然多，吃它不超过主食。只有酒不限量，但不能喝醉。买来的酒和干肉，不吃。姜不撤除，但不多吃。

10.9　祭于公，不宿肉①。祭肉不出三日。出三日，不食之矣②。

【辑注】

①何晏《论语集解》引周生烈曰："助祭于君所得牲体，归则以班赐，不留神惠。"皇侃《论语义疏》："祭于公，谓孔子仕时助君祭也。"杨伯峻《论语译注》："不宿肉：古代的大夫、士都有助君祭祀之礼。天子诸侯的祭礼，当天清早宰杀牲畜，然后举行祭典。第二天又祭，叫做'绎祭'。绎祭之后才令各人拿自己带来助祭的肉回去，或者又依贵贱等级分别颁赐祭肉。这样，祭于公的肉，在未颁下来以前，至少是放了一两宵了，因之不能再存放一夜。"

②何晏《论语集解》引郑玄曰："自其家祭肉。过三日不食，是亵鬼神之余。"皇侃《论语义疏》："谓家自祭也。"

【石按】

本章记述了孔子对祭肉用法的礼节。不宿肉：不使祭肉过夜。

【今译】

助祭于公家，所得祭肉不过夜就分下去。自家的祭肉不超过三天。超过三天，就不吃了。

10.10 食不语，寝不言①。

【辑注】

①朱熹《论语集注》："答述曰语，自言曰言。"又引范氏曰："圣人存心不他，当食而食，当寝而寝，言语非其时也。"

【石按】

本章记述了孔子的良好生活习惯。

【今译】

吃饭时不答话，睡觉时不找话说。

10.11 虽疏食、菜羹、瓜，祭，必齐如也①。

【辑注】

①何晏《论语集解》引孔安国曰："齐，严敬貌。三物虽薄，祭之必敬。"

【石按】

本章记述了孔子饮食时的礼节。疏食：粗饭。菜羹：菜米糊。齐（zhāi）如：像斋戒一样。齐：通"斋"。

【今译】

即使是粗饭、菜米糊、瓜类，临吃前一定要祭祀，一定要像斋戒一样。

10.12 席不正，不坐①。

【辑注】

①皇侃《论语义疏》引范宁曰："正席，所以恭敬也。"孙钦善《论语注译》："席不正：古人席地而坐，席移动偏斜不坐，故有正席之礼。"

【石按】

本章记述了孔子的正席之礼。席不正：坐席的摆设不合礼制。

【今译】

坐席的摆设不合礼制，不坐。

10.13 乡人饮酒，杖者出，斯出矣①。

【辑注】

①何晏《论语集解》引孔安国曰："杖者，老人也。乡人饮酒之礼主于老者，老者礼毕出，孔子从而后出。"

【石按】

本章记述了孔子的乡饮酒礼。《礼记·王制》："五十杖于家，六十杖于乡，七十杖于国，八十杖于朝。"《礼记·乡饮酒义》："乡饮酒之礼，六十者坐，五十者立侍以听政役，所以明尊长也。"

【今译】

参加乡饮酒的礼仪时，挂杖的老人走出后，自己才走出来。

10.14 乡人傩，朝服而立于阼阶①。

【辑注】

①何晏《论语集解》引孔安国曰："傩，驱逐疫鬼。恐惊先祖，故朝服而立于庙之阼阶。"皇侃《论语义疏》："阼阶，东阶，主人之阶也。"朱熹《论语集注》："恐其惊先祖五祀之神，欲其依己而安也。"

【石按】

本章记述了孔子参加乡人傩的礼节。傩（nuó）：古代驱逐疫鬼的一种仪式。阼（zuò）阶：东边的台阶。古人以东为主人的位置，西为客人的位置。

【今译】

乡人举行驱逐疫鬼的仪式，自己穿着朝服立在东边的台阶上。

10.15 问人于他邦，再拜而送之①。

【辑注】

①邢昺《论语注疏》："此记孔子遗人之礼也。问犹遗也，谓因问有物遗之也。问者，或自有事问人，或闻彼有事而问之。悉有物表其意。"朱熹《论语集注》："拜送使者，如亲见之，敬也。"孙钦善《论语注译》："再拜：拜两次。拜：以手据地，首俯而不至于手。首若至手着地则为稽首。"

【石按】

本章记述了孔子慰问国外友人时拜送使者的礼节。问：送礼问候。他邦：别国。再拜：拜两拜。送之：送使者。拜送使者是表示对被问候人的敬重。

【今译】

托使者到别国去问候朋友，要拜两拜送别使者。

10.16 康子馈药，拜而受之。曰："丘未达，不敢尝①。"

【辑注】

①皇侃《论语义疏》："鲁季康子饷孔子药也。孔子得彼饷而拜受，是礼也。""达，犹晓解也。孔子虽拜受而不遂饮，故称名曰：丘未晓此药治何病，故不敢饮尝之也。"朱熹《论语集注》引杨氏曰："大夫有赐，拜而受之，礼也。未达不敢尝，谨疾也。必告之，直也。"

【石按】

本章记述孔子接受馈赠时的礼节。馈：赠送。达：了解。尝：吃。

【今译】

季康子赠送孔子药品，孔子拜了一拜把它接受了。对使者说："我还不了解药性，不敢吃。"

10.17 厩焚①。子退朝②，曰："伤人乎？"不问马③。

【辑注】

①皇侃《论语义疏》："厩，养马处也。焚，烧也。"
②皇侃《论语义疏》："孔子早上朝，朝竟而退还家也。"

③何晏《论语集解》引郑玄曰："重人贱畜。"朱熹《论语集注》："非不爱马，然恐伤人之意多，故未暇问。"

【石按】

本章体现了孔子人道精神和人文关怀。马与人相比，以人为重，故不问马。厩（jiù）：马棚。

【今译】

马棚失火。孔子刚好退朝回家，说："伤人了吗？"没有问马。

10.18　君赐食，必正席先尝之①。君赐腥，必熟而荐之②。君赐生，必畜之③。侍食于君，君祭，先饭④。

【辑注】

①何晏《论语集解》引孔安国曰："敬君惠也。"

②何晏《论语集解》引孔安国曰："荐其先祖。"皇侃《论语义疏》："谓君赐孔子腥肉也。荐，荐宗庙也。孔子受之，煮熟而荐宗庙，重荣君赐也。"朱熹《论语集注》："腥，生肉。"

③皇侃《论语义疏》："生，谓活物也。"朱熹《论语集注》："畜之者，仁君之惠，无故不敢杀也。"

④何晏《论语集解》引郑玄曰："于君祭，则先饭矣，若为君尝食然。"李炳南《论语讲要》："当鲁君祭食时，孔子先饭，表示先为君主尝食，试其烹调可否。这是侍食于君的礼节。"

【石按】

本章记述了孔子受赐于君、侍食于君的礼节。正席：摆正席位，以表示对国君赏赐的敬重。先尝之：指先尝一尝，然后分赐下属。腥：生肉。荐之：进贡给祖宗。生：活的牲畜。畜之：把它养起来。先饭：先品尝饭食。

【今译】

国君赏赐熟食，一定摆正席位先尝一尝。国君赏赐生肉，一定煮熟后进贡给祖宗。国君赏赐活的牲畜，一定把它养起来。陪国君一起吃饭，在国君祭祀时，先为国君品尝饭食。

10.19　疾，君视之，东首①，加朝服，拖绅②。

【辑注】

①刘宝楠《论语正义》："必令东首者，以室制尊西，君苟入室，则必在奥与屋漏之间，负西而向东，故当东首以示面君之意。"

②邢昺《论语注疏》："以病卧，不能衣朝服及大带，又不敢不衣朝服见君，故但加朝服于身，又加大带于上，是礼也。"

【石按】

本章记述了孔子接待国君探望病情时的礼节。东首：头朝东躺着。古礼规定，室内西面为尊，君主或君使入室之后，一定背西面东，所以病人一定要头朝东，以表示面向君主或君使。

【今译】

孔子病了，国君来探视他，头朝东躺着，把上朝穿的礼服覆盖在身上，拖着大带。

10.20 君命召，不俟驾行矣①。

【辑注】

①何晏《论语集解》引郑玄曰："急趋君命，行出而车驾随之。"邢昺《论语注疏》："俟犹待也。"

【石按】

本章记述了孔子奉君命召的礼节。俟（sì）：等待。

【今译】

国君有命召见，不等驾好车便急着先走了。

10.21 入太庙，每事问。

【石按】

本章重出，参见 3.15。

10.22 朋友死，无所归，曰："于我殡①。"朋友之馈，虽车马，非祭肉，不拜②。

【辑注】

①何晏《论语集解》引孔安国曰:"重朋友之恩。无所归言无亲昵。"杨伯峻《论语译注》:"殡:停放灵柩叫殡,埋葬也叫殡,这里当指一切丧葬事务而言。"

②朱熹《论语集注》:"朋友有通财之义,故虽车马之重不拜。祭肉则拜者,敬其祖考,同于己亲也。"

【石按】

本章记述孔子的待友之道。无所归:无人收敛。殡:料理丧事。馈:馈赠。拜:行拜礼。

【今译】

朋友死了,没有亲人收敛,孔子说:"由我来料理丧事。"朋友的馈赠,即使是贵重的车马,只要不是祭肉,不行拜礼。

10.23　寝不尸①,居不容②。

【辑注】

①何晏《论语集解》引包咸曰:"偃卧四体,布展手足,似死人。"皇侃《论语义疏》:"寝,眠也。尸,谓死尸也。"钱穆《论语新解》:"此非恶其类死者,乃恶夫惰慢之气之肆而不知戒。"

②皇侃《论语义疏》:"谓家中常居也。家主和怡,燕居貌温温,故不为容自处也。"朱熹《论语集注》引范氏曰:"居不容,非惰也。但不若奉祭祀、见宾客而已,申申夭夭是也。"

【石按】

本章记述孔子寝息居家之礼。寝：睡觉。尸：死尸。居：平时居家。容：严肃地保持容仪。不容：轻松自然。

【今译】

睡觉时不会直挺挺地像死尸,平时家居不会严肃地保持容仪。

10.24 见齐衰者,虽狎,必变①。见冕者与瞽者,虽亵,必以貌②。凶服者式之。式负版者③。有盛馔,必变色而作④。迅雷风烈,必变⑤。

【辑注】

①何晏《论语集解》引孔安国曰:"狎者,素亲狎。"邢昺《论语注疏》:"言见衣齐衰丧服者,虽素亲狎,亦必为变容。此即哀有丧也。"

②何晏《论语集解》引周生烈曰:"亵,谓数相见。"邢昺《论语注疏》:"冕,大夫冠也。瞽,盲也。……言孔子见大夫与盲者,虽数相见,必当以貌礼之。此即尊在位、恤不成人也。"

③何晏《论语集解》引孔安国曰:"凶服,送死之衣物。负版者,持邦国之图籍。"邢昺《论语注疏》:"言孔子乘车之时,见送死之衣物、见持邦国之图籍者,皆冯式而敬之也。"朱熹《论语集注》:"式,车前横木。有所敬,则俯而凭之。"

④何晏《论语集解》引孔安国曰:"作,起也。敬主人之亲馈。"邢昺《论语注疏》:"谓人设盛馔待己,己必改容而起,敬主人之亲馈也。"

⑤何晏《论语集解》引郑玄曰:"敬天之怒。"朱熹《论语集注》:"迅,疾

也。烈，猛也。必变者，所以敬天之怒。"

【石按】

本章记述孔子见所哀恤及敬重之事的容貌之变。齐衰（zī cuī）者：穿丧服的人。狎：关系亲密。变：脸色变得严肃。冕者：戴礼帽的大夫。瞽者：瞎子。亵：朝夕相见。以貌：以礼貌待之。凶服者：穿孝服的人。负版者：背负国家图籍的人。式：同"轼"，本指车前横木。这里指在车上的一种敬礼方式，即微俯其身，以手伏轼，以示敬意。盛馔：丰盛的饭食。作：起身示敬。迅雷风烈：迅雷烈风。

【今译】

见到穿丧服的人，即使关系亲密，脸色一定变得严肃。见到戴礼帽的大夫和瞎子，即使朝夕相见，一定以礼貌待之。乘车时，遇到穿孝服的人和背负国家图籍的人，微俯其身，以手伏轼，以示敬意。遇到别人用丰盛的饭食款待，一定会整肃容颜，起身示敬。遇到巨雷狂风，脸色一定变得严肃。

10.25 升车，必正立执绥[1]。车中不内顾，不疾言，不亲指[2]。

【辑注】

[1]皇侃《论语义疏》："绥，牵以上车之绳也。若升车时，则正立而执绥以上，所以为安也。"朱熹《论语集注》引范氏曰："正立执绥，则心体无不正，而诚意肃恭矣。盖君子庄敬无所不在，升车则见于此也。"

[2]皇侃《论语义疏》："内犹后也。顾，回头也。升在车上，不回头后顾也。""疾，高急也。在车上言易高，故不疾言，为惊人也。""车上既高，亦不

得手有所亲指点，为惑下人也。"康有为《论语注》："古车无坐，故若此。"高尚榘《论语歧解辑录》："不内顾，目视前方，专心驾车，形象肃正。"

【石按】

本章记述孔子乘车之礼。升车：上车。执绥（suí）：手挽上车的绳索。内顾：回头看。疾言：高声快语。亲指：用手指指点点。

【今译】

上车时，一定端正站立，手挽上车的绳索。在车上不回头看，不高声快语，不用手指指点点。

10.26　色斯举矣[1]，翔而后集[2]。曰："山梁雌雉，时哉！时哉[3]！"子路共之，三嗅而作[4]。

【辑注】

[1] 何晏《论语集解》引马融曰："见颜色不善则去之。"孙钦善《论语注译》："色：作色，动容。斯：则。举：飞去。"

[2] 何晏《论语集解》引周生烈注："回翔审观而后下止。"

[3] 何晏《论语集解》："言山梁雌雉得其时，而人不得时，故叹之。"

[4] 朱熹《论语集注》："刘聘君曰：'嗅，当作狊，古阒反。张两翅也。见《尔雅》。'愚按：如后两说，则共字当为拱执之义。"江声《论语竢质》："子路以夫子叹雉之得时，肃然改容，竦手上共。雌雉见之，疑将篡己，遂三振翅而起。"

【石按】

本章文字的解释历来众说纷纭，分歧较大。杨伯峻《论语译注》："这段文字很费解,自古以来就没有满意的解释,很多人疑它有脱误。"我们以为,本章喻指人应依时机而动。色:人之脸色稍变。举:高飞。翔:盘旋。集:群体停息在树上。时:得其时。共之:向它们拱手。共:同"拱"。嗅:当作"狊(jú)",(鸟)张开翅膀的样子。作:飞起。

【今译】

山鸡见人脸色稍变就高高飞起,盘旋一阵,然后群体停息在树上。孔子说:"山梁上的雌雉,得其时啊!得其时啊!"子路便向它们拱了拱手,它们惊疑地张张翅膀,飞翔而去。

先进第十一

11.1 子曰:"先进于礼乐,野人也;后进于礼乐,君子也①。如用之,则吾从先进。"

【辑注】

①何晏《论语集解》引孔安国曰:"先进:包(咸)云谓'仕'也;郑(玄)云谓'学'也。"刘宝楠《论语正义》:"愚谓此篇皆说弟子言行,先进后进,即指弟子。……野人者,凡民未有爵禄之称也。……君子者,卿大夫之称也。"

【石按】

本章是孔子对于弟子学习礼乐的评价。先进:孔子弟子中没有爵禄、需要先学习礼乐而后做官的人,如颜回、闵子骞等。后进:孔子弟子中先做官而后学习礼乐的人,如冉求、子路等。野人:没有爵禄的平民。君子:有爵禄的贵族子弟。

【今译】

孔子说:"先学习礼乐的,是没有爵禄的平民;后学习礼乐的,是有爵禄的贵族子弟。如果我选用人才,那么我赞成先学习礼乐的。"

11.2 子曰:"从我于陈、蔡者,皆不及门也①。"

【辑注】

①朱熹《论语集注》:"孔子尝厄于陈、蔡之间,弟子多从之者,此时皆不在门。故孔子思之,盖不忘其相从于患难之中也。"

【石按】

本章反映了孔子晚年思念弟子的心情。从:跟随。不及门:不在门下。据《史记·孔子世家》记载,孔子厄于陈、蔡,跟随他的弟子有颜渊、子贡、子路等。孔子晚年回鲁国后,子路、子贡先后做官而离开,颜回离世。

【今译】

孔子说:"跟随我在陈、蔡两国受困的弟子,都不在我的身边了。"

11.3 德行:颜渊、闵子骞、冉伯牛、仲弓;言语:宰我、子贡;政事:冉有、季路;文学:子游、子夏①。

【辑注】

①皇侃《论语义疏》引范宁曰:"德行,谓百行之美也。""言语,谓宾主

相对之辞也。""政事，谓治国之政也。""文学，谓善先王典文。"朱熹《论语集注》："弟子因孔子之言，记此十人，而并目其所长，分为四科。孔子教人各因其材，于此可见。"

【石按】

本章记述了孔子对弟子们的总体评价。这里列了德行、言语、政事、文学四科，可见孔子特别注重因材施教，让弟子各显所长。德行：道德品行。言语：外交辞令。政事：处理政务。文学：古代文献。

【今译】

（孔子弟子中）道德品行好的有：颜渊、闵子骞、冉伯牛、仲弓；善于外交辞令的有：宰我、子贡；善于处理政务的有冉有、季路；熟悉古代文献的有：子游、子夏。

11.4 子曰："回也非助我者也，于吾言无所不说①。"

【辑注】

①何晏《论语集解》引孔安国曰："助，益也。"朱熹《论语集注》："助我，若子夏之起予，因疑问而有以相长也。颜子于圣人之言，默识心通，无所疑问。故夫子云然，其辞若有憾焉，其实乃深喜之。"

【石按】

本章孔子表面上对颜回从不质疑问难、以启发增益自己感到遗憾，实则是对其理解力的充分肯定。助：启发帮助。说：后写作"悦"，喜悦。

【今译】

孔子说:"颜回嘛不是一个能启发帮助我的人,他对我说的话没有不心悦诚服的。"

11.5　子曰:"孝哉闵子骞!人不间于其父母昆弟之言①。"

【辑注】

①何晏《论语集解》引陈群曰:"言子骞上事父母,下顺兄弟,动静尽善,故人不得有非间之言。"皇侃《论语义疏》:"间,犹非也。昆,兄也。"

【石按】

本章是孔子称赞闵子骞之孝。间:非议。昆弟:兄弟。

【今译】

孔子说:"孝顺啊,闵子骞!别人从不非议他父母兄弟说他孝顺的话。"

11.6　南容三复白圭,孔子以其兄之子妻之①。

【辑注】

①朱熹《论语集注》:"《诗·大雅·抑》之篇:'白圭之玷,尚可磨也。斯言之玷,不可为也。'南容一日三复此言,事见《家语》,盖深有意于谨言也。此邦有道所以不废,邦无道所以免祸。故孔子以兄子妻之。"

【石按】

本章赞扬南容言语谨慎。南容：参见5.1注⑤。三复：反复诵读。三：多次。白圭：本是一种珍贵的玉器，此处指《诗经·大雅·抑》中的诗句，主要强调"斯言之玷，不可为也。"意思是：话说错了，就没办法了。借此说明南容谨言慎行，为人可靠。兄之子：哥哥的女儿。妻（qì）：去声，动词，嫁与作妻。

【今译】

南容反复诵读"白圭之玷，尚可磨也。斯言之玷，不可为也"的诗句，孔子就把自己哥哥的女儿嫁给了他。

11.7 季康子问："弟子孰为好学？"孔子对曰："有颜回者好学，不幸短命死矣，今也则亡①。"

【辑注】

①朱熹《论语集注》引范氏曰："哀公、康子问同而对有详略者，臣之告君，不可不尽。若康子者，必待其能问乃告之，此教诲之道也。"

【石按】

亡：同"无"。参见6.3。

【今译】

季康子问道："你的弟子谁算得上好学？"孔子回答说："有个叫颜回的好学，可惜短寿死了，如今则没有了。"

11.8 颜渊死，颜路请子之车以为之椁①。子曰："才不才，亦各言其子也②。鲤也死，有棺而无椁③。吾不徒行以为之椁。以吾从大夫之后，不可徒行也④。"

【辑注】

①何晏《论语集解》引孔安国曰："路，渊父也。家贫，故欲请孔子之车，卖以作椁。"朱熹《论语集注》："椁，外棺也。"

②朱熹《论语集注》："言鲤之才虽不及颜渊，然己与颜路以父视之，则皆子也。"孙钦善《论语注译》："有才能也好，无才能也好，对各人来说都是自己的儿子。"

③朱熹《论语集注》："鲤，孔子之子伯鱼也，先孔子卒。"

④皇侃《论语义疏》："言大夫位爵已尊，不可步行故也。"朱熹《论语集注》："孔子时已致仕，尚从大夫之列，言后，谦辞。"孙钦善《论语注译》："不可徒行：《礼记·王制》：'君子耆老不徒行。'大夫拥有车乘，是礼的规定。"李泽厚《论语今读》："大概也是'礼'制，做过官就不能步行了，……即使对其最喜欢的学生，也不肯丧失'原则性'。此'原则性'应视为当时的公共法规，即社会性道德（公德）所在，而一己之感情则私德也。"

【石按】

本章记述了孔子坚决维护礼制的态度。颜路：颜渊的父亲，名无繇（yóu），也是孔子的弟子。椁（guǒ）：同"槨"，外棺。古代的棺材分为两重，里面一重叫棺，外面套着的一重叫椁。从大夫之后：跟在大夫之后。孔子曾做过司寇，是大夫。当时虽已辞官，但身份尚在大夫之列，因此称自己是"从大夫之后"。

【今译】

颜渊死后，他的父亲颜路请求孔子把自己的车卖了来为颜渊准备外椁。孔子说："不管有没有才能，也都是自己的儿子。我的儿子孔鲤死了，就只有内棺而没有外椁。再说，我也不能卖车步行来替他买外椁。因为我曾做过大夫，是不可以步行的。"

11.9　颜渊死。子曰："噫！天丧予！天丧予①！"

【辑注】

①何晏《论语集解》："'天丧予'者，若丧己也。再言之者，则痛惜之甚。"朱熹《论语集注》："噫，伤痛声。悼道无传，若天丧己也。"

【石按】

本章描述了孔子在颜回死后的极度悲伤之情。天丧予：天丧我。

【今译】

颜渊死了。孔子悲叹道："唉！老天要我死啊！老天要我死啊！"

11.10　颜渊死，子哭之恸①。从者曰："子恸矣。"曰："有恸乎②？非夫人之为恸而谁为③？"

【辑注】

①何晏《论语集解》引马融曰："恸，哀过也。"

②何晏《论语集解》引孔安国曰:"不自知己之悲哀过。"

③皇侃《论语义疏》:"夫人,指颜渊也。"朱熹《论语集注》:"夫,音扶。为,去声。……言其死可惜,哭之宜恸,非他人之比也。"

【石按】

本章也是描述孔子在颜回死后的极度悲伤之情。从者曰:"子恸矣。"这是弟子在提醒孔子,要"发乎情,止乎礼"。孔子在为颜回置办椁的问题上是讲"原则"的,但在哀悼颜回时是讲感情的。哭之恸(tòng):哭得过分哀痛。从者:跟随的弟子。非夫人之为恸而谁为:此句是介词宾语前置句,介词"为(wèi)"的两个宾语(夫人、谁)都前置了,按现代的语序应该是:非为夫人恸而为谁恸?夫人:这个人。夫(fú):指示代词。

【今译】

颜渊死了,孔子哭得过分哀痛(有点失礼)。跟随的弟子提醒说:"您过分哀痛了。"孔子说:"有过分哀痛吗?我不为这个人过分哀痛,却要为谁过分哀痛呢?"

11.11 颜渊死,门人欲厚葬之。子曰:"不可①。"门人厚葬之。子曰:"回也,视予犹父也,予不得视犹子也。非我也,夫二三子也②。"

【辑注】

①何晏《论语集解》:"礼:贫富各有宜。颜渊家贫,而门人欲厚葬之,故不听。"

②何晏《论语集解》引马融曰:"言回自有父,父意欲听门人厚葬,我不得

制止。非其厚葬，故云耳。"朱熹《论语集注》："叹不得如葬鲤之得宜，以责门人也。"

【石按】

本章记述孔子因门人厚葬颜回失礼而责备门人。《礼记·檀弓上》："子游问丧具。夫子曰：'称家之有亡。'子游曰：'有亡恶乎齐？'夫子曰：'有，毋违礼。苟亡矣，敛首足形，还葬，县棺而封，人岂有非之者哉？'"孔子认为，颜回家贫，死后，"敛首足形，还葬，县棺而封"就可以了，厚葬不合礼。二三子：指学生们，也包括颜回的父亲颜路。

【今译】

颜渊死了，学生们要用厚礼来安葬他。孔子说："不可以。"学生们仍然隆重地安葬了他。孔子说："颜回啊，视我如父，我却不能视他如子。不是我要这样啊！是学生们要这样啊！"

11.12 季路问事鬼神。子曰："未能事人，焉能事鬼？"曰："敢问死。"曰："未知生，焉知死[1]？"

【辑注】

[1]何晏《论语集解》引陈群曰："鬼神及死事难明，语之无益，故不答。"皇侃《论语义疏》："周孔之教，唯说现在，不明过去未来。"朱熹《论语集注》："问事鬼神，盖求所以奉祭祀之意。……然非诚敬足以事人，则必不能事神；非原始而知所以生，则必不能反终而知所以死。"

【石按】

本章反映了孔子在鬼神、生死问题上的态度。孔子并不讳言鬼神与生死，他之所以不正面回答子路的问题，是想强调"事人"和"知生"的首要地位。这也显示了中国古代哲人的实用理性，不作无益无用的思辨和讨论。焉：怎么。疑问代词。敢：谦词，一般是以下问上，有不自量力、斗胆而问之意。知：了解，弄懂。

【今译】

子路问如何敬神祀鬼。孔子说："没能侍奉好人，怎么能侍奉好鬼呢？"子路又说："我斗胆问一下，死是怎么回事。"孔子说："没弄懂生，怎么弄得懂死呢？"

11.13　闵子侍侧，訚訚如也①；子路，行行如也②；冉有、子贡，侃侃如也③。子乐。"若由也，不得其死然④。"

【辑注】

①皇侃《论语义疏》："卑者在尊者之侧曰侍。……訚訚，中正也。"
②何晏《论语集解》引郑玄曰："乐各尽其性。行行，刚强之貌。"
③皇侃《论语义疏》："侃侃，和乐也。"
④何晏《论语集解》引孔安国曰："不得以寿终。"杨伯峻《论语译注》："得死，当时俗语，谓得善终。"

【石按】

本章通过外貌描述表现了孔子弟子闵子骞、子路、冉有和子贡不同的性格特征。訚（yín）訚如：正直恭顺的样子。行（hàng）行如：刚强亢直的样子。侃侃如：温和快乐的样子。不得其死然：不能善终的样子。

【今译】

闵子骞侍立在孔子身边，正直恭顺的样子；子路，刚强亢直的样子；冉有、子贡，温和快乐的样子。各尽其性，孔子很高兴。但又感叹："像仲由这样，恐怕不能善终吧。"

11.14　鲁人为长府①。闵子骞曰："仍旧贯，如之何？何必改作②？"子曰："夫人不言，言必有中③。"

【辑注】

①何晏《论语集解》引郑玄曰："长府，藏名也。藏财货曰府。"皇侃《论语义疏》："为，作也。……鲁人为政，更造作长府也。"孙钦善《论语注译》："为：指翻修。藏货财的处所叫府。长府：鲁国藏所名。"

②何晏《论语集解》引郑玄曰："仍，因也。贯，事也。因旧事则可，何乃复更改作？"

③何晏《论语集解》引王肃曰："言必有中者，善其不欲劳民改作。"皇侃《论语义疏》："夫人，指子骞也。言子骞性少言语，言语必中于事理也。"

【石按】

本章孔子暗指统治者不应劳民伤财。为长府：改建长府。仍旧贯：保持老样子。仍：保持。贯：事。如之何：怎么样。改作：改建。夫人：这个人。中：中肯。

【今译】

鲁国人改建长府。闵子骞说:"保持老样子,怎么样?为什么一定要改建呢?"孔子说:"这个人不讲话则已,讲话一定中肯。"

11.15 子曰:"由之瑟,奚为于丘之门①?"门人不敬子路。子曰:"由也升堂矣,未入于室也②。"

【辑注】

①何晏《论语集解》引马融曰:"子路鼓瑟,不合雅颂。"

②邢昺《论语注疏》:"言子路之学识深浅,譬如自外入内,得其门者。入室为深,颜渊是也。升堂次之,子路是也。今子路既升我堂矣,但未入于室耳,岂可不敬也?"朱熹《论语集注》:"门人以夫子之言,遂不敬子路,故夫子释之。升堂入室,喻入道之次第。言子路之学,已造乎正大高明之域,特未深入精微之奥耳,未可以一事之失而遽忽之也。"

【石按】

本章孔子说明了子路的才学层次。瑟(sè):古代弦乐器,类似琴。此指子路鼓瑟的手法。奚:怎么。为:弹奏,泛义动词。升堂入室:比喻学道的深浅程度。升堂:登上厅堂。入于室:进入室内。

【今译】

孔子说:"仲由弹的那手瑟,怎么能配在我的门下弹奏呢?"弟子们瞧不起子路。孔子说:"仲由嘛学问已到了登上厅堂的程度,只是还没有进入室内罢了。"

11.16　子贡问:"师与商也孰贤①?"子曰:"师也过,商也不及②。"曰:"然则师愈与③?"子曰:"过犹不及④。"

【辑注】

①皇侃《论语义疏》:"师,子张;商,子夏也。孰,谁也。子贡问孔子,欲辨师、商谁为贤胜也。"

②何晏《论语集解》引孔安国曰:"言俱不得中。"朱熹《论语集注》:"子张才高意广,而好为苟难,故常过中。子夏笃信谨守,而规模狭隘,故常不及。"

③何晏《论语集解》:"愈犹胜也。"

④皇侃《论语义疏》:"既俱不得中,则过与不及无异也,故云'过犹不及'也。"朱熹《论语集注》:"道以中庸为至。贤知之过,虽若胜于愚不肖之不及,然其失中则一也。"

【石按】

本章反映了孔子的中庸思想。孰贤:哪一个强。过:过头。不及:没达到。愈(yù):胜过,更强一些。与:欤,吗,疑问语气词。犹:像……一样,等于。

【今译】

子贡问:"子张和子夏哪一个强一些?"孔子说:"子张嘛有点过头,子夏嘛有点没达到。"子贡又问:"那么子张更强一些吗?"孔子说:"过了头等于没达到。"

11.17　季氏富于周公①,而求也为之聚敛而附益之②。子曰:"非吾徒也,小子鸣鼓而攻之③,可也!"

【辑注】

①皇侃《论语义疏》："季氏，鲁臣也。周公，天子臣，食菜于周，爵为公，故谓为周公也。盖是公旦之后也。天子之臣，地广禄大，故周公宜富。诸侯之臣，地狭禄小，季氏宜贫。而今僭滥，遂胜天子臣，故云'季氏富于周公'也。"邢昺《论语注疏》："孔子之时，季氏专执鲁政，尽征其民。其君蚕食深宫，赋税皆非己有，故季氏富于周公也。"

②何晏《论语集解》引孔安国曰："冉求为季氏宰，为之急赋税。"杨伯峻《论语译注》："季氏要用田赋制度，增加赋税，使冉求征求孔子的意见，孔子则主张'施取其厚，事举其中，敛从其薄'。结果冉求仍旧听从季氏，实行田赋制度。"

③何晏《论语集解》引郑玄曰："小子，门人也。鸣鼓，声其罪以责之。"皇侃《论语义疏》："徒，门徒也。孔子言：冉求昔虽是我门徒，而我门徒皆尚仁义，今冉求遂为季氏急聚敛，则非复吾门徒也。"

【石按】

本章反映了孔子轻赋税而爱民的仁爱主张。冉求为季氏征田赋的事可参见《左传》哀公十一年、十二年的记载。富于周公：比周公富。聚敛：重税搜刮民财。附益：增加。徒：弟子。小子：此处指门人弟子。鸣鼓而攻之：击鼓诉罪而谴责他。攻：指责，谴责。

【今译】

季氏比周公还要富有，而冉求还为他重税搜刮民财，进而增加他的财富。孔子说："冉求不再是我的弟子了，弟子们可以击鼓诉罪而谴责他了。"

11.18　柴也愚①，参也鲁②，师也辟③，由也喭④。

【辑注】

①何晏《论语集解》："弟子高柴，字子羔。愚，愚直之愚。"
②何晏《论语集解》引孔安国曰："鲁，钝也。曾子性迟钝。"
③黄式三《论语后案》："辟，读若《左传》'阙西辟'之'辟'，偏也，以其志过高而流于一偏也。"
④皇侃《论语义疏》引王弼曰："喭，刚猛也。"

【石按】

本章是孔子对四个弟子个性的评价。愚：愚直。鲁：迟钝。师：颛孙师，即子张。辟（pì）：偏激。喭（yàn）：刚猛。

【今译】

高柴愚直，曾参迟钝，颛孙师偏激，仲由刚猛。

11.19　子曰："回也其庶乎，屡空①。赐不受命，而货殖焉②，亿则屡中③。"

【辑注】

①皇侃《论语义疏》："庶，庶几也。屡，每也。空，穷匮也。颜子庶慕于几，故匮忽财利，所以家每空贫而箪瓢陋巷也。故士卿云：'庶几慕圣，忽忘财业，而屡空匮也。'"朱熹《论语集注》："庶，近也，言近道也。屡空，数至空匮也。不以贫窭动心而求富，故屡至于空匮也。言其近道，又能安贫也。"

②皇侃《论语义疏》："不受命者，谓子贡性动，不能信天任命，是'不受命'也。"朱熹《论语集注》："命，谓天命。货殖，货财生殖也。"

③朱熹《论语集注》："亿，意度也。言子贡不如颜子之安贫乐道，然其才识之明，亦能料事而多中也。"

【石按】

本章孔子把颜回和子贡对比而进行评价。庶：庶几，差不多。屡空：常常贫穷。赐：端木赐，即子贡。不受命：不受命运的安排。货殖：做买卖。亿：同"臆"，猜测。中：猜中。

【今译】

孔子说："颜回啊大概差不多（接近仁道）了，但常常贫穷。端木赐不受命运的安排，去做买卖，猜测行情却往往猜中。"

11.20　子张问善人之道。子曰："不践迹，亦不入于室①。"

【辑注】

①何晏《论语集解》引孔安国曰："践，循也。言善人不但循追旧迹而已，亦少能创业。然亦不能入于圣人之奥室。"朱熹《论语集注》："善人，质美而未学者也。"钱穆《论语新解》："善人之道：犹言善人之行为。"

【石按】

本章孔子论善人之道。善人不随大众，但也未达到最高境界。践迹：踩着前人的脚印。

【今译】

子张问善人的行为。孔子说:"善人不踩着前人的脚印走,但也达不到入室的境界。"

11.21 子曰:"论笃是与①,君子者乎?色庄者乎②?"

【辑注】

①杨伯峻《论语译注》:"论笃是与:这是'与论笃'的倒装形式,'是'是帮助倒装之用的词,和'唯你是问'的'是'用法相同。'与',许也。'论笃'就是'论笃者'的意思。"

②朱熹《论语集注》:"言但以其言论笃实而与之,则未知其为君子者乎,为色庄者乎?言不可以言貌取人也。"

【石按】

本章孔子论不可以拿言语外貌取人。论笃是与:与论笃,赞许言论笃实。这是宾语前置句,代词"是"前置宾语"论笃"。与:赞许。论笃:言论笃实,指说话诚恳。色庄者:容色庄严的人,此指伪装的君子。

【今译】

孔子说:"赞许他言论笃实(说话诚恳),哪知他是真君子呢?还是伪装的君子呢?"

11.22　子路问:"闻斯行诸?"子曰:"有父兄在,如之何其闻斯行之①?"冉有问:"闻斯行诸?"子曰:"闻斯行之。"公西华曰:"由也问:'闻斯行诸?'子曰:'有父兄在。'求也问:'闻斯行诸?'子曰:'闻斯行之。'赤也惑,敢问。"子曰:"求也退,故进之;由也兼人,故退之②。"

【辑注】

①何晏《论语集解》引孔安国曰:"当白父兄,不得自专。"

②何晏《论语集解》引郑玄曰:"言冉有性谦退,子路务在胜尚人,各因其人之失而正之。"朱熹《论语集注》:"兼人,谓胜人也。"

【石按】

本章体现了孔子善于因材施教。闻斯行诸:听到了就去做吗?斯:就。诸:"之乎"的合音词。如之何:怎么。求也退,故进之:退,退缩;进之,使之进,鼓励他勇于向前。由也兼人,故退之:兼人,好勇过人(胆量有两个人的大);退之,使之退,让他多一些退让。

【今译】

子路问道:"听到了就去做吗?"孔子说:"你父兄还在世,怎么能听到了就去做呢?"冉有问道:"听到了就去做吗?"孔子说:"听到了就去做。"公西华说:"仲由问:'听到了就去做吗?'您说:'有父兄在世。'冉求问:'听到了就去做吗?'您说:'听到了就去做。'我疑惑不解,大胆地问问您(为什么)。"孔子说:"冉求退缩不前,所以要鼓励他勇于向前;仲由好勇过人,所以要让他多一些退让。"

11.23 子畏于匡①，颜渊后。子曰："吾以女为死矣。"曰："子在，回何敢死②？"

【辑注】

①参见 9.5 注①。

②刘宝楠《论语正义》："《曲礼》云：'父母在，不许友以死。'颜子事夫子犹父，故云'子在，回何敢死？'"

【石按】

本章表现了孔子与颜回师生如父子的情与礼。畏：被拘，囚禁。女：汝，你。

【今译】

孔子被囚禁在匡地，（突围后）颜渊失散落在了后面。重逢时孔子说："我以为你已经死了。"颜渊说："您还在，我怎么敢死呢？"

11.24 季子然①问："仲由、冉求可谓大臣与？"子曰："吾以子为异之问，曾由与求之问②。所谓大臣者，以道事君，不可则止③。今由与求也，可谓具臣矣④。"曰："然则从之者与⑤？"子曰："弑父与君，亦不从也⑥。"

【辑注】

①何晏《论语集解》引孔安国曰："子然，季氏子弟。"皇侃《论语义疏》："时仲由、冉求仕季氏家，子然自夸己家能得此二贤为臣，故问孔子，以谓此二人可谓大臣不也。"

②何晏《论语集解》引孔安国曰："谓子问异事耳，则此二人之问安足大乎？"朱熹《论语集注》："轻二子以抑季然也。"

③朱熹《论语集注》："以道事君者，不从君之欲。不可则止者，必行己之志。"

④何晏《论语集解》引孔安国曰："言备臣数而已。"皇侃《论语义疏》："言今由、求二人亦不谏，谏若不从则亦不去，不可名此为大臣，则乃可名为备具之臣而已也。"

⑤何晏《论语集解》引孔安国曰："问为臣皆当从君所欲邪？"朱熹《论语集注》："意二子既非大臣，则从季氏之所为而已。"

⑥何晏《论语集解》引孔安国曰："二子虽从其主，亦不与为大逆。"朱熹《论语集注》引尹氏曰："季氏专权僭窃，二子仕其家而不能正也，知其不可而不能止也，可谓具臣矣。是时季氏已有无君之心，故自多其得人。意其可使从己也，故曰弑父与君亦不从也，其庶乎二子可免矣。"

【石按】

本章孔子借季子然之问阐明为臣事君之道。吾以子为异之问：吾以为子问异。以……为：以为，认为。子：你。异之问：问异，宾语前置，代词"之"前置宾语"异"。异：别的，别人。曾：竟然，原来。由与求之问：问由与求。宾语前置，代词"之"前置宾语"由与求"。不可则止：止，辞职不干。具臣：备数的臣子。从之：顺从季氏。

【今译】

季子然问道："仲由、冉求可以称得上是大臣吗？"孔子说："我以为你问别人，原来只是问仲由和冉求啊。所谓大臣，是以道义侍奉国君，不可谏阻就辞职不干。现在的仲由和冉求，只可以算是充数的臣子罢了。"季子然又问：

"那么，他们会顺从季氏吗？"孔子说："杀害父亲和君主的事，他们也不会顺从。"

11.25　子路使子羔为费宰①。子曰："贼夫人之子②。"子路曰："有民人焉，有社稷焉，何必读书，然后为学③？"子曰："是故恶夫佞者④。"

【辑注】

①朱熹《论语集注》："子路为季氏宰而举之也。"

②何晏《论语集解》引包咸曰："子羔学未熟习，而使为政，所以为贼害。"皇侃《论语义疏》："贼，犹害也。夫人之子，指子羔也。"

③朱熹《论语集注》："言治民事神皆所以为学。"李泽厚《论语今读》："民人：'民'乃包括多数，'人'常用于个体；故前者似为多数民众，后者常说君子修养。"

④朱熹《论语集注》："治民事神，固学者事，然必学之已成，然后可仕以行其学。若初未尝学，而使之即仕以为学，其不至于慢神而虐民者几希矣。子路之言，非其本意，但理屈词穷，而取辨于口以御人耳。故夫子不斥其非，而特恶其佞也。"

【石按】

本章孔子主张先为学，然后从政。子羔：即高柴。费（bì）宰：费邑的地方官。费：季氏的封邑。贼：害。夫人之子：别人的儿子。夫（fú）人，此处为虚指。不说害了子羔，而说害了别人的儿子，言子羔年少未成人。民人：本指平民和贵族，也泛指老百姓。焉：于之，在那里。社稷：土地神和五谷神。社，为祭五土之神而设，社坛在东。稷：为祭五谷之神而设，稷坛在西。是故：所以。恶（wù）：憎恶，讨厌。夫（fú）：那个，那些。佞者：狡辩的人。

【今译】

子路让子羔去做费邑的地方官。孔子说："你这是害了别人的儿子。"子路分辩说："有老百姓在那里（可以治理），有土神谷神在那里（可以祭祀），为什么必须去读书，然后才算是学习呢？"孔子说："所以我讨厌那些狡辩的人。"

11.26 子路、曾晳、冉有、公西华侍坐①。子曰："以吾一日长乎尔，毋吾以也②。居则曰：'不吾知也！'如或知尔，则何以哉③？"

子路率尔而对曰："千乘之国，摄乎大国之间，加之以师旅，因之以饥馑；由也为之，比及三年，可使有勇，且知方也④。"夫子哂之⑤。

"求！尔何如？"对曰："方六七十，如五六十，求也为之，比及三年，可使足民。如其礼乐，以俟君子⑥。"

"赤！尔何如？"对曰："非曰能之，愿学焉。宗庙之事，如会同，端章甫，愿为小相焉⑦。"

"点！尔何如？"鼓瑟希，铿尔，舍瑟而作，对曰："异乎三子者之撰⑧。"

子曰："何伤乎？亦各言其志也。"曰："莫春者，春服既成，冠者五六人，童子六七人，浴乎沂，风乎舞雩，咏而归⑨。"

夫子喟然叹曰："吾与点也⑩！"

三子者出，曾晳后。曾晳曰："夫三子者之言何如？"子曰："亦各言其志也已矣。"曰："夫子何哂由也？"曰："为国以礼，其言不让，是故哂之。""唯求则非邦也与?""安见方六七十,如五六十,而非邦也者?""唯赤则非邦也与?""宗庙会同,非诸侯而何?赤也为之小,孰能为之大?"

【辑注】

①何晏《论语集解》引孔安国曰:"皙,曾参父,名点。"

②皇侃《论语义疏》:"言吾今一日年齿长大于汝耳,汝等无以言吾年长而不敢言己志也。"

③皇侃《论语义疏》:"居,谓弟子常居时也。……言汝等常居之日,则皆自云无知吾者也。"朱熹《论语集注》:"如或有人知女,则女将何以为用也。"

④何晏《论语集解》引包咸曰:"摄,迫也。迫于大国之间。"朱熹《论语集注》:"率尔,轻遽之貌。摄,管束也。二千五百人为师,五百人为旅。因,仍也。谷不熟曰饥,菜不熟曰馑。方,向也,谓向义也。民向义,则能亲其上、死其长矣。"

⑤朱熹《论语集注》:"哂,微笑也。"

⑥何晏《论语集解》:"求性谦退,言欲得方六七十如五六十里小国治之而已。"

⑦何晏《论语集解》引郑玄曰:"我非自言能,愿学为之。宗庙之事,谓祭祀也。诸侯时见曰会,殷觌曰同。端,玄端也。衣玄端,冠章甫,诸侯日视朝之服。小相,谓相君之礼。"

⑧何晏《论语集解》引孔安国曰:"思所以对,故音希。""置瑟起对。撰,具也,为政之具。铿者,投瑟之声。"

⑨何晏《论语集解》引包咸曰:"莫春者,季春三月也。春服既成,衣单袷

之时。我欲得冠者五六人，童子六七人，浴乎沂水之上，风凉于舞雩之下，歌咏先王之道，而归夫子之门。"

⑩皇侃《论语义疏》："言我志与点同也。"朱熹《论语集注》："故夫子叹息而深许之。"

【石按】

本章记述了孔子与四弟子谈论各自的志向，强调治国应礼让。子路主张"强兵"，冉有主张"富民"，公西华主张"习礼"，这些都是孔子的为政之道。但曾点隐居教书的志向得到了孔子的认同。侍坐：陪坐。以吾一日长乎尔，毋吾以也：以吾一日长于尔，毋以吾也。因为我比你们大一点，不要因为我（而拘束）。以：因为。居：平常。不吾知：不知吾，没有人了解我。知：了解。如或知尔，则何以哉：如果有人了解你，那么你们将做些什么呢？或：有的人，有人。何以：何用，何为，做什么。率尔：轻率地。摄乎大国之间，加之以师旅，因之以饥馑：夹在大国之间，遭受军事侵略，连续遭遇饥荒灾害。摄：夹。加：强加。因：因循，连续遭遇。比（bǐ）及：等到。知方：明白道义。方：义。哂（shěn）：轻微一笑。方六七十，如五六十：方圆六七十里，或者五六十里的小国。如：或。足民：使民富足。俟君子：等待高明君子。俟：等待。宗庙之事：宗庙祭祀之事。如会同：或者诸侯会盟朝见。会：指诸侯会盟。同：指诸侯共同朝见天子。端章甫，愿为小相焉：穿礼服，戴礼帽，愿做一个小司仪。端：古人用整幅布做的礼服，又叫玄端。章甫：一种礼帽。端和章甫这里都用如动词。相：在祭祀或会盟时，主持赞礼和司仪的人。为小相：这是公西华的谦辞。鼓瑟希，铿尔，舍瑟而作：鼓瑟之声渐弱，铿的一声，放下瑟，站了起来。异乎三子者之撰：异于三子者之选，与三位的选择不同。撰：通"选"，选择。何伤乎：有什么关系呢？莫春：即暮春时节。冠者：成人，年二十而冠。童子：年十五以上，二十以下。浴乎沂，风乎舞雩：在沂水河里洗洗澡，在舞雩台上吹吹风。风：吹风，用如动词。舞雩（yú）：用跳舞的方式祈雨。雩：祈雨的祭祀。鲁国故都有舞雩台。吾与点也：我赞同曾点的志向。与：许，赞同。唯求则非邦也与：冉求（讲的）就不是国家吗？唯：句首语气词，无义。与：欤，疑问语气词。赤也为之小，孰能为之大：赤也为其小，孰能为其大。

【今译】

子路、曾皙、冉有、公西华陪孔子坐着。孔子说："因为我比你们大一点，不要因为我（而拘束）。你们平常说：'没有人了解我啊！'如果有人了解你，那么你们将做些什么呢？"

子路轻率地回答："拥有一千辆兵车的国家，夹在大国之间，遭受军事侵略，连续遭遇饥荒灾害；我来治理它，等到三年，可使国民勇敢善战，而且明白道义。"孔子轻微一笑。

孔子问："冉求！你怎么样？"冉求回答："方圆六七十里，或者五六十里的小国，我来治理它，等到三年，可以让人民富足。至于礼乐教化，这要等待高明君子来进行。"

孔子又问："公西赤！你怎么样？"公西赤回答："不敢说能做，愿意学着做。在宗庙祭祀之事中，或者在诸侯会盟朝见中，我愿意穿着礼服，戴着礼帽，做一个小司仪。"

孔子又问："曾点！你怎么样？"曾皙鼓瑟之声渐弱，铿的一声，放下瑟，站了起来，回答："我与三位的选择不同。"

孔子说："有什么关系呢？也只是各自谈谈自己的志向。"曾皙说："暮春时节，春服已经做好，和五六个青年，六七个少年，在沂水河里洗洗澡，在舞雩台上吹吹风，一路唱着歌回家。"

　　孔子长叹一声说："我赞同曾点的志向。"

　　子路、冉有、公西华三人出去了，曾皙后走。曾皙问孔子："那三位的话怎么样？"孔子说："也只是各自谈谈自己的志向罢了。"曾皙问："老师问什么笑仲由呢？"孔子说："要用礼让治理国家，他的说法不谦让，所以笑他。"曾皙又问："那么冉求讲的是不是不是治理国家呢？"孔子说："怎见得方圆六七十里，或者五六十里的地方就不是一个国家？"曾皙又问："公西赤讲的是不是不是治理国家呢？"孔子说："宗庙祭祀，诸侯会盟，不是诸侯国的大事又是什么呢？公西赤做他们的小司仪，谁又能做他们的大司仪呢？"

颜渊第十二

12.1 颜渊问仁。子曰:"克己复礼为仁①。一日克己复礼,天下归仁焉②。为仁由己,而由人乎哉③?"颜渊曰:"请问其目④。"子曰:"非礼勿视,非礼勿听,非礼勿言,非礼勿动⑤。"颜渊曰:"回虽不敏,请事斯语矣⑥。"

【辑注】

①何晏《论语集解》引马融曰:"克己,约身。"何晏《论语集解》引孔安国曰:"复,反也。身能反礼则为仁矣。"皇侃《论语义疏》:"言若能自约俭己身,还反于礼中,则为仁也。"

②何晏《论语集解》引马融曰:"一日犹见归,况终身乎?"朱熹《论语集注》:"又言一日克己复礼,则天下之人皆与其仁,极言其效之甚速而至大也。"

③皇侃《论语义疏》引范宁曰:"言为仁在我,岂俟彼为仁耶?"钱穆《论语新解》:"为仁,犹言行仁。行仁道当由己,不出人。克己,由己克之,复礼,

亦由己复之。能克己，斯能由己矣。所以欲克己，即为欲由己。"

④何晏《论语集解》引包咸曰："知其必有条目，故请问之。"

⑤何晏《论语集解》引郑玄曰："此四者，克己复礼之目。"刘宝楠《论语正义》："'勿'者，禁止之辞。视、听、言、动，皆在己不在人，故为仁由己，不由人也。'动'犹行也，谓所行事也。"

⑥何晏《论语集解》引王肃曰："敬事此语，必行之。"

【石按】

本章孔子对颜渊论述了"仁"的含义及具体的实施条目。本章是《论语》最重要的篇章之一，强调了孔子"克己复礼"的思想。自古以来，对"克己复礼"的解读很多，不一定都符合孔子的本意。克己复礼：约束自己，使言行符合礼制。克：克制，约束。复：还反，符合。归仁：归向仁德。为人由己：修养仁德全靠自己。敏：聪明。事：实践。

【今译】

颜渊问什么是仁。孔子说："约束自己，使言行符合礼制就是仁。一旦这样做了，天下之民就会归向仁德。修养仁德全靠自己，难道要靠别人吗？"颜渊说："请问一下实行仁的具体条目。"孔子说："不符合礼的，不看；不符合礼的，不听；不符合礼的，不说；不符合礼的，不做。"颜渊说："我虽然不聪明，请允许我照着您的话去做吧。"

12.2　仲弓问仁。子曰："出门如见大宾，使民如承大祭①。己所不欲，勿施于人②。在邦无怨，在家无怨③。"仲弓曰："雍虽不敏，请事斯语矣！"

【辑注】

①何晏《论语集解》引孔安国曰:"为仁之道,莫尚乎敬。"皇侃《论语义疏》引范宁曰:"大宾,君臣嘉会也。大祭,国祭也。"

②皇侃《论语义疏》:"恕己及物,则为仁也。先二事明敬,后一事明恕。恕、敬二事乃为仁也。"

③皇侃《论语义疏》:"在邦,为诸侯也;在家,为卿大夫也。既出门、使民皆敬,又恕己及物,三事并足,故为民人所怀,无复相怨者也。"刘宝楠《论语正义》:"在邦谓仕于诸侯之邦,在家谓仕于卿大夫家也。"高尚榘《论语歧解辑录》:"'出门'、'使民'二句,强调敬慎;'己所不欲,勿施于人',强调仁恕。一个人做到了敬慎仁恕,无论在哪里,都不会招致怨恨。"

【石按】

本章孔子对仲弓论述了"仁"是敬慎和仁恕。见大宾:接待贵宾。承大祭:承当重大祭祀。施:施行,强加。在邦:在诸侯之国。在家:在大夫之家。

【今译】

仲弓问什么是仁。孔子说:"出门办事如同接待贵宾,使唤百姓如同承当重大祭祀。自己不想要的,不要强加给别人。在诸侯之国做官不招致怨恨,在大夫之家做事也不招致怨恨。"仲弓说:"我虽然不聪明,请允许我照着您的话去做吧。"

12.3 司马牛问仁①。子曰:"仁者,其言也讱②。"曰:"其言也讱,斯谓之仁已乎?"子曰:"为之难,言之得无讱乎?"

【辑注】

①何晏《论语集解》引孔安国曰:"牛,宋人也,弟子司马犁。"皇侃《论语义疏》:"司马牛是桓魋弟也。"

②朱熹《论语集注》:"讱,忍也,难也。仁者心存而不放,故其言若有所忍而不易发,盖其德之一端也。夫子以牛多言而躁,故告之以此。使其于此而谨之,则所以为仁之方,不外是矣。"

【石按】

本章孔子对司马牛论述了"仁"是说话谨慎。《史记·仲尼弟子列传》:"牛多言而躁。"《说文解字·言部》:"讱,顿也。从言,刃声。《论语》曰:'其言也讱。'"讱(rèn):言语迟钝。针对喜欢多言且性格急躁的弟子,孔子认为"仁"就是说话谨慎。

【今译】

司马牛问什么是仁。孔子说:"仁人,他的言语迟钝。"司马牛又问:"言语迟钝,这就叫仁了吗?"孔子说:"做起来难,说起来能不迟钝吗?"

12.4 司马牛问君子。子曰:"君子不忧不惧①。"曰:"不忧不惧,斯谓之君子已乎?"子曰:"内省不疚②,夫何忧何惧?"

【辑注】

①何晏《论语集解》引孔安国曰:"牛兄桓魋将为乱,牛自宋来学,常忧惧,故孔子解之。"

②何晏《论语集解》引包咸曰:"疚,病也。自省无罪恶,无可忧惧。"

【石按】

本章孔子针对司马牛的具体情况论君子,并不涵盖孔子对君子的全部认识。已乎:矣乎,了吗。内省不疚:内心反省不感到愧疚。省(xǐng):反省。疚(jiù):愧疚。

【今译】

司马牛问怎样才是君子。孔子说:"君子不忧愁不恐惧。"又问:"不忧愁不恐惧,这就可以叫做君子了吗?"孔子说:"内心反省不感到愧疚,那忧愁什么恐惧什么呢?"

12.5 司马牛忧曰:"人皆有兄弟,我独亡①。"子夏曰:"商闻之矣②:死生有命,富贵在天。君子敬而无失,与人恭而有礼③。四海之内,皆兄弟也。君子何患乎无兄弟也?"

【辑注】

①何晏《论语集解》引郑玄曰:"牛兄桓魋行恶,死亡无日,我为无兄弟。"

②钱穆《论语新解》:"谓闻之于孔子也。孔子卒在桓魋作乱后两年,子夏言此时,孔子当已卒。魋、巢等或奔或死,牛身栖异国,故有独无兄弟之感。"

③邢昺《论语注疏》:"言人死生短长,各有所禀之命,财富位贵则在天之所予,君子但当敬慎而无过失,与人结交恭谨而有礼。"

【石按】

本章是子夏劝解司马牛无兄弟的忧虑,反映出子夏既是宿命论者,同时又强调事在人为。亡(wú):通"无",没有。商:子夏自称。子夏姓卜,名商。

古人自称时一般称名。闻之矣：听说过这样的话了。敬而无失：谨慎而没有过错。何患：何愁。

【今译】

司马牛忧愁地说："别人都有兄弟，唯独我没有。"子夏说："我听说过这样的话了：死和生都由命运决定，富和贵都是上天安排。作为君子，做事谨慎而没有过错，对人恭敬而有礼仪。那么，普天之下，到处都是好兄弟。君子何愁没有兄弟呢？"

12.6　子张问明。子曰："浸润之谮，肤受之愬①，不行焉，可谓明也已矣。浸润之谮，肤受之愬，不行焉，可谓远也已矣。"

【辑注】

①何晏《论语集解》引郑玄曰："谮人之言，如水之浸润，渐以成之。"皇侃《论语义疏》："浸润，犹渐渍也。谮，谗谤也。……愬者，相诉讼谗也。……颜延之云：'谮润不行，虽由于明，明见之深，乃出于体远。体远不对于情伪，故功归于明见。'"朱熹《论语集注》："肤受，谓肌肤所受，利害切身。"杜道生《论语新注新译》："浸润之谮：像水一样一点一滴渗透进来的谗言，即暗中诬陷别人的坏话。肤受之愬：好像皮肤感到疼痛那样的诬告，即直接的诽谤。愬，诬告。"

【石按】

本章孔子向子张论明察与远见。明：明察。浸润之谮（zèn）：暗中挑拨的诬陷。肤受之愬（sù）：直接切肤的诽谤。不行：行不通。远：远见。

【今译】

子张问怎样才算明察。孔子说:"暗中挑拨的诬陷,直接切肤的诽谤,都行不通,可以叫作明察了。暗中挑拨的诬陷,直接切肤的诽谤,都行不通,可以叫作有远见了。"

12.7 子贡问政①。子曰:"足食,足兵,民信之矣②。"子贡曰:"必不得已而去,于斯三者何先?"曰:"去兵。"子贡曰:"必不得已而去,于斯二者何先?"曰:"去食。自古皆有死,民无信不立③。"

【辑注】

①皇侃《论语义疏》:"问为政之法也。"

②朱熹《论语集注》:"言仓廪实而武备修,然后教化行,而民信于我,不离叛也。"

③皇侃《论语义疏》引李充曰:"朝闻道夕死,孔子之所贵;舍生取义,孟轲之所尚。自古有不亡之道,而无有不死之人。故有杀身非丧己,苟存非不亡己也。"

【石按】

本章孔子特别强调要取信于民。足食:备足粮食。足兵:加强军备。民信之:百姓信任政府。

【今译】

子贡问为政之道。孔子说:"备足粮食,加强军备,百姓信任政府。"子贡说:"假如迫不得已必须去掉,在食、兵、信这三项中,先去掉哪一项呢?"孔子说："去掉军备。"子贡说："假如迫不得已必须去掉，在食和信这两项中，先去掉哪一项呢？"孔子说："去掉粮食。自古以来谁都免不了一死，如果百姓不信任政府，政府就维持不下去。"

12.8 棘子成①曰："君子质而已矣，何以文为②？"子贡曰："惜乎，夫子之说君子也！驷不及舌③。文犹质也，质犹文也；虎豹之鞟犹犬羊之鞟④。"

【辑注】

①何晏《论语集解》引郑玄曰："旧说云：棘子成，卫大夫。"

②皇侃《论语义疏》："君子所行，但须质朴而足，何必用于文华乎？"王引之《经传释词》："为，语助也。……《论语·颜渊篇》曰：'何以文为？'"

③何晏《论语集解》引郑玄曰："惜乎夫子之说君子也。过言一出，驷马追之，不及。"

④何晏《论语集解》引孔安国曰："皮去毛曰鞟。虎豹与犬羊别者，正以毛文异耳。今使文质同者，何以别虎豹与犬羊邪？"

【石按】

本章子贡论述质朴与文采的关系。棘子成：卫国大夫。古代的大夫都可以被尊称为"夫子"，所以后面子贡称棘子成为夫子。质：质朴。文：文采，此处用作动词，指"有文采"。何以……为：为什么……呢？为：呢，疑问语气词。驷：四马。古时四马驾一车。此处是说动舌出言，驷马追不上。舌：这里指说出的话。文犹质也，质犹文也：指文质不分。虎豹之鞟犹犬羊之鞟：暗指君子与非君子就不能区别了,就像虎豹的鞟与犬羊的鞟不能区别一样。鞟(kuò):皮去毛叫鞟。

【今译】

棘子成说:"君子只要质朴也就罢了,为什么要有文采呢?"子贡说:"可惜啊,先生竟这样解说君子!一言既出,驷马难追。如果文采就是质朴,质朴就是文采,那么去了毛的虎豹皮与去了毛的狗羊皮就没有区别了。"

12.9 哀公问于有若曰:"年饥,用不足,如之何①?"有若对曰:"盍彻乎②?"曰:"二③,吾犹不足,如之何其彻也?"对曰:"百姓足,君孰与不足?百姓不足,君孰与足④?"

【辑注】

①邢昺《论语注疏》:"鲁君哀公问于孔子弟子有若曰:'年谷不熟,国用不足,如之何使国用得足也?'"

②何晏《论语集解》引郑玄曰:"盍,何不也。周法:十一而税,谓之彻。彻,通也。为天下之通法。"

③何晏《论语集解》引孔安国曰:"二,谓什二而税。"

④朱熹《论语集注》:"民富,则君不至独贫;民贫,则君不能独富。有若深言君民一体之意,以止公之厚敛,为人上者所宜深念也。"

【石按】

本章有若秉承孔子的爱民思想,劝鲁哀公轻敛薄赋。饥:年成不好,歉收。用不足:国家用度不够。盍:何不。彻:周代的一种税法,在耕种一百亩时,十分抽一的田税制度。二：指十分抽二的税率。晚周行什二之税。孰与：怎么会。

【今译】

哀公问有若："年成不好，国家用度不够，怎么办？"有若回答说："为什么不实行彻法，只抽十分之一的田税呢？"哀公说："抽十分之二的田税，我还不够，怎么能只抽十分之一呢？"有若回答说："如果百姓富足了，国君怎么会不富足呢？如果百姓不富足，国君怎么会富足呢？"

12.10　子张问崇德辨惑①。子曰："主忠信，徙义，崇德也②。爱之欲其生，恶之欲其死。既欲其生，又欲其死，是惑也③。'诚不以富，亦只以异④。'"

【辑注】

①何晏《论语集解》引包咸曰："辨，别也。"皇侃《论语义疏》："问求崇重有德、辨别疑惑之法也。"

②何晏《论语集解》引包咸曰："徙义，见义则徙意而从之。"刘宝楠《论语正义》："'崇德'者，《尔雅·释诂》：'崇，高也。'谓于人之有德，尊崇之也。'主忠信'者，郑（玄）于《学而篇》注云：'主，亲也。'言于忠信之人亲近之也。"

③邢昺《论语注疏》："言人心爱恶当须有常。若人有顺己，己即爱之，便欲其生；此人忽逆于己，己即恶之，则愿其死。一欲生之，一欲死之，用心无常，是惑也。"金良年《论语译注》："据清代学者戴望的说法，孔门弟子对季氏驱逐昭公之事意见不一，子张因而有疑惑，此说对于理解此章大意有一定启发。"

④钱穆《论语新解》："诚不以富，亦只以异：《诗·小雅》我行其野之词。当是错简，应在第十六篇齐景公有马千驷章，因下章亦有齐景公字而误。"

【石按】

本章孔子教子张如何崇德辨惑。子张有偏颇的毛病，孔子提醒他要遵循中道，德行有常，在大是大非问题上不能疑惑。崇德辨惑：提高品德，辨别疑惑。主忠信：以忠诚信实为主。徙义：唯义是从。"诚不以富，亦只以异"一句，应是错简，该放在《季氏篇》的"齐景公有马千驷"章（16.12）。

【今译】

子张问如何提高品德、辨别疑惑。孔子说："以忠诚信实为主，唯义是从，这便能提高品德。喜欢一个人就希望他活，厌恶一个人就希望他死。既希望他活，又希望他死，这便是疑惑。"

12.11 齐景公问政于孔子①。孔子对曰："君君，臣臣，父父，子子②。"公曰："善哉！信如君不君，臣不臣，父不父，子不子，虽有粟，吾得而食诸③？"

【辑注】

①朱熹《论语集注》："齐景公，名杵臼。鲁昭公末年，孔子适齐。"

②何晏《论语集解》引孔安国曰："当此之时，陈恒制齐，君不君、臣不臣、父不父、子不子，故以对。"朱熹《论语集注》："是时景公失政，而大夫陈氏厚施于国。景公又多内嬖，而不立太子。其君臣父子之间，皆失其道，故夫子告之以此。"

③何晏《论语集解》引孔安国曰:"言将危也。陈氏果灭齐。"皇侃《论语义疏》:"后陈恒弑齐君是也。"

【石按】

本章孔子告诫齐景公要正名分,以维护宗法制度中最根本的道统。因为陈氏兴起,景公忧虑,故请教于孔子。君君、臣臣、父父、子子:前一个"君臣父子"是名词,作主语;后一个"君臣父子"名词作动词用,作谓语。君君,就是"做国君的要像国君的样子"。信:的确。食诸:食之乎?

【今译】

齐景公问孔子治国之道。孔子回答说:"做国君的要像国君的样子,做臣子的要像臣子的样子,做父亲的要像父亲的样子,做儿子的要像儿子的样子。"齐景公说:"好哇!的确,如果国君不像国君,臣子不像臣子,父亲不像父亲,儿子不像儿子,即使有粮食,我能吃得到它吗?"

12.12 子曰:"片言可以折狱者,其由也与①!"

【辑注】

①何晏《论语集解》引孔安国曰:"片,犹偏也。听讼必须两辞以定是非。偏信一言以折狱者,唯子路可也。"皇侃《论语义疏》:"折狱,谓判辨狱讼之事也。……夫判辨狱讼必须二家对辞,子路既能果断,故偏听一辞而能折狱也。"邢昺《论语注疏》:"折,犹决断也。"

【石按】

本章孔子评述了子路的急躁和明断。断案不易,子路仅据单方面的供词就能使双方心服，说明他既急躁，又能明断。片言：诉讼双方一方的言辞。折狱：断案。其：大概，表推测的语气副词。

【今译】

孔子说："根据单方面的供词就能断案的，大概只有仲由吧！"

12.13　子路无宿诺①。

【辑注】

①刘宝楠《论语正义》："《说文》：'宿，止也。'引申之有久义。"孙钦善《论语注译》："宿诺：拖延未实现的旧诺言。"

【石按】

本章记述了子路勇于践行诺言。宿诺：许了很久而没有兑现的诺言。宿：久，旧，过去。诺：诺言。

【今译】

子路没有许了很久而没有兑现的诺言（子路答应办的事，从不拖延）。

12.14　子曰："听讼，吾犹人也。必也使无讼乎①！"

【辑注】

①皇侃《论语义疏》："言我所异于人者，当讼未起，而化之使不讼耳。"朱熹《论语集注》："范氏曰：'听讼者，治其末，塞其流也。正其本，清其源，则

无讼矣。'杨氏曰：'子路片言可以折狱，而不知以礼逊为国，则未能使民无讼者也。故又记孔子之言，以见圣人不以听讼为难，而以使民无讼为贵。'"

【石按】

本章体现了孔子的德治思想，孔子主张以德行教化为主，刑罚为辅。听讼：听其讼辞以判案，审理案件。必：一定，必须。

【今译】

审理案件，我同别人一样。（我和别人不同的是）必须使（大家）无诉讼（不打官司）！

12.15　子张问政。子曰："居之无倦，行之以忠[1]。"

【辑注】

[1]何晏《论语集解》引王肃曰："言为政之道，居之于身，无得懈倦；行之于民，必以忠信。"朱熹《论语集注》引程子曰："子张少仁，无诚心爱民，则必倦而不尽心，故告之以此。"

【石按】

本章孔子告诫子张，为政应当勤政尽心。居之：居官任职。无倦：心无倦怠。行之：执行政令。以忠：忠诚尽心。

【今译】

子张问为政之道。孔子说："居官任职，心无倦怠；执行政令，忠诚尽心。"

12.16　子曰："博学于文,约之以礼,亦可以弗畔矣夫!"

【石按】

本章重出,参见 6.27。

12.17　子曰："君子成人之美,不成人之恶。小人反是①。"

【辑注】

①邢昺《论语注疏》:"此章言君子之于人,嘉善而矜不能,又复仁恕,故成人之美,不成人之恶也。小人则嫉贤乐祸,而成人之恶,不成人之美,故曰反是。"

【石按】

本章孔子对比君子和小人道德行为的不同,教育弟子要做君子以成全别人的优点和长处。反是:与此相反。是:此。

【今译】

孔子说:"君子成全别人的好事,不助长别人的错误。小人则与此相反。"

12.18　季康子问政于孔子①。孔子对曰:"政者,正也。子帅以正,孰敢不正②?"

【辑注】

①何晏《论语集解》引郑玄曰:"康子,鲁上卿,诸臣之帅也。"

②邢昺《论语注疏》:"言康子为鲁上卿诸臣之帅也,若己能每事以正,则已下之臣民谁敢不正也?"朱熹《论语集注》:"范氏曰:'未有己不正而能正人者。'胡氏曰:'鲁自中叶,政由大夫,家臣效尤,据邑背叛,不正甚矣。故孔子以是告之,欲康子以正自克,而改三家之故。惜乎康子溺于利欲而不能也。'"

【石按】

本章孔子强调为政者的表率作用。正:端正。帅:率领,带头。

【今译】

季康子问孔子为政之道。孔子回答说:"政就是端正。您带头端正,谁敢不端正?"

12.19 季康子患盗,问于孔子①。孔子对曰:"苟子之不欲,虽赏之不窃②。"

【辑注】

①皇侃《论语义疏》:"患国内多偷盗,故问孔子,问于孔子求除盗之法也。"

②皇侃《论语义疏》:"言民所以为盗者,由汝贪欲不厌,故民从汝而为盗耳。若汝心苟无欲,假令重赏于民,令民为盗,则民亦不为也,是从汝故也。"

【石按】

本章孔子强调为政者的垂范作用。患盗:苦于盗贼。盗:小偷。苟:如果。

欲：指贪图财利。赏：奖励。

【今译】

季康子苦于盗贼，问孔子对策。孔子回答说："如果你自己不贪图财利，即使奖励偷窃，也没有人去偷。"

12.20　季康子问政于孔子曰："如杀无道，以就有道，何如①？"孔子对曰："子为政，焉用杀？子欲善而民善矣。君子之德风，小人之德草。草上之风，必偃②。"

【辑注】

①何晏《论语集解》引孔安国曰："就，成也。欲多杀以止奸。"皇侃《论语义疏》："为政欲并杀无道之人，而成就爵禄有道者，其事好不？"

②邢昺《论语注疏》："此为康子设譬也。偃，仆也。在上君子为政之德若风，在下小人从化之德如草，加草以风，无不仆者。犹化民以正，无不从者。亦欲令康子先自正也。"朱熹《论语集注》："上，一作尚，加也。"

【石按】

本章孔子强调治理国家不须刑杀，需要统治者自正。无道：无德无才的奸人。就：成就。有道：有德有才的君子。焉用杀：为什么要用杀戮？君子之德风：君子的道德像风。小人之德草：小人的道德像草。草上之风：草加之风。上：临加，遇上。偃：倒伏。

【今译】

季康子问孔子为政之道说："如果杀掉无道的人，而成就有道的人，怎么样?"孔子回答说:"你治理国政,为什么要用杀戮?你自己想要行善,老百姓也就向善了。君子的道德像风,小人的道德像草。草遇上风,一定随风倒。"

12.21 子张问:"士何如斯可谓之达矣①?"子曰:"何哉,尔所谓达者?"子张对曰:"在邦必闻,在家必闻②。"子曰:"是闻也,非达也③。夫达也者,质直而好义,察言而观色,虑以下人④。在邦必达,在家必达。夫闻也者,色取仁而行违,居之不疑⑤。在邦必闻,在家必闻。"

【辑注】

①皇侃《论语义疏》:"达,谓身名通达也。"

②何晏《论语集解》引郑玄曰:"言士之所在,皆能有名誉。"皇侃《论语义疏》:"在邦,谓仕诸侯也。在家,谓仕卿大夫也。"

③邢昺《论语注疏》:"言汝所陈,正是名闻之士,非是通达之士也。"

④何晏《论语集解》引马融曰:"常有谦退之志,察言语,观颜色,知其所欲,其念虑常欲以下人。"刘宝楠《论语正义》:"'质直而好义'者,谓达者之为人朴质正直,而行事知好义也。'察言而观色,虑以下人'者,言心存敬畏,不敢忤慢人也。如此,则攸往咸宜,虽不求名誉,名必归之。"孙钦善《论语注译》:"至于达,品质正直,喜好大义,察其言语,观其容色,又总是自觉谦让于人。"

⑤何晏《论语集解》引马融曰:"此言佞人假仁者之色,行之则违,安居其伪而不自疑。"

【石按】

本章孔子论"闻"、"达"之别，主张士人务实而不务虚名。达：通达。闻：有名声。色取仁而行违，居之不疑：只是表面装出仁德的样子，而行动上却常常违背仁德，自己还以仁人自居不疑。

【今译】

子张问："士人怎样才可以称得上通达？"孔子说："你所说的通达是什么意思？"子张回答说："在国君的朝廷里必定有名声，在大夫的封邑里必定有名声。"孔子说："这是名声，不是通达。至于达，品质正直，喜好大义，察其言语，观其容色，又总是自觉谦让于人。在国君的朝廷里必定通达，在大夫的封邑里必定通达。至于有名声，只是表面装出仁德的样子，而行动上却常常违背仁德，自己还以仁人自居不疑。（这样的人）在国君的朝廷里必定骗取名声，在大夫的封邑里必定骗取名声。"

12.22 樊迟从游于舞雩之下，曰："敢问崇德，修慝，辨惑①。"子曰："善哉问！先事后得，非崇德与？攻其恶，无攻人之恶，非修慝与？一朝之忿，忘其身，以及其亲，非惑与②？"

【辑注】

①何晏《论语集解》引孔安国曰："慝，恶也。修，治也。治恶为善。"朱熹《论语集注》引胡氏曰："慝之字从心从匿，盖恶之匿于心者。修者，治而去之。"

②朱熹《论语集注》："先事后得，犹言先难后获也。为所当为而不计其功，则德日积而不自知矣。专于治己而不责人，则己之恶无所匿矣。知一朝之忿为

甚微，而祸及其亲为甚大，则有以辨惑而惩其忿矣。樊迟粗鄙近利，故告之以此，三者皆所以救其失也。"

【石按】

本章孔子对樊迟谈修身。樊迟性急躁，孔子告诫他要"先事后得"。《论语·雍也篇》中樊迟问仁，孔子告以"先难而后获"。"先事后得"与"先难后获"两者意思一样。从游：陪侍闲游。舞雩（yú）：指舞雩台，祭天求雨的地方，在今山东曲阜市城南。参见 11.26。崇德：提高品德。修慝（tè）：去除邪念。辨惑：辨别疑惑。先事后获：先努力做事而后收获。攻其恶：批评自己的错误。攻：批评。其：指代自己。一朝之忿，忘其身，以及其亲：因一时的忿怒，就忘记自身安危，甚至累及自己的亲人。及：累及，连累。

【今译】

樊迟陪侍孔子在舞雩台下闲游，说："敢问怎样提高品德，去除邪念，辨别疑惑。"孔子说："问得好哇！先努力做事而后收获，这不就是提高品德的方法吗？批评自己的错误，不要攻击别人的错误，这不就是去除邪念的方法吗？因一时的忿怒，就忘记自身安危，甚至累及自己的亲人，这不就是迷惑吗？"

12.23　樊迟问仁。子曰："爱人。"问知。子曰："知人。"樊迟未达[①]。子曰："举直错诸枉，能使枉者直[②]。"

樊迟退，见子夏，曰："乡也[③]吾见于夫子而问知，子曰：'举直错诸枉，能使枉者直'，何谓也？"子夏曰："富哉言乎[④]！舜有天下，选于众，举皋陶，不仁者远矣。汤有天下，选于众，举伊尹，不仁者远矣。"

【辑注】

①皇侃《论语义疏》:"达,犹晓也。已晓爱人之言,而未晓知人之旨也。"

②朱熹《论语集注》:"举直错枉者,知也。使枉者直,则仁矣。如此,则二者不惟不相悖而相反为用矣。"刘宝楠《论语正义》:"言举尔所知之直者,错诸枉者之上,即是知人也。'错',《释文》引'或本作措'。"杨伯峻《论语译注》:"'举直'而'使枉者直',属于'仁';知道谁是直人而举他,属于'智',所以'举直错诸枉'是仁智之事,而孔子屡言之。"

③刘宝楠《论语正义》:"'乡',皇(侃)本作'嚮'。……《说文》云:'嚮,不久也。'不久者,言日近也。"

④朱熹《论语集注》:"叹其所包者广,不止言知。"

【石按】

本章孔子向樊迟谈"仁"和"智"。问知(zhì):问什么是智。知人:了解别人,善于识别人才。达:明白。举直错诸枉,能使枉者直:选拔正直的人,放在不正直的人之上,能使不正直的人变得正直。错诸:措之于,放他在。错:同"措",放置。乡(xiàng):最近,前不久。富哉言乎:这话中的含义很丰富啊!皋陶(gāo yáo):舜的臣子,掌管刑法。伊尹:汤的辅相。在儒家传统里,舜、汤都是圣王,皋陶、伊尹都是贤臣。

【今译】

樊迟问什么是仁。孔子说:"爱护别人。"问什么是智。孔子说:"善于识别人才。"樊迟还不是很明白。孔子说:"选拔正直的人,放在不正直的人之上,能使不正直的人变得正直。"

樊迟退下后,去见子夏说:"最近我去见老师,请教什么是智,老师说:'选拔正直的人,放在不正直的人之上,能使不正直的人变得正直。'这是什么意思？"子夏说："这话中的含义很丰富啊！舜得了天下，在众人中选拔人才，提拔了皋陶，没有仁德的人就远离了。汤得了天下，在众人中选拔人才，提拔了伊尹，没有仁德的人就远离了。"

12.24　子贡问友①。子曰："忠告而善道之，不可则止，毋自辱焉②。"

【辑注】

①皇侃《论语义疏》："咨求朋友之道也。"

②朱熹《论语集注》："友所以辅仁，故尽其心以告之，善其说以道之。然以义合者也，故不可则止。若以数而见疏，则自辱矣。"

【石按】

本章孔子对子贡谈交友之道。道：劝导。自辱：自找羞辱。

【今译】

子贡问怎样对待朋友。孔子说："以忠言告诫他，用好话劝导他，如果不听，就算了。不要（因过分规劝）自找羞辱。"

12.25　曾子曰："君子以文会友，以友辅仁①。"

【辑注】

①何晏《论语集解》引孔安国曰："友以文德合。""有相切磋之道，所以辅成己之仁。"皇侃《论语义疏》："讲学以会友，则道益明；取善以辅仁，则德日

进。"刘宝楠《论语正义》:"'文'谓《诗》、《书》、礼、乐也。"

【石按】

本章是曾子讲君子的交友之道。文:礼乐文章。会:结交。辅:辅助,培养。

【今译】

曾子说:"君子以礼乐文章来结交朋友,靠朋友帮助来培养仁德。"

子路第十三

13.1　子路问政。子曰:"先之劳之①。"请益,曰:"无倦②。"

【辑注】

①朱熹《论语集注》引苏氏曰:"凡民之行,以身先之,则不令而行。凡民之事,以身劳之,则虽勤不怨。"程树德《论语集释》:"先之谓先己之劳,劳之谓后劳其民也。……己先有此勤政之劳,然后以政勤劳其民,民虽劳而不怨也。"

②何晏《论语集解》引孔安国曰:"子路嫌其少,故请益。曰'无倦'者,行此上事无倦,则可。"

【石按】

本章孔子提出了"先之劳之"的治国理政思想。先之:先于之,自己率先勤政。之:指代老百姓。劳之:使之劳,然后让老百姓勤劳。益:增加。无倦:心无倦怠,永不懈怠。

【今译】

子路问为政之道。孔子说:"自己率先勤政,然后让老百姓勤劳。"子路请求孔子再多讲一点。孔子说:"(坚持先之劳之)永不懈怠。"

13.2 仲弓为季氏宰,问政。子曰:"先有司,赦小过,举贤才①。"曰:"焉知贤才而举之?"曰:"举尔所知。尔所不知,人其舍诸②?"

【辑注】

①何晏《论语集解》引王肃曰:"言为政当先任有司,而后责其事。"朱熹《论语集注》:"过,失误也。大者于事或有所害,不得不惩;小者赦之,则刑不滥而人心悦矣。贤,有德者。才,有能者。举而用之,则有司皆得其人而政益修矣。"刘宝楠《论语正义》:"'宰'者,大夫家臣及大夫邑长之通称。……'有司'者,宰之群属。言先有司信任之,使得举其职也。"

②何晏《论语集解》引孔安国曰:"女所不知者,人将自举之。各举其所知,则贤才无遗。"

【石按】

本章孔子教仲弓如何做季氏家宰。先有司:先任命属官。人其舍诸:人其舍之乎?别人难道会舍弃他们吗?其:难道,反诘语气副词。

【今译】

仲弓做季氏的家臣,问孔子为政之道。孔子说:"先任命属官,赦免他们的小过错,选拔优秀人才。"仲弓说:"怎么知道谁是优秀人才而提拔他们呢?"孔子说:"提拔你所了解的。你不了解的,别人难道会舍弃他们吗?"

13.3 子路曰："卫君待子而为政，子将奚先[1]？"子曰："必也正名乎[2]！"子路曰："有是哉，子之迂也[3]！奚其正？"子曰："野哉，由也[4]！君子于其所不知，盖阙如也[5]。名不正，则言不顺；言不顺，则事不成；事不成，则礼乐不兴；礼乐不兴，则刑罚不中[6]；刑罚不中，则民无所错手足[7]。故君子名之必可言也，言之必可行也。君子于其言，无所苟而已矣[8]。"

【辑注】

[1]皇侃《论语义疏》："奚，何也。子路咨孔子云：卫国之君欲待子共为政化，子若往卫与彼共为政，则先行何事为风化也。"朱熹《论语集注》："卫君，谓出公辄也。是时鲁哀公之十年，孔子自楚反乎卫。"钱穆《论语新解》："卫君：出公辄，父蒯聩亡在外，卫人立辄而拒之。"

[2]何晏《论语集解》引马融曰："正百事之名。"朱熹《论语集注》："是时出公不父其父而祢其祖，名实紊矣，故孔子以正名为先。谢氏曰：'正名虽为卫君而言，然为政之道，皆当以此为先。'"金良年《论语译注》："这里所说的'卫君'也是指卫出公辄，孔子就此提出的'正名'有很强的针对性。孔子认为，出公以儿子对抗父亲是'名不正'，由此将带来一系列消极的后果，所以主张首先要'正名'。在这一点上子路没有孔子想得那么深，后来他死于卫国内乱与此不无关系。"

[3]何晏《论语集解》引包咸曰："迂，犹远也。言孔子之言远于事也。"

[4]何晏《论语集解》引孔安国曰："野犹不达。"李炳南《论语讲要》："不达就是对某事不明白。"

[5]皇侃《论语义疏》："君子之人，若事于己有所不知，则当阙而不言。"

⑥杜道生《论语新注新译》："中（zhòng），得当。"

⑦皇侃《论语义疏》："错，犹置立也。……是无所自措立手足也。"

⑧皇侃《论语义疏》："言必使可行，政于其言不得苟且而不正也。"

【石按】

本章孔子论"正名"的重要性。子将奚先：您将先做什么？必也正名乎：那一定是正名分吧！正名：使名分正。迂：远，不切实际。奚其正：为什么要纠正？其：反诘语气副词。野哉，由也：你不明白啊，子由！野：不达，不明白。阙如：阙而不论。阙：通"缺"，存疑。如：词尾。言不顺，则事不成：说话不顺当，政事就办不成。事：指政事。礼乐：指教化。刑罚不中（zhòng）：刑罚不适当。无所错手足：没地方摆放手脚，不知该怎么办。错：通"措"，放。无所苟：从不马虎。苟：苟且，马虎。

【今译】

子路说："如果卫君等待您去治理国政，您将先做什么？"孔子说："那一定是正名分吧！"子路说："您的不切实际到这种程度啊！为什么要纠正？"孔子说："你不明白啊，子由！君子对他所不知道的，大概应阙而不论。名分不正，说话就不顺当；说话不顺当，政事就办不成；政事办不成，教化也就不能兴盛；教化不能兴盛，刑罚就不适当；刑罚不适当，老百姓就不知该怎么办。所以君子确立一个名号，必须能够说得明白，说出来一定能行得通。君子对于自己说的话，从不马马虎虎。"

13.4 樊迟请学稼。子曰："吾不如老农。"请学为圃①。曰："吾不如老圃。"

樊迟出。子曰:"小人哉,樊须也②!上好礼,则民莫敢不敬;上好义,则民莫敢不服;上好信,则民莫敢不用情③。夫如是,则四方之民襁负④其子而至矣,焉用稼?"

【辑注】

①何晏《论语集解》引马融曰:"树五谷曰稼,树菜蔬曰圃。"钱穆《论语新解》:"樊迟学稼,或欲如神农、后稷以稼穑教民。或值年歉,有感而请。""孔子以不如老农之言拒樊迟,樊迟或疑学稼事重,嫌不胜任,故继请学为圃。"

②朱熹《论语集注》:"小人,谓细民,孟子所谓小人之事者也。"刘宝楠《论语正义》:"《书·无逸》:'知稼穑艰难,则知小人之依。'又云:'旧为小人,爰及小人。'是小人即老农、老圃之称。《孟子·滕文公篇》'有大人之事,有小人之事',与此同。"

③皇侃《论语义疏》引李充曰:"用情,犹尽忠也。"

④朱熹《论语集注》:"襁,织缕为之,以约小儿于背者。"

【石按】

本章孔子站在政治教化的高度谈治国,并不是轻视劳动与劳动人民。孔子批评樊迟不是批评他学习农学,而是批评其政治目光短浅,不知道抓大事。学稼:学习种庄稼。为圃:种菜。老圃:有经验的老菜农。小人哉,樊须也:樊须真是个小民啊!用情:真诚效劳。情:通"诚"。襁负:用襁褓背负。

【今译】

樊迟请教学习种庄稼的方法,孔子说:"我不如有经验的老农民。"请教学习种菜的方法。孔子又说:"我不如有经验的老菜农。"

樊迟退出。孔子说："樊须真是个小民啊！上层喜好礼，那么老百姓就没人敢不尊敬；上层喜好义，那么老百姓就没人敢不服从；上层喜好信，那么老百姓就没人敢不真诚效劳。若能如此，那么四方百姓就会用襁褓背负小孩全家来投靠了，哪里用得着亲自种庄稼呢？"

13.5　子曰："诵《诗》三百①，授之以政，不达②；使于四方，不能专对③；虽多，亦奚以为④？"

【辑注】

①皇侃《论语义疏》："背文而念曰诵。亦曰口读曰诵。《诗》有三百五篇，云'三百'，举全数也。"

②皇侃《论语义疏》："达，犹晓也。"刘宝楠《论语正义》："《毛诗序》云：'先王以是经夫妇，成孝敬，厚人伦，美教化，移风俗。'是《诗》之理可通政事，故宜达也。"

③何晏《论语集解》："专，犹独也。"皇侃《论语义疏》："今使此诵《诗》之人聘问邻国，而不能专独应对也。"杨伯峻《论语译注》："古代的使节，只接受使命，至于如何去交涉应对，只能随机应变，独立行事，更不能事事请示或者早就在国内一切安排好，这便叫做'受命不受辞'，也就是这里的'专对'。同时春秋时代的外交酬酢和谈判，多半背诵诗篇来代替语言（《左传》里充满了这种记载），所以《诗》是外交人才的必读书。"

④皇侃《论语义疏》："诵《诗》宜晓政，而今不达；又应专对，而今不能，虽复诵《诗》之多，亦何所为用哉？"

【石按】

本章体现了孔子学以致用的思想。诵：背熟。不达：不通晓，不会办事。专对：独立应对。亦奚以为：又怎么办呢？又有什么用呢？亦：又。奚以：怎么，如何。为：办，做。"为"是泛义动词。

【今译】

孔子说："背熟《诗》三百篇，让他处理国内政务，不会办事；让他当外交使节，却不能独立应对；即使读得再多，又有什么用呢？"

13.6 子曰："其身正，不令而行；其身不正，虽令不从①。"

【辑注】

①皇侃《论语义疏》引范宁曰："上能正己以率物，则下不令而自从也。"钱穆《论语新解》："《颜渊篇》：'政者正也，子帅以正，孰敢不正。'本篇下章又云：'苟正其身矣，于从政乎何有？不能正其身，如正人何？'皆与本章同义。或说：此义盖孔子屡言之，故门弟子亦不惮烦而屡记之。"

【石按】

本章孔子强调为政者必须以身作则。令：发命令，下命令。行：指教化得以推行。从：服从。

【今译】

孔子说："为政者自身端正，不发命令，教化也能推行；为政者自身不端正，即使三令五申，百姓也不会服从。"

13.7 子曰："鲁卫之政，兄弟也①。"

【辑注】

①何晏《论语集解》引包咸曰："鲁，周公之封。卫，康叔之封。周公、康叔既为兄弟，康叔睦于周公，其国之政亦如兄弟。"皇侃《论语义疏》："鲁是周公之封，卫是康叔之封，周公、康叔是兄弟。当周公初时，则二国风化、政亦俱能治化如兄弟。至周末，二国风化俱恶，亦如兄弟。故卫瓘云：'言治乱略同也。'"金良年《论语译注》："此章是感叹鲁国的政务衰退，但措辞很巧妙。从表面上看，话说得很客观，因为鲁国的始封者周公与卫国的始封者康叔是兄弟；实际上，当时卫出公以儿子对抗父亲，鲁国的大权则为季氏等三家所攫取，几乎同样不能令人满意。"

【石按】

本章孔子表面上是说明鲁、卫两国的亲缘关系，实际上是感叹鲁国的国运衰退，与卫国一样。周公和康叔都是文王之子。

【今译】

孔子说："鲁国的政治与卫国的政治，就像兄弟一样。"

13.8 子谓卫公子荆："善居室。始有，曰：'苟合矣。'少有，曰：'苟完矣。'富有，曰：'苟美矣①。'"

【辑注】

①皇侃《论语义疏》："居其家能治，不为奢侈，故曰'善居室'也。……

始有，谓为居初有财帛时也。……少有，谓更复多少胜于始有时也。……富有，谓家道遂大富时也。"朱熹《论语集注》："公子荆，卫大夫。……完，备也。"俞樾《群经平议》："《论语》'苟'字，如'苟有用我者'、'苟正其身矣'，《正义》并曰：'苟，诚也。'此'苟'字义亦当同。始有之时未必合也，荆则曰诚合矣。少有之时未必完也，荆则曰诚完矣。富有之时未必美也，荆则曰诚美矣。故曰善居室。……合，犹足也。……始有之时，或时匮乏，未能给足，而荆之意已以为足也。"

【石按】

本章孔子通过赞美卫公子荆的恬淡持家强调反对奢侈、节俭养廉的修身行为。谓：谈论。善居室：善于居家过日子。始有：刚有一点财产。苟：诚然，实在，的确。合：给（jǐ），足够。少有：稍许多一点。完：完备。美：完美。

【今译】

孔子谈论卫国公子荆时说："他善于居家过日子。刚有一点财产，就说：'的确足够了。'稍许多一点，就说：'的确完备了。'富有之后，就说：'的确太完美了。'"

13.9　子适卫，冉有仆①。子曰："庶矣哉②！"冉有曰："既庶矣，又何加焉③？"曰："富之。"曰："既富矣，又何加焉？"曰："教之④。"

【辑注】

①皇侃《论语义疏》："适，往也。仆，御车也。孔子往卫，冉有时为孔子御车也。"

②何晏《论语集解》引孔安国曰："庶，众也。言卫人众多。"

③皇侃《论语义疏》："加，益也。冉有言其民既众多，复何以滋之也？"

④皇侃《论语义疏》："既富而后，可以教化之。范宁曰：'衣食足，当训义方也。'"

【石按】

本章孔子主张在富民的基础上进行教化，即"先富后教"。适卫：到卫国。仆：驾车。庶矣哉：人口好多啊！庶：众，指人多。又何加焉：又加何焉，又加些什么呢？还要再做什么呢？富之：使之富，使他们富裕起来。教之：教化他们。

【今译】

孔子到卫国去，冉有为他驾车。孔子说："人口好多啊！"冉有说："人口已经够多了，还要再做什么呢？"孔子说："使他们富裕起来。"冉有说："已经富裕起来后，还要再做什么呢？"孔子说："教化他们。"

13.10　子曰："苟有用我者，期月而已可也，三年有成①。"

【辑注】

①何晏《论语集解》引孔安国曰："言诚有用我于政事者，期月可行其政教，必三年乃有成功。"皇侃《论语义疏》："期月，谓年一周也。可者，未足之辞也。言若诚能用我为治政者，一年即可小治也。……成，大成也。……故为政治，若得三年，风政亦成也。"朱熹《论语集注》："愚按：《史记》，此盖为卫灵公不能用而发。"

【石按】

本章是孔子在离开卫国时因卫灵公不用、怀才不遇的感叹。苟：如果。期（jī）月：一年。可：可以，这里指治理得差不多。

【今译】

孔子说："如果有人重用我治理国家，一年就能治理得差不多，三年会有大的成功。"

13.11　子曰："'善人为邦百年，亦可以胜残去杀矣①。'诚哉是言也②！"

【辑注】

①何晏《论语集解》引王肃曰："胜残，残暴之人使不为恶也。去杀，不用刑杀也。"朱熹《论语集注》："为邦百年，言相继而久也。胜残，化残暴之人，使不为恶也。去杀，谓民化于善，可以不用刑杀也。"

②何晏《论语集解》引孔安国曰："古有此言，孔子信之。"

【石按】

本章孔子强调善人用教化方式实现仁政需要较长时间。孔子时代，各国大多很乱，弑君弑父，出兵攻伐，残暴杀戮，恶习难除，社会期盼圣人出来转恶为善。如不得圣人，有善人出来逐渐改善也好。为邦：治理国家。胜残：化去残暴。去杀：废除杀戮。诚哉是言也：是言，诚哉！

【今译】

孔子说："'善人治理国家一百年，也就可以化去残暴、废除杀戮了。'这话太对了！"

13.12　子曰："如有王者，必世而后仁①。"

【辑注】

①何晏《论语集解》引孔安国曰："三十年曰世。如有受命王者，必三十年，仁政乃成。"朱熹《论语集注》："王者谓圣人受命而兴也。三十年为一世。仁，谓教化浃也。"

【石按】

本章孔子强调圣王用教化方式实现仁政也需要较长时间。如有王者：如果有圣王兴起。世：三十年。据甲骨文、金文字形，"世"是表示三十的意思。上章言善人为邦百年，亦可以胜残去杀；本章言圣王为邦三十年，仁政才能实现。

【今译】

孔子说："如果有圣王兴起，一定要三十年才能使仁政大行天下。"

13.13　子曰："苟正其身矣，于从政乎何有？不能正其身，如正人何①？"

【辑注】

①皇侃《论语义疏》："言诚能自正其身，则为政不难，故云'何有'。""其身不正，虽令不从，故云'如正人何'也。"

【石按】

本章强调为政者应以身作则。从政：为政，治理国政。何有：有何，有什么难的？如正人何：怎么能去端正别人呢？如……何：把……怎么样，怎么能。

【今译】

孔子说："如果端正了自己，对于治理国政有什么难的？如果不能端正自己，怎么能去端正别人呢？"

13.14　冉子退朝。子曰："何晏也？"对曰："有政。"子曰："其事也。如有政，虽不吾以，吾其与闻之[①]。"

【辑注】

①朱熹《论语集注》："冉有时为季氏宰。朝，季氏之私朝也。晏，晚也。政，国政。事，家事。以，用也。礼：大夫虽不治事，犹得与闻国政。是时季氏专鲁，其于国政，盖有不与同列议于公朝，而独与家臣谋于私室者。故夫子为不知者而言，此必季氏之家事耳。若是国政，我尝为大夫，虽不见用，犹当与闻。今既不闻，则是非国政也。……其所以正名分，抑季氏，而教冉有之意深矣。"刘宝楠《论语正义》："'在君为政，在臣为事。'是政、事各别。"

【石按】

本章孔子通过谈论"政"与"事"名分的不同，隐晦告诫冉有，抑制季氏。朝：指季氏之私朝。家臣无朝国君之事。晏：晚。有政：有政事。其事也：那是（季氏的封邑）私事。不吾以：不吾用，不用吾，国君不用我。吾其与闻之：

我对鲁国政事大概还能参与其事并且得知内情。其：大概。与（yù）闻：参与其事并且得知内情。

【今译】

冉求从季氏的私朝回来。孔子说："为什么这么晚呢？"冉求回答说："有政事。"孔子说："那是（季氏的封邑）私事吧。如果有鲁君的政事，虽然国君不用我了，我对鲁国政事大概还能参与其事并且得知内情。"

13.15　定公问："一言而可以兴邦，有诸？"孔子对曰："言不可以若是其几也①。人之言曰：'为君难，为臣不易。'如知为君之难也，不几乎一言而兴邦乎②？"

曰："一言而丧邦，有诸？"孔子对曰："言不可以若是其几也，人之言曰：'予无乐乎为君，唯其言而莫予违也③。'如其善而莫之违也，不亦善乎？如不善而莫之违也，不几乎一言而丧邦乎？"

【辑注】

①朱熹《论语集注》："几，期也。《诗》曰：'如几如式。'言一言之间，未可以如此而必期其效。"钱穆《论语新解》："几，期望义。与下'不几乎'，两几字义别。"杨逢彬《论语新注新译》："'若是其'为当时习语，其后通常接形容词，表示'如此……''像这样地……'。"

②何晏《论语集解》引孔安国曰："事不可以一言而成，如知此，则可近也。"

③何晏《论语集解》引孔安国曰："言无乐于为君，所乐者，唯乐其言而不

见违。"

【石按】

本章孔子与鲁定公讨论言语与为君之道。有诸：有之乎？若是其几：如此地期望。若是其：如此地。几：期望。几乎：近于。无乐乎为君：无乐于为君。莫予违：莫违予，没有人敢违抗我。莫之违：莫违之，没有人敢违抗它（指国君的话）。

【今译】

鲁定公问："一句话便可以振兴国家，有这样的话吗？"孔子回答说："不可以如此地期望这一句话。有人说：'做国君难，做臣子也不容易。'如果真了解了做国君的困难，这不就很接近一句话便可以振兴国家了吗？"

鲁定公又问："一句话便可以丧失国家，有这样的话吗？"孔子回答说："不可以如此地期望这一句话。有人说：'我并不高兴做什么国君，只是说了话没有人敢违抗我。'如果国君的话说得对，没有人敢违抗，不也很好吗？如果国君的话说得不对，没有人敢违抗，这不就很接近一句话便可以丧失国家了吗？"

13.16　叶公问政。子曰："近者说，远者来①。"

【辑注】

①皇侃《论语义疏》："言为政之道，若能使近民欢悦，则远人来至也。"朱熹《论语集注》："被其泽则悦，闻其风则来。然必近者悦，而后远者来也。"

【石按】

本章孔子对叶公谈为政之道。近者说,远者来:使近者悦,使远者来。说:欢悦,后写作"悦"。来:归附。

【今译】

叶公问为政之道。孔子说:"使近处的人欢悦,使远方的人归附。"

13.17　子夏为莒父宰①,问政。子曰:"无欲速,无见小利。欲速则不达,见小利则大事不成②。"

【辑注】

①杨伯峻《论语译注》:"莒父:鲁国之一邑,现在已经不能确知其所在。《山东通志》认为在今山东高密县东南。"

②朱熹《论语集注》:"欲事之速成,则急遽无序,而反不达。见小者之为利,则所就者小,而所失者大矣。"刘宝楠《论语正义》:"《释文》:'毋欲,音无。本今作无。'皇(侃)本上字作'毋',下字作'无'。"钱穆《论语新解》:"无,通毋,戒止之辞。"

【石按】

本章孔子强调为政者要目光远大,不要急功近利。莒父(jǔ fǔ):鲁邑名。无欲速:不要图快。无见小利:不要只见小利。不达:达不到目的。

【今译】

子夏做了莒父的地方长官,问为政之道。孔子说:"不要图快,不要只见小利。图快反而达不到目的,只见小利就做不成大事。"

13.18　叶公语孔子曰:"吾党有直躬者①,其父攘羊,而子证之②。"孔子曰:"吾党之直者异于是:父为子隐,子为父隐,直在其中矣③。"

【辑注】

①刘宝楠《论语正义》:"是'躬'、'弓'古多通用。郑(玄)以弓为人名。高诱《淮南·氾论训》注亦云:'直躬,楚叶县人也。'躬盖名其人,必素以直称者,故称直躬。直举其行,躬举其名。直躬犹狂接舆、盗跖之比。"

②皇侃《论语义疏》:"攘,盗也。"刘宝楠《论语正义》:"《说文》云:'证,告也。'"杨伯峻《论语译注》:"证:《说文》云:'证,告也。'正是此义。相当今日的'检举'、'揭发'。"

③朱熹《论语集注》:"父子相隐,天理人情之至也。故不求为直,而直在其中。"钱穆《论语新解》:"隐,掩藏义。"

【石按】

本章孔子认为"直率"必须以符合礼为前提,不可违背礼的根本——孝悌。党:乡党。直躬:叫躬的直人。攘羊:偷羊。证:告发。异于是:与这不同。隐:隐瞒。

【今译】

叶公对孔子说:"我们乡有个叫躬的直人,他的父亲偷了别人的羊,然而儿子却告发了他。"孔子说:"我们乡的直人却与这不同:父亲替儿子隐瞒,儿子替父亲隐瞒,直率也就在这里面了。"

13.19 樊迟问仁。子曰:"居处恭,执事敬,与人忠①。虽之夷狄,不可弃也②。"

【辑注】

①皇侃《论语义疏》:"居处恭:居,谓常居。恒以恭逊为用也。燕居温温是也。""执事敬:谓行礼执事时,礼主于敬也。""与人忠:谓交接朋友时,宜尽忠不相欺也。"邢昺《论语注疏》:"唯仁者居处恭谨,执事敬慎,忠以与人也。"朱熹《论语集注》:"恭主容,敬主事。恭见于外,敬主乎中。"

②朱熹《论语集注》:"之夷狄不可弃,勉其固守而勿失也。"

【石按】

本章孔子向樊迟谈如何行仁道。居处:日常起居。执事:处理事务。与人:待人交友。之:到,动词。

【今译】

樊迟问如何行仁道。孔子说:"日常起居要端庄恭谨,处理事务要认真敬慎,待人交友要忠心诚意。即使到了无礼义的夷狄之邦,也不可放弃。"

13.20 子贡问曰:"何如斯可谓之士矣①?"子曰:"行己有耻,使于四方,不辱君命,可谓士矣②。"

曰:"敢问其次。"曰:"宗族称孝焉,乡党称弟焉③。"

曰:"敢问其次。"曰:"言必信,行必果,硜硜然小人哉④!抑亦可以为次矣。"

曰:"今之从政者何如?"子曰:"噫!斗筲之人,何足算也⑤?"

【辑注】

①邢昺《论语注疏》:"士,有德之称,故子贡问于孔子曰:'其行如何,斯可谓之士矣。'"

②邢昺《论语注疏》:"此答士之高行也。言行己之道,若有不善,耻而不为。为臣奉命出使,能遭时制宜,不辱君命。有此二行,可谓士矣。"

③皇侃《论语义疏》引缪协曰:"虽孝称于宗族,悌及于乡党,而孝或为未优,使于四方,犹未能备,故为之次者也。"

④何晏《论语集解》引郑玄曰:"行必果,所欲行必果敢为之。硁硁者,小人之貌也。"朱熹《论语集注》:"果,必行也。……小人,言其识量之浅狭也。此其本末皆无足观,然亦不害其为自守也,故圣人犹有取焉,下此则市井之人,不复可为士矣。"李泽厚《论语今读》:"《荀子·哀公》:'孔子曰:君之所问,圣君之问也。丘,小人也,何足以知之。'此'小人'即'普通老百姓'之谓。可见,'小人'并不是道德不好的人,只是一般普通人而已。而且还能'言必信,行必果',也不容易。比起博雅君子来,当然差一等,但比'今日从政者',还远远高出一筹。"

⑤邢昺《论语注疏》:"斗,量器,容十升。筲,竹器,容斗二升。算,数也。孔子见时从政者皆无士行,唯小器耳,故心不平之,而曰:'噫!今斗筲小器之人,何足数也!'言不足数,故不述其行。"

【石按】

本章孔子与子贡论何者为士。孔子把"士"分为三等:最高一等是"行己有耻,使于四方,不辱君命"者,他们有处世原则,能为国效劳。第二等是"宗族称孝,乡党称弟"者,他们能称誉于宗族乡党,为一方名士。第三等是"言必行,行必果"的小人,他们也能善守其身,做好自己。这三等"士"都比

"今之从政者"高出许多，这才是孔子与子贡论士的本意。行己有耻：用羞耻之心约束自己的行为。行己：自己的行为。言必信，行必果，硁硁然小人：说话一定守信，做事一定果敢，浅薄固执的普通之辈。硁（kēng）硁然：本指小石坚硬的样子，喻指浅薄固执。小人：普通人。斗筲（shāo）：斗是量器，筲是饭筐，喻指器量与见识狭小。算：算数。

【今译】

子贡问道："怎么样就可以叫作士？"孔子说："用羞耻之心约束自己的行为，出使各地，不使君命受辱，可以算是士了。"

子贡说："敢问次一等的呢？"孔子说："宗族称赞他孝顺长辈，乡邻称赞他尊敬兄长。"

子贡说："敢问再次一等的呢？"孔子说："说话一定守信，做事一定果敢，那是浅薄固执的普通之辈啊！但也可以说是再次一等的士了。"

子贡又说："现在的执政者您看怎么样？"孔子说："唉！这班器量狭小的人，何足算数呢？"

13.21 子曰："不得中行而与之，必也狂狷乎[1]！狂者进取，狷者有所不为也。"

【辑注】

[1]何晏《论语集解》引包咸曰："中行，行能得其中者。言不得中行，则欲得狂狷者。"邢昺《论语注疏》："狂者进取于善道，知进而不知退；狷者守节无为，应进而退也。"刘宝楠《论语正义》："中行者，依中庸而行者。"李泽

厚《论语今读》："'中'、'中行'、'中道'、'中庸'，同一意思，指进退有度。"
杨逢彬《论语新注新译》："这句话的'与'音 yù，'结交'的意思。"

【石按】

本章孔子感叹时人的行为都不符合中庸，因而交友困难。孔子在结交不到中道之人时，就只能选择狂者和狷者。狂狷两者都不合乎中庸，但狂者有进取心，狷者不会做坏事，都是可取的人才。中行：按中庸行事的人。与（yù）之：结交他，同他交往。有所不为：有的事情不肯做。

【今译】

孔子说："不能得到按中庸行事的人同他交往，那一定是结交狂与狷这两种人吧！狂者积极进取，狷者有所不为。"

13.22 子曰："南人有言曰[①]：'人而无恒，不可以作巫医[②]。'善夫[③]！""不恒其德，或承之羞[④]。"子曰："不占而已矣[⑤]。"

【辑注】

①何晏《论语集解》引孔安国曰："南人，南国之人。"钱穆《论语新解》："南人：南方之人。"

②皇侃《论语义疏》引卫瓘曰："言无恒之人乃不可以为巫医。"刘宝楠《论语正义》："是巫医皆以士为之，世有传授，故精其术，非无恒之人所能为也。"李泽厚《论语今读》："巫医古时也是卜卦者。卜卦在远古，是非常烦琐复杂的事情，可能是世传，需要极大的耐心和毅力。"

③何晏《论语集解》引包咸曰："善南人之言也。"

④何晏《论语集解》引孔安国曰："此《易·恒卦》之辞。言德无常，则羞辱承之。"皇侃《论语义疏》："或，常也，言羞辱常承之也。"钱穆《论语新解》："或，常义。承，续义。言人无恒德，常有羞辱承续其后。"

⑤何晏《论语集解》引郑玄曰："《易》所以占吉凶。无恒之人，《易》所不占。"朱熹《论语集注》："复加'子曰'，以别《易》文也。"钱穆《论语新解》："孔子言，其人无恒德，亦惟有不为之占问吉凶，因即为之占，亦将无准。"

【石按】

本章孔子通过批评无恒之人强调人做什么事都要有恒心。人而无恒：人如果没有恒心。而：如果。巫医：用卜筮为人治病的人。善夫：说得好哇！夫：句末感叹语气词。不恒其德：人无恒德。或承之羞：常有羞辱承续其后。或：常。承：承续。不占而已矣：这是叫无恒心者不必去占卜罢了。而已：罢了。

【今译】

孔子说："南方人有句话说：'人如果做事没有恒心，就不能当巫医。'说得好哇！"《周易·恒卦》说："人无恒德，常有羞辱承续其后。"孔子说："这是叫无恒心者不必去占卜罢了。"

13.23 子曰："君子和而不同，小人同而不和①。"

【辑注】

①何晏《论语集解》："君子心和，然其所见各异，故曰不同；小人所嗜好

者同，然各争利，故曰不和。"朱熹《论语集注》："和者，无乖戾之心。同者，有阿比之意。尹氏曰：'君子尚义，故有不同。小人尚利，安得而和？'"杨伯峻《论语译注》："'和'与'同'是春秋时代的两个常用术语。"

【石按】

本章孔子通过阐明"和"与"同"的关系来区别君子与小人的不同志向。君子以义相合，不必去结党营私；小人以利相交，不能够和睦相处。和：和睦。同：苟同。

【今译】

孔子说："君子和睦而不苟同，小人苟同而不和睦。"

13.24 子贡问曰："乡人皆好之，何如[①]？"子曰："未可也[②]。""乡人皆恶之，何如？"子曰："未可也。不如乡人之善者好之，其不善者恶之。"

【辑注】

[①]皇侃《论语义疏》："设有一人，为乡人共所崇好之，则此人如何？"

[②]杨伯峻《论语译注》："如果一乡之人皆好之，便近乎所谓好好先生，孔孟叫他为'乡愿'。因之孔子便说：'众好之，必察焉；众恶之，必察焉。'又说：'唯仁者能好人，能恶人。'这可以为'善者好之，不善者恶之'的解释。"

【石按】

本章孔子论述如何对待所谓"公论"，强调识人既不以"众誉"为准，也不以"众毁"为准,而是要客观分析。好(hào):喜欢。恶(wù):厌恶。未可:还不能认可。

【今译】

子贡问道:"全乡的人都喜欢他,这人怎么样?"孔子说:"还不能认可。"子贡又问道:"全乡的人都厌恶他,这人怎么样?"孔子说:"还不能认可。不如乡人中的好人喜欢他,乡人中的坏人厌恶他。"

13.25　子曰:"君子易事而难说也①。说之不以道,不说也;及其使人也,器之②。小人难事而易说也。说之虽不以道,说也;及其使人也,求备焉③。"

【辑注】

①何晏《论语集解》引孔安国曰:"不责备于一人,故易事。"孙钦善《论语注译》:"事:侍奉。由下文'使人'可知'事'的具体意义。"

②何晏《论语集解》引孔安国曰:"度才而官之。"

③朱熹《论语集注》:"君子之心公而恕,小人之心私而刻。"

【石按】

本章孔子论述君子与小人因心地不同在待人上有差别。君子出于公心而待人宽厚,小人出于私心而待人忌刻。易事:容易侍奉。难说(yuè):难以取悦。使人:用人,安排职位。器之:量才而用。求备:求全责备。

【今译】

孔子说:"君子容易侍奉,却难以取悦。不用正当的方法取悦他,他是不会高兴的;等到他用人时,总是量才而用。小人难以侍奉,却容易取悦,用不正当的方法取悦他,他也会很高兴;等到他用人时,总是求全责备。"

13.26　子曰:"君子泰而不骄,小人骄而不泰①。"

【辑注】

①皇侃《论语义疏》:"君子坦荡荡,心貌怡平,是泰而不为骄慢也。""小人性好轻凌,而心恒戚戚,是骄而不泰也。"朱熹《论语集注》:"君子循理,故安舒而不矜肆。小人逞欲,故反是。"

【石按】

本章孔子论述君子与小人因心态不同而举止神态有别。泰:泰然坦荡。骄:骄横放肆。

【今译】

孔子说:"君子泰然坦荡而不骄横放肆,小人骄横放肆而不泰然坦荡。"

13.27　子曰:"刚、毅、木、讷,近仁①。"

【辑注】

①何晏《论语集解》引王肃曰："刚，无欲。毅，果敢。木，质朴。讷，迟钝。有斯四者，近于仁。"邢昺《论语注疏》："仁者静，刚无欲亦静，故刚近仁也。仁者必有勇，毅者果敢，故毅近仁也。仁者不尚华饰，木者质朴，故木近仁也。仁者其言也讱，讷者迟钝，故讷近仁也。"

【石按】

本章孔子从刚毅木讷四种品质的角度论仁，指出：具备了这些品行，就具备了成就仁德的良好基础。刚：刚强。毅：果敢。木：质朴。讷：谨言。

【今译】

孔子说："刚强、果敢、质朴、谨言，这四种品质接近于仁了。"

13.28　子路问曰："何如斯可谓之士矣？"子曰："切切偲偲，怡怡如也①，可谓士矣。朋友切切偲偲，兄弟怡怡。"

【辑注】

①何晏《论语集解》引马融曰："切切偲偲，相切责之貌。怡怡，和顺之貌。"邢昺《论语注疏》："切切偲偲，相切责之貌。朋友以道义切磋琢磨，故施于朋友也。怡怡，和顺之貌。兄弟天伦，当相友恭，故怡怡施于兄弟也。"

【石按】

本章孔子与子路论何者为士。孔子与子贡论士分三个层次（参见 13.20），与子路论士分两个方面：朋友和兄弟。切切偲（sī）偲：切磋勉励的样子。怡怡如：和睦愉快的样子。

【今译】

子路问道:"怎么样就可以叫做士？"孔子说:"互相切磋勉励，和睦愉快地相处，可以算是士了。朋友之间互相切磋勉励，兄弟之间和睦愉快地相处。"

13.29　子曰:"善人教民七年，亦可以即戎矣①。"

【辑注】

①何晏《论语集解》引包咸曰:"即，就也。戎，兵也。可以攻战。"朱熹《论语集注》:"教民者，教之孝悌忠信之行，务农讲武之法。即，就也。戎，兵也。民知亲其上，死其长，故可以即戎。"

【石按】

本章孔子认为通过教化可以让民众参与正义之战。民众懂得了忠孝大义，就具备了明确的作战目的，不再是乌合之众。即戎：参军作战。

【今译】

孔子说:"善人教导民众七年，也就可以让他们参军作战。"

13.30　子曰:"以不教民战，是谓弃之①。"

【辑注】

①何晏《论语集解》引马融曰:"言用不习之民,使之攻战必破败,是谓弃之。"皇侃《论语义疏》:"民命可重,故孔子慎战。所以教至七年,犹曰'亦可'。若不经教战而使之战,是谓弃掷民也。"朱熹《论语集注》:"以,用也。"

【石按】

本章孔子强调的对民众的"教",包括两个方面:一是道义上的教导,二是技术上的训练。不教民:不教之民,未经教育训练的民众。以:用。弃:抛弃。

【今译】

孔子说:"用未经教育训练的民众作战,这就是抛弃他们。"

宪问第十四

14.1　宪问耻。子曰："邦有道，谷；邦无道，谷，耻也^①。"

"克、伐、怨、欲不行焉^②，可以为仁矣？"子曰："可以为难矣，仁则吾不知也^③。"

【辑注】

①何晏《论语集解》引孔安国曰："谷，禄也。邦有道当食禄。君无道而在其朝，食其禄，是耻辱。"

②何晏《论语集解》引马融曰："克，好胜人。伐，自夸其功。怨，忌小怨。欲，贪欲也。"朱熹《论语集注》："克，好胜。伐，自矜。怨，忿恨。欲，贪欲。"

③何晏《论语集解》引包咸曰："四者行之难，未足以为仁。"

【石按】

本章孔子与原宪讨论"耻"与"仁"，反映了孔子的处世态度及对仁的高标准。有道：政治清明。无道：政治黑暗。谷：禄，这里指做官领俸禄。克：好胜。伐：自夸。怨：怨恨。欲：贪欲。不行：控制使不表现。难：难能可贵。

【今译】

原宪问什么是耻辱。孔子说："国家政治清明，可以做官领俸禄；国家政治黑暗，还做官领俸禄，这就是耻辱。"

原宪又问："好胜、自夸、怨恨、贪欲这四者都能控制使不表现，可以算是仁了吧？"孔子说："可以算是难能可贵的了，能否算仁，那我还不了解。"

14.2 子曰："士而怀居，不足以为士矣①。"

【辑注】

①何晏《论语集解》："士当志道，不求安，而怀其居，非士也。"皇侃《论语义疏》："怀居，犹居求安也。……君子居无求安，士也。"李泽厚《论语今读》："所谓'以天下为己任'……这即是儒家的宗教性道德，而在当时却是社会性道德。"

【石按】

本章孔子告诫士人不可贪图居家的安逸，应有四方之志。这一点可以做为中华优秀的传统文化而传之四方。士而怀居：士人如果贪图居家的安逸。而：如果。居：家居，乡居。怀居：贪图居家的安逸。

【今译】

孔子说："士人如果贪图居家的安逸，就不配做士了。"

14.3　子曰："邦有道，危言危行①；邦无道，危行言孙②。"

【辑注】

①王念孙《广雅疏证·释诂》："危者，《论语·宪问篇》云：'邦有道，危言危行。'是'危'为'正'也。"程树德《论语集释》："危字有厉、高、正三训，当以《广雅》释正义较长。"

②何晏《论语集解》："孙，顺也。……顺言以远害。"钱穆《论语新解》："孙，谦顺义。言孙非畏祸，但召祸而无益，亦君子所不为。"

【石按】

本章孔子谈论君子言行的基本准则：行为始终坚持原则，言语可因时而异。危言危行：正直地说话，正直地做人。危：正直。孙：通"逊"，谦逊谨慎。

【今译】

孔子说："国家政治清明，正直地说话，正直地做人；国家政治黑暗，仍然要正直地做人，但说话要谦逊谨慎。"

14.4　子曰："有德者必有言，有言者不必有德。仁者必有勇，勇者不必有仁①。"

【辑注】

①朱熹《论语集注》："有德者，和顺积中，英华发外。能言者，或便佞口给而已。仁者，心无私累，见义必为。勇者，或血气之强而已。"孙钦善《论语注译》："言亦指善言。无德之人而有善言，其言或为巧言，或为空言，虽与实

际行动脱节，而言论本身可能是正确的。这句话既告诫人们不可听其言而信其行，又告诫人们不可因人废言。单纯的勇敢还达不到仁的标准，勇敢必须符合礼义才行。"

【石按】

本章孔子重视内在的"仁"与"德"，告诫要辩证地对待外在的"勇"与"言"。言：好言语。

【今译】

孔子说："有德行的人一定有好言语，有好言语的人不一定有德行。有仁德的人一定勇敢，勇敢的人不一定有仁德。"

14.5 南宫适[1]问于孔子曰："羿善射，奡荡舟，俱不得其死然[2]。禹稷躬稼而有天下。"夫子不答。

南宫适出，子曰："君子哉若人！尚德哉若人！"

【辑注】

[1]朱熹《论语集注》："南宫适，即南容也。"

[2]何晏《论语集解》引孔安国曰："羿，有穷国之君。篡夏后相之位，其臣寒浞杀之，因其室而生奡。奡多力，能陆地行舟，为少康所杀。"皇侃《论语义疏》："夏后，禹之后，世为天子。名相，即位为君。……因，犹通也。室，妻也。……言羿、奡二人虽能射及多力，俱为人所杀，不终天寿，故云'俱不得其死然'。"钱穆《论语新解》："荡舟即覆舟，谓奡力大能荡覆敌舟。"

【石按】

本章表现了孔子尚德不尚力的思想。"羿"和"奡"是"勇者不必有仁"的典型代表。南宫适（kuò）：南容，孔子弟子，参见5.1。羿（yì）：夏代有穷国的君主后羿。奡（ào）：或作"浇"，夏代羿臣寒浞（zhuó）的儿子，以大力著称。荡舟：荡翻船。荡：翻。不得其死然：不得好死的样子。禹稷：指大禹和后稷。若人：这个人。若：这，指示代词。

【今译】

南宫适向孔子问道："后羿善于射箭，奡力大能荡翻敌船，结果都不得好死。大禹和后稷亲自参加农事，却都得到天下。"孔子没有回答。

南宫适退出后，孔子说："这个人真是君子啊！这个人真是崇尚道德啊！"

14.6 子曰："君子而不仁者有矣夫，未有小人而仁者也①。"

【辑注】

①邢昺《论语注疏》："此章言仁道难备也。虽曰君子，犹未能备，而有时不仁也。……小人性不及仁道，故未有仁者。"刘宝楠《论语正义》："仁道难成，故以令尹子文之忠、陈文子之清，犹不得为仁，即克伐怨欲不行，亦言'不知其仁'，故虽君子有不仁也。"杜道生《论语新注新译》："此章见仁道之难尽，所以勉君子而惩小人也。君子小人指心术邪正言。君子犹有偶失，则宜防之严；小人必有偶得，则宜反之亟。有矣夫是想象臆度之辞，未有二字是决言之。"

【石按】

本章孔子说仁道难以具备。有矣夫：是有的吧。未有：决没有。

【今译】

孔子说:"作为君子而有时不仁的情况是有的吧,决没有作为小人而有仁德的时候。"

14.7 子曰:"爱之,能勿劳乎①?忠焉,能勿诲乎②?"

【辑注】

①刘宝楠《论语正义》:"《白虎通义》:'臣所以有谏君之义何?尽忠纳诚也。《论语》曰:"爱之,能勿劳乎?忠焉,能勿诲乎?"'……窃疑'劳'当训'忧'。"

②何晏《论语集解》引孔安国曰:"有所忠,必欲教诲之。"朱熹《论语集注》引苏氏曰:"爱而勿劳,禽犊之爱也;忠而勿诲,妇寺之忠也。爱而知劳之,则其为爱也深矣;忠而知诲之,则其为忠也大矣。"

【石按】

本章孔子谈忠爱之心,有学者认为孔子此处谈的是忠爱国家。劳:忧,担心。忠焉:忠于之,为他着想。忠:尽心。诲:教诲,规劝。

【今译】

孔子说:"爱他,能不担心他吗?为他着想,能不规劝他吗?"

14.8 子曰:"为命①,裨谌草创之,世叔讨论之,行人子羽修饰之,东里子产润色之②。"

【辑注】

①邢昺《论语注疏》:"命,谓政命盟会之辞也。"

②朱熹《论语集注》:"裨谌以下四人皆郑大夫。草,略也。创,造也,谓造为草稿也。世叔,游吉也。……讨,寻究也。论,讲议也。行人,掌使之官。子羽,公孙挥也。修饰,谓增损之。东里,地名,子产所居也。润色,谓加以文采也。郑国之为辞令,必更此四贤之手而成,详审精密,各尽所长。是以应对诸侯,鲜有败事。孔子言此,盖善之也。"杨伯峻《论语译注》:"讨论:意义和今天的'讨论'不同,这是一个人去研究而后提意见的意思。"

【石按】

本章孔子肯定了郑国大夫对盟会辞令的创作谨慎求全、认真负责的态度。为命:拟定盟会辞令。裨谌(pí chén):郑大夫。草创:起草,打草稿。讨:研究。论:评论,质疑。行人:外交官。修饰:增删修改。润色:作文字润色。

【今译】

孔子说:"郑国拟定盟会辞令,裨谌打草稿,世叔研究并质疑,外交官子羽增删修改,东里子产作文字润色。"

14.9 或问子产。子曰:"惠人也①。"问子西。曰:"彼哉!彼哉②!"问管仲。曰:"人也。夺伯氏骈邑三百,饭疏食,没齿无怨言③。"

【辑注】

①何晏《论语集解》引孔安国曰:"惠,爱也。"朱熹《论语集注》:"子产之政,不专于宽,然其心则一以爱人为主。故孔子以为惠人,盖举其重而

言也。"

②何晏《论语集解》引马融曰："彼哉彼哉，言无足称。"朱熹《论语集注》："子西，楚公子申，能逊楚国，立昭王，而改纪其政，亦贤大夫也。然不能革其僭王之号。昭王欲用孔子，又沮止之。其后卒召白公以致祸乱，则其为人可知矣。"

③朱熹《论语集注》："伯氏，齐大夫。骈邑，地名。齿，年也。盖桓公夺伯氏之邑以与管仲，伯氏自知己罪，而心服管仲之功，故穷约以终身而无怨言。"程树德《论语集释》："人也：人即仁之谓。孔子于子产称其惠，于管仲称其仁。"钱穆《论语新解》："没齿犹云终身。"

【石按】

本章孔子总体评价了子产、子西、管仲的为人，他们分别是郑国、楚国、齐国的国相。惠人：广施恩惠的人。彼哉彼哉：那个人哪！那个人哪！子西在治国方面有贤行，但也酿成过大错，尤其是曾阻止过楚昭王任用孔子。因此孔子不便直接评价，只能说：彼哉！彼哉！"彼"是远指代词，表明孔子在感情上疏远子西，不像用"若人（这个人）"那么亲近子西。人也：仁人。"人"通"仁"。伯氏：齐国的大夫。骈邑：地名，据考证，大约在今山东临朐境内。饭疏食：吃粗粮。饭：吃，动词。疏食：粗粮。没（mò）齿：直到老死，终身。

【今译】

有人问子产如何。孔子说："他是一个广施恩惠的人。"又问子西。孔子说："那个人哪！那个人哪！"又问管仲。孔子说："他是个仁人。他曾剥夺伯氏骈邑三百户的采地，伯氏只能吃粗粮，直到老死而无怨言。"

14.10　子曰:"贫而无怨难,富而无骄易①。"

【辑注】

①朱熹《论语集注》:"处贫难,处富易,人之常情。"

【石按】

本章孔子评述贫富处境的态度。

【今译】

孔子说:"贫穷却没有怨恨,难以做到;富有却没有娇气,容易做到。"

14.11　子曰:"孟公绰为赵魏老则优,不可以为滕薛大夫①。"

【辑注】

①何晏《论语集解》引孔安国曰:"公绰,鲁大夫。赵、魏,皆晋卿。家臣称老。公绰性寡欲,赵、魏贪贤,家老无职,故优。滕、薛小国,大夫职烦,故不可为。"皇侃《论语义疏》:"老者,采邑之室老也。优,犹宽闲也。……贤人多,职不烦杂,故家臣无事,所以优也。"

【石按】

本章孔子评价了鲁大夫孟公绰的才性:持身清廉,短于才干。赵、魏是晋国的世族,家臣事务不多。孟公绰德行不错,能力有限,适合此位置。滕、薛是小国,大夫的事务非常繁忙,孟公绰不能胜任。孟公绰:鲁国大夫,为人清心寡欲。赵、魏:晋国的卿大夫赵氏和魏氏。老:大夫的家臣,也称室老。优:宽绰,才力有余。滕:当时的小国,故城在今山东滕州西南十五里。薛:当时的小国，故城在今山东滕州西南四十四里。

【今译】

孔子说："孟公绰如果做晋国诸卿赵氏、魏氏的家臣，那么才力是有余的；但不可能胜任滕、薛等小国的大夫。"

14.12 子路问成人①。子曰："若臧武仲之知，公绰之不欲②，卞庄子之勇，冉求之艺，文之以礼乐，亦可以为成人矣③。"曰："今之成人者何必然④？见利思义⑤，见危授命⑥，久要不忘平生之言⑦，亦可以为成人矣。"

【辑注】

①朱熹《论语集注》："成人，犹言全人。"

②何晏《论语集解》引马融曰："孟公绰。"皇侃《论语义疏》："不欲：不贪欲。"

③朱熹《论语集注》："武仲，鲁大夫，名纥。庄子，鲁卞邑大夫。"邢昺《论语注疏》："必也知如武仲，廉如公绰，勇如卞庄子，艺如冉求，既有知、廉、勇、艺，复以礼乐文成之，虽未足多，亦可以为成人矣。"

④邢昺《论语注疏》："夫子乡言成人者是古之人也，又言今之成人不必能备如此也。"

⑤何晏《论语集解》引马融曰："义然后取，不苟得。"

⑥邢昺《论语注疏》："见君亲有危难，当致命以救之。"

⑦杨树达《论语疏证》："要读为约，贫困也。详余《久要不忘平生之言

解》，见《积微居小学述林》二三五页。"朱熹《论语集注》："平生，平日也。"

【石按】

本章孔子论古今完人的标准。成人：犹完人，谓人格完备之人。知：智慧。不欲：寡欲。艺：才艺。文之以礼乐：以礼乐文之，用礼乐加以修饰。见利思义：见到利益能想到此利是否合乎义。见危授命：见到危难肯于献身。久要：久处困顿之境。平生之言：平日的诺言。

【今译】

子路问怎样才算完人。孔子说："如果具有臧武仲的智慧、孟公绰的寡欲、卞庄子的勇敢、冉有的才艺，再用礼乐加以修饰，也可以算是完人了。"孔子又说："现在所谓的完人何必一定如此？只要见到利益能想到此利是否合乎义，见到危难肯于献身，久处困顿之境却不忘平日的诺言，也就可以算是完人了。"

14.13 子问公叔文子于公明贾曰[1]："信乎？夫子[2]不言，不笑，不取乎？"公明贾对曰："以告者过也[3]。夫子时然后言，人不厌其言；乐然后笑，人不厌其笑；义然后取，人不厌其取[4]。"子曰："其然？岂其然乎[5]？"

【辑注】

[1] 何晏《论语集解》引孔安国曰："公叔文子，卫大夫公孙拔。文，谥。"皇侃《论语义疏》："孔子见公明贾相访，而问公叔文子之事。时公明贾仕公叔文子，故问之者也。"朱熹《论语集注》："公明姓，贾名，亦卫人。"

[2] 邢昺《论语注疏》："夫子，指文子也。"

③皇侃《论语义疏》："过，误也。"杨伯峻《论语译注》："以：代词，此也。例证可参考杨遇夫先生的《词诠》。"

④邢昺《论语注疏》："文子亦有言笑及取，但中时然后言，无游言也。……可乐而后笑，不苟笑也。……见得，思义合宜，然后取之，不贪取也。"

⑤朱熹《论语集注》："文子虽贤，疑未及此，但君子与人为善，不欲正言其非也。故曰'其然岂其然乎'，盖疑之也。"

【石按】

本章公明贾向孔子谈论卫大夫公孙拔的德行。公叔文子：卫国大夫公孙拔，卫献公之孙，谥贞惠文子。公明贾：卫国人，姓公明，名贾。信乎：真的吗？以告者过也：此告者过也，这是传话的人错了。时：时机恰当。乐：高兴。义：合乎义。

【今译】

孔子向公明贾问公叔文子："真的吗？他老先生不说，不笑，不取吗？"公明贾回答说："这是传话的人错了。他老先生时机恰当然后讲话，因此别人不厌烦他的话；高兴了然后笑，因此别人不厌烦他的笑；合乎义然后取，因此别人不厌烦他的取。"孔子说："是这样吗？难道真的是这样吗？"

14.14　子曰："臧武仲以防求为后于鲁，虽曰不要君，吾不信也①。"

【辑注】

①皇侃《论语义疏》："防是武仲故食采邑也。为后，谓立后也。武仲鲁襄公二十二年为孟氏所谮，出奔邾。后从邾还防，而使人请于鲁，为其后于防，

故云以防为后于鲁。……武仲出奔，而犹求立后于其故邑，时人皆谓武仲此事非要。孔子据其理是要，故云'虽曰不要，吾不信也。'"

【石按】

本章孔子评论臧孙纥要挟国君之事。防：防邑，臧武仲的封邑。为后：立后嗣。要（yāo）：要挟。

【今译】

孔子说："臧武仲用防邑作条件请求鲁君在鲁国立臧氏后嗣，即使说这不是要挟君主，我是不相信的。"

14.15 子曰："晋文公谲而不正[1]，齐桓公正而不谲[2]。"

【辑注】

[1]何晏《论语集解》引郑玄曰："谲者，诈也，谓召天子而使诸侯朝之。仲尼曰：以臣召君，不可以训。故书曰'天王狩于河阳'，是'谲而不正'也。"朱熹《论语集注》："晋文公，名重耳。齐桓公，名小白。谲，诡也。"

[2]何晏《论语集解》引马融曰："伐楚以公义，责苞茅之贡不入，问昭王南征不还，是正而不谲也。"康有为《论语注》："晋文挟天子以令诸侯，伐卫以致楚，处处用术，故孔子恶其谲而不正。齐桓以衣冠会，而不以兵车会，问楚罪而拜王命，葵丘五禁，皆得公理，故孔子美其正而不谲也。"

【石按】

本章孔子评价晋文公与齐桓公心术不同，因而褒贬不一。谲（jué）：诡诈，玩弄手段。

【今译】

孔子说:"晋文公诡诈而不正直,齐桓公正直而不诡诈。"

14.16　子路曰:"桓公杀公子纠,召忽死之,管仲不死。"曰:"未仁乎①?"子曰:"桓公九合诸侯②,不以兵车,管仲之力也③。如其仁,如其仁④。"

【辑注】

①朱熹《论语集注》:"按《春秋传》,齐襄公无道,鲍叔牙奉公子小白奔莒。及无知弑襄公,管夷吾、召忽奉公子纠奔鲁,鲁人纳之。未克而小白入,是为桓公。使鲁杀子纠而请管、召,召忽死之,管仲请囚。鲍叔牙言于桓公,以为相。子路疑管仲忘君事仇,忍心害理,不得为仁也。"

②杨伯峻《论语译注》:"九合:齐桓公纠合诸侯共计十一次,这一'九'字实是虚数,不过表示其多罢了。"

③黄式三《论语后案》:"以,用也。"孙钦善《论语注译》:"力:功。"

④刘宝楠《论语正义》:"'如其仁'者,王氏引之《经传释词》:'如,犹乃也。'此训最当。"

【石按】

本章孔子与子路讨论管仲之行为是否仁德,孔子肯定了管仲的大节大信,而不计较他的小节小信。这说明孔子评判人物,既注重个人品行,也顾及历史功绩。召忽死之:召忽为之死,召忽为公子纠自杀而死。未仁乎:管仲还未达到仁吧?桓公九合诸侯:桓公多次会盟诸侯。九合:指多次会合。不以兵车:

不用兵车，不动用武力。力：功劳。如其仁：乃其仁，这就是他的仁。

【今译】

子路说："齐桓公杀了公子纠，召忽为公子纠自杀而死，管仲却不死。"又说："管仲还未达到仁吧？"孔子说："桓公多次会盟诸侯，不动用武力，都是管仲的功劳。这就是他的仁，这就是他的仁。"

14.17 子贡曰："管仲非仁者与？桓公杀公子纠，不能死，又相之。"子曰："管仲相桓公，霸诸侯，一匡天下①，民到于今受其赐。微管仲，吾其被发左衽矣②。岂若匹夫匹妇之为谅也③，自经于沟渎而莫之知也④！"

【辑注】

①何晏《论语集解》引马融曰："匡，正也。天子微弱，桓公帅诸侯以尊周室，一正天下。"

②何晏《论语集解》引马融曰："微，无也。无管仲，则君不君，臣不臣，皆为夷狄。"朱熹《论语集注》："衽，衣衿也。被发左衽：夷狄之俗也。"程树德《论语集释》："《日知录》：君臣之分，所关者在一身。华裔（夷）之防，所系者在天下。故夫子之于管仲，略其不死子纠之罪，而取其一匡九合之功，盖权衡大小之间，而以天下为心也。"

③皇侃《论语义疏》："谅，信也。匹夫匹妇无大德，而守于小信。"

④皇侃《论语义疏》："君子直而不谅，事存济时济世，岂执守小信，自死于沟渎，而世莫知者乎？喻管仲存于大业，不为召忽守小信。"朱熹《论语

集注》："经，缢也。"钱穆《论语新解》："本章舍小节，论大功，孔子之意至显。……前章以正许齐桓，此两章以仁许管仲，此皆孔子论仁论道大着眼处。"

【石按】

本章孔子与子贡讨论管仲之仁，态度还是：舍小节，论大功。管仲非仁者与：管仲不能算是仁人吧？与：通"欤"，疑问语气词。相：辅佐。一匡天下：匡正了天下秩序。匡：匡正。受其赐：享受着他的恩惠。赐：恩惠，好处。微管仲，吾其被发左衽矣：如果没有管仲，我们恐怕也要披着头发、衣襟向左、沦为夷狄了。微：无，没有。其：恐怕。被（pī）：通"披"。左衽（rèn）：衣襟向左，指当时所谓"夷狄"（四方外族）的风俗，意思是说中原被夷狄所占。若匹夫匹妇之为谅：像普通百姓那样拘于小节。匹夫匹妇：指庶人，百姓。为谅：守小信，拘小节。谅：小信。自经：自缢，自杀。渎（dú）：小渠。莫之知：莫知之，没有人知道他。莫：没有人，否定代词。

【今译】

子贡说："管仲不能算是仁人吧？桓公杀了公子纠，他不能为公子纠自杀而死，反而还辅佐桓公。"孔子说："管仲辅佐桓公，使他称霸诸侯，匡正了天下秩序，老百姓至今还在享受着他的恩惠。如果没有管仲，我们恐怕也要披着头发、衣襟向左、沦为夷狄了。哪里能像普通百姓那样拘于小节，自杀在沟渎之中而不为人知呢！"

14.18 公叔文子之臣大夫僎，与文子同升诸公[①]。子闻之曰："可以为'文'矣[②]。"

【辑注】

①何晏《论语集解》引孔安国曰:"大夫僎,本文子家臣也,荐之使与己并为大夫,同升在公朝。"

②皇侃《论语义疏》:"子,孔子也。闻文子与家臣同升而美之也。言谥为文也,以其德行必大,得谥为文矣。"杨伯峻《论语译注》:"据《礼记·檀弓》,公叔文子实谥为贞惠文子。郑玄《礼记》注说:'不言"贞惠"者,"文"足以兼之。'"

【石按】

本章孔子赞美了公叔文子的德行。臣:家臣。大夫僎(zhuàn):《汉书·古今人表》作"大夫选",僎、选通用。诸:"之于"的合音词,此处用法同"于"。公:公室,指卫国国君的朝廷。公孙拔(公叔文子)是卫君的臣子,大夫僎又是公孙拔的臣子,因为公孙拔的推荐,大夫僎被提升为卫君的臣子,与公孙拔同列,共同辅佐卫君。文:公孙拔的谥号(封建时代贵族大臣死后的称号)。孔子听说此事时,公孙拔已死。

【今译】

公叔文子的家臣大夫僎与公叔文子一起升到卫国公室做官。孔子听到后,说:"公叔文子真当得起'文'这个谥号。"

14.19 子言卫灵公之无道也,康子①曰:"夫如是,奚而不丧②?"孔子曰:"仲叔圉治宾客,祝鲍治宗庙,王孙贾治军旅③。夫如是,奚其丧?"

【辑注】

①皇侃《论语义疏》:"康子,鲁季康子也。"

②朱熹《论语集注》:"丧,失位也。"杨逢彬《论语新注新译》:"奚而:奚,为何,为什么。而,连词。"

③朱熹《论语集注》:"仲叔圉,即孔文子也。三人皆卫臣,虽未必贤,而其才可用。灵公用之,又各当其才。"

【石按】

本章孔子认为人才关乎国运。无道:不行君道,不像个国君。奚而不丧:为什么却没有败亡(失去君位)?奚:为什么。仲叔圉治宾客:仲叔圉(孔文子)主管外交。宾客:代指外交事务。祝鮀治宗庙:祝鮀主管祭祀。祝鮀:卫大夫子鱼,参见6.16注①。王孙贾治军旅:王孙贾主管军队。王孙贾:卫大夫,参见3.13注①。

【今译】

孔子说卫灵公不行君道,季康子说:"既然如此,为什么却没有败亡?"孔子说:"他有仲叔圉主管外交,祝鮀主管祭祀,王孙贾主管军队。既然如此,怎么可能败亡呢?"

14.20 子曰:"其言之不怍,则为之也难①。"

【辑注】

①何晏《论语集解》引马融曰:"怍,惭也。"朱熹《论语集注》:"大言不惭,则无必为之志,而不自度其能否矣。欲践其言,岂不难哉?"

【石按】

本章孔子认为大言不惭的人通常都做不成什么事。孔子反对说空话、说大话。其：一个人，不定代词。怍（zuò）：惭愧。

【今译】

孔子说："一个人说起来大言不惭，那么他做起来就困难了。"

14.21　陈成子弑简公①。孔子沐浴而朝②，告于哀公曰："陈恒弑其君，请讨之③。"公曰："告夫三子④！"孔子曰："以吾从大夫之后，不敢不告也⑤。君曰'告夫三子'者⑥！"之三子告，不可⑦。孔子曰："以吾从大夫之后，不敢不告也。"

【辑注】

①皇侃《论语义疏》："陈恒也，谥成子。鲁哀公十四年甲午，齐陈恒杀其君壬于舒州。"

②何晏《论语集解》引马融曰："将告君，故先斋，斋必沐浴。"钱穆《论语新解》："时孔子已致仕，将告君以大事，郑重之，故先斋戒沐浴始朝。"

③朱熹《论语集注》："臣弑其君，人伦之大变，天理所不容，人人得而诛之，况邻国乎？故夫子虽已告老，而犹请哀公讨之。"

④皇侃《论语义疏》："三子是三卿：仲孙、叔孙、季孙。"朱熹《论语集注》："三子，三家也。时政在三家，哀公不得自专，故使孔子告之。"

⑤皇侃《论语义疏》："言我是大夫，大夫闻事，应告于主君。云'从大夫之后'者，孔子谦也。"邢昺《论语注疏》："闻夫不义，礼当告君，故云'不敢

不告'。"

⑥何晏《论语集解》引马融曰:"我礼当告君,不当告三子。君使我往,故复往。"朱熹《论语集注》:"孔子出而自言如此。"钱穆《论语新解》:"深憾鲁君不能自命三家,而使己告之,曰'告夫三子者',增一者字,无限愤慨,尽在此一字见矣。"

⑦皇侃《论语义疏》:"三子告孔子曰不可讨齐也。"朱熹《论语集注》:"以君命往告,而三子鲁之强臣,素有无君之心,实与陈氏声势相倚,故沮其谋。"

【石按】

本章记述孔子晚年欲讨伐弑君之国贼陈恒的事情。弑:臣子杀害国君叫弑。之三子告:往三子告。之:往,动词。

【今译】

齐国大夫陈恒杀害了他的国君齐简公。孔子斋戒沐浴后朝见鲁哀公,告诉他说:"陈恒杀了他的国君,请出兵讨伐他。"哀公说:"那就报告给季孙、叔孙、孟孙三位吧!"孔子退下后自语说:"因为我还跟随在大夫之后,不敢不把这件大事报告给国君。国君却说'告诉那三位'!"于是到季孙、叔孙、孟孙三人那里报告。三位不同意。孔子退下后又自语说:"因为我还跟随在大夫之后,不敢不报告这件大事。"

14.22　子路问事君。子曰:"勿欺也,而犯之①。"

【辑注】

①何晏《论语集解》引孔安国曰:"事君之道,义不可欺,当能犯颜谏争。"

【石按】

本章孔子谈事君的态度。欺：欺骗。犯：犯颜直谏。

【今译】

子路问如何服事君主。孔子说："不能欺骗他，但可以劝谏他。"

14.23 子曰："君子上达，小人下达①。"

【辑注】

①皇侃《论语义疏》："上达者，达于仁义也。下达，谓达于财利。"钱穆《论语新解》："上达达于道，下达达于器。"杨朝明《论语诠解》："君子的上达和小人的下达，其实质是在学习礼乐制度与六艺的过程中，君子从中体会到的是积极向上的思想内涵和道德教化思想，而小人只是学到谋生的手段而已。"

【今译】

孔子说："君子通晓的是高深的学问，小人学到的是谋生的技艺。"

14.24 子曰："古之学者为己，今之学者为人①。"

【辑注】

①何晏《论语集解》引孔安国曰："为己，履而行之；为人，徒能言之。"孙钦善《论语注译》："为己：为了端正和充实自己。为人：为了向别人卖弄。"

【石按】

本章孔子论述了古今两种不同的治学态度。为己：修正自己。为人：卖弄于人。

【今译】

孔子说："古代的学者为完善自我而学，今天的学者为卖弄于人而学。"

14.25　蘧伯玉使人于孔子①。孔子与之坐②而问焉，曰："夫子何为？"对曰："夫子欲寡其过而未能也③。"使者出。子曰："使乎！使乎④！"

【辑注】

①朱熹《论语集注》："蘧伯玉，卫大夫，名瑗。孔子居卫，尝主于其家。既而反鲁，故伯玉使人来也。"

②杨逢彬《论语新注新译》："孔子与之坐：孔子和他一道坐下。"

③朱熹《论语集注》："言其但欲寡过而犹未能，则其省身克己，常若不及之意可见矣。使者之言愈自卑约，而其主之贤益彰，亦可谓深知君子之心，而善于辞令者矣。"

④何晏《论语集解》引陈群曰："再言'使乎'者，善之也，言使得其人。"

【石按】

本章孔子赞美卫大夫蘧伯玉的使者善于辞令。蘧（qu）伯玉：卫国大夫。孔子在卫时，曾寄居他家。与之坐：与他同坐。寡其过：使其过寡，少犯错误。

【今译】

蘧伯玉派使者拜访孔子。孔子与他同坐，问道："你们蘧先生在做什么？"使者回答说："他老人家想少犯错误，但未能做到。"使者告辞出去。孔子说："好一位使者！好一位使者！"

14.26　子曰："不在其位，不谋其政①。"

曾子曰："君子思不出其位②。"

【辑注】

①此段重出，参见 8.14 注①。

②何晏《论语集解》引孔安国曰："不越其职。"

【石按】

本章与《论语·泰伯》第十四章前半部分相同。多出的一句话应该是曾子对孔子上句话意义的解释和阐述。

【今译】

孔子说："不在那个职位，就不要谋划那方面的政事。"

曾子解释说："君子考虑事情，从来不超出他的职务范围。"

14.27　子曰："君子耻其言而过其行①。"

【辑注】

①邢昺《论语注疏》:"此章勉人使言行相副也。君子言行相顾,若言过其行,谓有言而行不副,君子所耻也。"孙钦善《论语注译》:"而:之。说详杨树达《词诠》。皇侃《义疏》本及日本足利本径作'之'字。"

【石按】

本章孔子又一次论及语言与行为的关系,主张言行一致是君子最基本的德行。该句,皇侃《论语义疏》作"君子耻其言之过其行也",意思是:君子以其言之过其行为耻。

【今译】

孔子说:"君子以口里说的超过实际做的为耻。"

14.28 子曰:"君子道者三,我无能焉:仁者不忧,知者不惑,勇者不惧①。"子贡曰:"夫子自道也②!"

【辑注】

①皇侃《论语义疏》:"言君子所行之道者三。夫子自谦,我不能行其一也。"邢昺《论语注疏》:"言君子之道有三,我皆不能也。……仁者乐天知命,内省不疚,故不忧也。智者明于事,故不惑。勇者折冲御侮,故不惧。"又参见9.29。

②朱熹《论语集注》:"道,言也。"钱穆《论语新解》:"自道犹云自述。……自子贡视之,则夫子三道尽备,故曰'夫子自道'。"

【石按】

本章孔子通过自谦勉励他人注意仁、智、勇三种品质的修养。君子道者三：君子之道有三。我无能焉：我无能于是，我没有能力做到这些。自道：自己说自己。

【今译】

孔子说："君子之道有三，我没有能力做到这些：聪明的人不疑惑，仁爱的人不忧愁，勇敢的人不恐惧。"子贡说："这正是先生自我称道啊！"

14.29　子贡方人。子曰："赐也贤乎哉？夫我则不暇①。"

【辑注】

①刘宝楠《论语正义》："《释文》云：'方人，郑本作谤，谓"言人之过恶"。'卢氏文弨《考证》：'《古论》"谤"字作"方"，盖以声近通借。子贡言人过恶，故曰"赐也贤乎哉"，言汝己身果皆贤乎！而谤人也，夫我则不暇谤人而自治。'"

【石按】

本章是孔子批评子贡的话，劝子贡不要议论别人，要修身自律。方人：谤人，议论别人，说别人的过恶。贤：比别人强。不暇：自顾不暇（忙于修身，没时间议论别人）。

【今译】

子贡喜欢议论别人。孔子说："赐啊，你就比别人强吗？我却自顾不暇。"

14.30　子曰:"不患人之不己知,患其不能也①。"

【辑注】

①何晏《论语集解》引王肃曰:"徒患己之无能。"朱熹《论语集注》:"此章凡四见,而文皆有异。则圣人于此一事,盖屡言之,其丁宁之意亦可见矣。"

【石按】

本章还是强调要加强自身修养。不患人之不己知:不患人之不知己。患:担心。知:了解。患其不能:患己无能。其:指自己。

【今译】

孔子说:"不要担心别人不了解自己,要担心自己没有能力。"

14.31　子曰:"不逆诈,不亿不信①。抑亦先觉者,是贤乎②!"

【辑注】

①邢昺《论语注疏》:"此章戒人不可逆料人之诈,不可亿度人之不信也。"

②朱熹《论语集注》引杨氏曰:"君子一于诚而已,然未有诚而不明者。故虽不逆诈,不亿不信,而常先觉也。若夫不逆不亿而卒为小人所罔焉,斯亦不足观也已。"

【石按】

本章孔子强调就"知人"而言,不可怀疑一切,也不可盲目信从。逆诈:预先揣度别人欺诈。逆:预先揣度。亿不信:猜测别人不诚信。亿:同"臆",猜测。抑:却。先觉:及早发觉欺诈与不诚信。是:这。

【今译】

孔子说："不预先揣度别人的欺诈，不凭空猜测别人的不诚信。却又能及早发觉欺诈与不诚信，这人该是贤者吧。"

14.32　微生亩①谓孔子曰："丘何为是栖栖者与？无乃为佞乎②？"孔子曰："非敢为佞也，疾固也③。"

【辑注】

①何晏《论语集解》引包咸曰："微生，姓。亩，名。"朱熹《论语集注》："亩名呼夫子而辞甚倨，盖有齿德而隐者。"

②邢昺《论语注疏》："栖栖，犹皇皇也。"刘宝楠《论语正义》："夫子周流无已，不安其居，所至皆以礼义之道陈说人主，微生疑夫子但为口才以说时君，故曰佞也。"

③何晏《论语集解》引包咸曰："疾世固陋，欲行道以化之。"

【石按】

本章表明，孔子到处游说的目的是因痛恨世俗固陋，想说服当政者采纳自己的政治主张。丘何为是栖栖者与：孔丘你为什么这样忙忙碌碌地（到处游说）呢？何为：为何，为什么。是：这样，指示代词。栖栖者：忙忙碌碌地。与：欤。无乃为佞乎：恐怕是为了卖弄口才吧？无乃……乎：恐怕……吧。为佞：卖弄口才。佞：口才。疾固：痛恨世俗固陋。疾：痛恨。固：固陋。

【今译】

微生亩对孔子说："孔丘你为什么这样忙忙碌碌地（到处游说）呢？恐怕是

为了卖弄口才吧？"孔子说："我不敢卖弄口才，我是痛恨世俗固陋啊。"

14.33 子曰："骥不称其力，称其德也①。"

【辑注】

①皇侃《论语义疏》引江熙曰："骥有力而不称，君子虽有兼能，而惟称其德也。"朱熹《论语集注》引尹氏曰："骥虽有力，其称在德。人有才而无德，则小奚足尚哉？"

【石按】

本章孔子以马比人，论人才重在有德。骥：千里马。称：称赞，赞美。

【今译】

孔子说："称千里马叫做骥，不是称赞它的气力，而是赞美它的品德。"

14.34 或曰："以德报怨①，何如？"子曰："何以报德②？以直报怨，以德报德③。"

【辑注】

①何晏《论语集解》："德，恩惠之德。"

②朱熹《论语集注》："言于其所怨，既以德报之矣；则人之有德于我者，又将何以报之乎？"

③皇侃《论语义疏》："言与我有怨者，我宜用直道报之；若与我有德者，

我以备德报之。"李泽厚《论语今读》："这是重要的孔门思想，是儒学不同于那种'报怨以德'（老子）、'舍身饲虎'（佛经）、'爱敌如友'、'右脸被打，送上左脸'（《圣经》）等教义所在。也正是实用理性的充分表现。"

【石按】

本章体现了孔子的酬恩报怨观念。或：有的人，有人，无定代词。德：恩德。报：回报。怨：怨恨。何以报德：以何报德。直：直道，正直。

【今译】

有人对孔子说："用恩德来回报怨恨，怎么样？"孔子说："那用什么来回报恩德？应该用正直来回报怨恨，用恩德来回报恩德。"

14.35 子曰："莫我知也夫①！"子贡曰："何为其莫知子也？"子曰："不怨天，不尤人②。下学而上达③。知我者其天乎④！"

【辑注】

①邢昺《论语注疏》："言无人知我志者也。"

②何晏《论语集解》引马融曰："孔子不用于世，而不怨天；人不知己，亦不尤人。"皇侃《论语义疏》："尤，责也。"

③何晏《论语集解》引孔安国曰："下学人事，上知天命。"邢昺《论语注疏》："言己下学人事，上知天命，时有否泰，故用有行藏，是以不怨天尤人也。"

④邢昺《论语注疏》："言唯天知己志也。"

【石按】

本章孔子感叹没有人了解他的志向而重用他。莫我知：莫知我，没有人了解我的志向。不怨天，不尤人：不怨恨上天，不责怪他人。尤：责怪。下学而上达：下学人间琐事，上达最高境界。知我者其天乎：了解我志向的大概只有上天吧。

【今译】

孔子说："没有人了解我的志向啊！"子贡说："为什么没有人了解您的志向？"孔子说："不怨恨上天，不责怪他人。下学人间琐事，上达最高境界。了解我志向的大概只有上天吧！"

14.36 公伯寮愬子路于季孙①。子服景伯以告②，曰："夫子固有惑志③；于公伯寮，吾力犹能肆诸市朝④。"子曰："道之将行也与？命也。道之将废也与？命也。公伯寮其如命何⑤！"

【辑注】

①邢昺《论语注疏》："愬，谮也。伯寮、子路皆臣于季孙。伯寮诬子路以罪而谮于季孙也。"

②皇侃《论语义疏》："子服景伯闻伯寮谮子路，故告孔子。"

③朱熹《论语集注》："夫子，指季孙。言其有疑于寮之言也。"杨逢彬《论语新注新译》："惑志：糊涂的想法。"

④朱熹《论语集注》："肆，陈尸也。言欲诛寮。"

⑤邢昺《论语注疏》："孔子不许其告，故言：道之废行皆由天命，虽公伯寮之谮，其能违天而兴废子路乎？"朱熹《论语集注》："愚谓言此以晓景伯，安子路，而警伯寮耳。"

【石按】

本章通过记述孔子化解公伯寮、子路、子服景伯之间的矛盾，体现了孔子在处理同门弟子矛盾时反对用暴力清除异己的思想，认为子服景伯的方法不妥，故委婉拒绝，把他们的矛盾归之于命运。愬：同"诉"，诬告。子服景伯：姓子服，谥景，字伯，名何，鲁国大夫。惑志：糊涂想法。肆诸市朝：肆之于市朝，陈尸街头。

【今译】

公伯寮向季孙氏诬告子路。子服景伯把这件事告诉了孔子，说："季孙氏固然有些糊涂想法；对于公伯寮，我的力量还能够把他杀了陈尸街头。"孔子说："道如果能够得以推行，是天命决定的；道如果得不到推行，也是天命决定的。公伯寮能把天命怎么样呢？"

14.37　子曰："贤者辟世①，其次辟地②，其次辟色③，其次辟言④。"
子曰："作者七人矣⑤。"

【辑注】

①朱熹《论语集注》："天下无道而隐，若伯夷、太公是也。"
②何晏《论语集解》引马融曰："去乱国，适治邦。"
③皇侃《论语义疏》："但临时观君之颜色，颜色恶则去，此谓避色之士也。"
④何晏《论语集解》引孔安国曰："有恶言乃去之。"
⑤何晏《论语集解》引包咸曰："作，为也。为之者凡七人。"皇侃《论语义疏》引王弼曰："七人：伯夷、叔齐、虞仲、夷逸、朱张、柳下惠、少连也。"

朱熹《论语集注》："言起而隐去者，今七人矣。不可知其谁何。必求其人以实之，则凿矣。"

【石按】

本章孔子论贤者的处世态度：在不能行道的情况下避世隐居。辟：同"避"，避开。作者：为者，这样做的人。

【今译】

孔子说："贤者以避开乱世为上策，其次避开乱地，再次避开傲色，再次避开恶言。"

孔子又说："这样做的已有七个人了。"

14.38　子路宿于石门①。晨门曰："奚自②？"子路曰："自孔氏。"曰："是知其不可而为之者与③？"

【辑注】

①皇侃《论语义疏》："云石门者，鲁城门外也。"

②皇侃《论语义疏》："晨门：守石门晨昏开闭之吏也，鲁人也。自，从也。……汝将从何而来耶？"钱穆《论语新解》："本章当是孔子周流在外，使子路归视其家。甫抵城，已薄暮，门闭，遂宿郭门外。晨兴而入，门者讶其早，故问从何来。"

③何晏《论语集解》引包咸曰："言孔子知世不可为，而强为之。"李泽厚《论语今读》："从这两章均可看出儒学与道家（避世）并非全不相容，但儒学骨干仍然是'知其不可而为之'，可称悲壮。此语之流传千古，岂不因是？"

【石按】

本章借门吏的讥讽展现了孔子'知其不可而为之'的积极救世态度。晨门：掌管早晚开闭城门的人，即守城门的人。奚自：自奚，从哪里来。奚：何，哪里。孔氏：指孔子。是：此，此人，指示代词。与：欤。

【今译】

子路在石门过夜。守城门的人问："从哪里来？"子路说："从孔氏那里来。"守门人说："此人就是知道做不到却一定要去做的那位吗？"

14.39　子击磬于卫①。有荷蒉而过孔氏之门者②，曰："有心哉，击磬乎③！"既而曰："鄙哉，硁硁乎④！莫己知也，斯己而已矣⑤。深则厉，浅则揭⑥。"子曰："果哉！末之难矣⑦。"

【辑注】

①皇侃《论语义疏》："孔子时在卫，而自以槌击磬而为声也。"

②何晏《论语集解》："蒉，草器也。"

③邢昺《论语注疏》："有心契契然，忧苦哉！"李泽厚《论语今读》："有心事哩！在敲磬！"

④孙钦善《论语注译》："鄙：偏狭。硁硁：磬声，象坚确之义。并兼有'硁硁然小人哉'中'硁硁'之义，指浅薄固执。"

⑤钱穆《论语新解》："荷蒉之意，人既莫己知，则守己即可，不必再有意于为人。"

⑥朱熹《论语集注》："以衣涉水曰厉，摄衣涉水曰揭。此两句，《卫风·匏

有苦叶》之诗也。讥孔子人不知己而不止,不能适浅深之宜。"

⑦邢昺《论语注疏》:"果,谓果敢。末,无也。言未知己志而便讥己,所以为果敢。"

【石按】

本章记述了隐者荷蒉对孔子执着追求的不理解。荷蒉:挑着草筐。蒉(kuì):盛土的草器。有心哉,击磬乎:有心事哩!在敲磬!既而:不久,一会儿。鄙:偏狭。硁(kēng)硁:本指击磬之声,喻指浅薄固执。莫己知:莫知己,没有了解自己。斯己而已:就守好自己罢了。己:守好自己(指隐居)。而已:罢了。深则厉,浅则揭:水深就穿着衣服游过去,水浅就撩起衣服趟过去。《诗经·卫风·匏有苦叶》中的诗句。厉:穿着衣裳涉水。揭:提起衣裳。果:果断。末之难:未难之,没有办法反驳他。末:无,没有办法。难:为难,反驳。

【今译】

孔子在卫国敲击演奏磬,有个挑着草筐的人在孔子门前走过,说:"有心事哩!在敲磬!"一会儿又说:"偏狭啊,硁硁的磬声太浅薄固执!没有人了解自己,就守好自己罢了。水深就穿着衣服游过去,水浅就撩起衣服趟过去。"孔子说:"真果断!(我)没有办法反驳他了。"

14.40 子张曰:"《书》云:'高宗谅阴,三年不言①。'何谓也?"子曰:"何必高宗,古之人皆然。君薨,百官总己以听于冢宰三年②。"

【辑注】

①何晏《论语集解》引孔安国曰:"高宗,殷之中兴王武丁也。"皇侃《论

语义疏》:"或呼倚庐为谅阴,或呼为梁暗,或呼为梁庵,各随义而言之。"杨伯峻《论语译注》:"谅阴:居丧时所住的房子,又叫'凶庐'。"

②何晏《论语集解》引孔安国曰:"冢宰,天官卿,佐王治者。三年丧毕,然后王自听政。"皇侃《论语义疏》:"若君死,则群臣百官不复咨询于君,而各总束己之事,故云'总己'也。""冢宰,上卿也。百官皆束己职三年,听冢宰,故嗣君三年不言也。"

【石按】

本章孔子谈三年居丧之礼。《书》:指《尚书·无逸篇》。高宗:殷高宗武丁。谅阴:本指守丧的房子,此指住在守丧的屋子里。三年不言:三年不说话,特指三年不理朝政。三年:古时居丧的期限。何必:为什么一定。薨(hōng):古时诸侯及大臣之死叫薨。总己:总摄己职。听于冢宰:听命于太宰。

【今译】

子张说:"《尚书》说:'殷高宗住在守丧的凶庐,三年不讲话。'这是什么意思?"孔子说:"为什么一定只是高宗,古代的人都这样。君主去世,朝廷百官都统摄各自的职务来听命于太宰,满三年为止。"

14.41 子曰:"上好礼,则民易使也①。"

【辑注】

①皇侃《论语义疏》:"礼以敬为主,君既好礼,则民莫敢不敬,故易使也。"

【石按】

本章孔子主张以礼治国。好(hào):喜好。易使:容易使唤。

【今译】

孔子说:"如果君上喜好礼,那么百姓就容易使唤。"

14.42 子路问君子。子曰:"修己以敬①。"曰:"如斯而已乎②?"曰:"修己以安人。"曰:"如斯而已乎?"曰:"修己以安百姓。修己以安百姓,尧、舜其犹病诸③!"

【辑注】

①何晏《论语集解》引孔安国曰:"敬其身。"皇侃《论语义疏》:"身正则民从,故君子自修己身而自敬也。"李炳南《论语讲要》:"修是修治,敬是礼的实质,一个人以敬来修治自己,使其身心言语统归于敬,也就是处处合礼,这就可以算是君子了。"

②皇侃《论语义疏》:"子路嫌其少,故重更谘问孔子如此而已乎。斯,此也。"

③何晏《论语集解》引孔安国曰:"病,犹难也。"刘宝楠《论语正义》"'君子',谓在位者也。'修己'者,修身也。'以敬'者,礼无不敬也。'安人'者,齐家也。'安百姓',则治国平天下也。……凡安人、安百姓,皆本于修身以敬,故曰'君子笃恭而天下平'。"

【石按】

本章孔子向子路讲解君子的标准,强调以修身为基础,治理国家,治理社会。修己:修养自身。敬:自显恭敬。如斯而已:像这样就够了。而已:罢了,够了。安人:使他人安乐。安百姓:使百姓安乐。病诸:病之乎,难之乎,以之为难。

【今译】

子路问孔子怎样才能成为君子。孔子说:"修养自身而自显恭敬。"子路说:"像这样就够了吗?"孔子说:"修养自身而使身边的人感到安乐。"子路说:"像这样就够了吗?"孔子说:"修养自身而使百姓感到安乐。修养自身而使百姓感到安乐,尧舜大概还以此为难事吧!"

14.43 原壤夷俟[1]。子曰:"幼而不孙弟,长而无述焉[2],老而不死,是为贼[3]!"以杖叩其胫[4]。

【辑注】

[1]何晏《论语集解》引马融曰:"原壤,鲁人。孔子故旧。夷,踞。俟,待也。踞待孔子。"邢昺《论语注疏》:"原壤闻孔子来,乃申两足,箕踞以待孔子也。"

[2]皇侃《论语义疏》:"言壤少而不以逊悌自居,至于年长犹自放恣,无所效述也。"邢昺《论语注疏》"孔子见其无礼,故以此言责之。"

[3]朱熹《论语集注》:"贼者,害人之名。以其自幼至长,无一善状,而久生于世,徒足以败常乱俗,则是贼而已矣。"

[4]朱熹《论语集注》:"胫,足骨也。孔子既责之,而因以所曳之杖,微击其胫,若使勿蹲踞然。"

【石按】

本章孔子以原壤为例痛斥无礼之人。夷俟:伸开两腿坐在地上,等待孔子。

夷：伸开两腿坐在地上（东方夷族不知礼的行为）。俟：等待。孙弟：通"逊悌"，谦逊友爱。逊：谦逊。悌：友爱。述：称述。贼：祸害。胫：小腿。

【今译】

原壤伸开两腿坐在地上，等待孔子。孔子说："年少时就不谦逊也不友爱，长大了无可称述，老朽了还不快死，这简直是祸害。"用拐杖敲他的小腿。

14.44 阙党童子将命①。或问之曰："益者与②？"子曰："吾见其居于位也③，见其与先生并行也。非求益者也，欲速成者也④。"

【辑注】

①何晏《论语集解》引马融曰："阙党之童子将命者，传宾主之语出入。"皇侃《论语义疏》："五百家为党。此党名阙，故云阙党也。童子，未冠者之称。将命，是传宾主之辞。"

②皇侃《论语义疏》："此童子而传辞，是自求进益之道也与？"

③何晏《论语集解》："童子隅坐无位，成人乃有位。"刘宝楠《论语正义》："'居于位'者，居于成人位也。"

④朱熹《论语集注》："礼：童子当隅坐随行。孔子言吾见此童子，不循此礼。非能求益，但欲速成尔。故使之给使令之役，观长少之序，习揖逊之容。盖所以抑而教之，非宠而异之也。"

【石按】

本章孔子告诫年青人应行少长之礼。阙党：阙里，孔子旧里。童子：少年。将命：传达宾主之辞命。或：有人。益者：求上进的后生。居于位：坐在大人的位子上。与先生并行：与长辈并肩而行。欲速成者：想快速成为成人的人，急于求成的人。

【今译】

阙里的一个少年来向孔子传达别人的话。有人问孔子："这是个求上进的后生吗？"孔子说："我看见他坐在成人该坐的位置，又看见他与长辈并肩而行。这不是个求上进的后生，只是个急于求成的人。"

卫灵公第十五

15.1　卫灵公问陈①于孔子。孔子对曰："俎豆之事，则尝闻之矣；军旅之事，未之学也②。"明日遂行。

【辑注】

①何晏《论语集解》引孔安国曰："军阵行列之法。"朱熹《论语集注》："陈，谓军师行伍之列。"

②何晏《论语集解》引孔安国曰："俎豆，礼器。"何晏《论语集解》引郑玄曰："万二千五百人为军，五百人为旅。军旅，末事。本未立，不可教以末事。"朱熹《论语集注》引尹氏曰："卫灵公，无道之君也，复有志于战伐之事，故答以未学而去之。"

【石按】

本章反映了孔子先礼后兵的思想。孔子实际上并非不重视军事，不然不会把"足兵"列为治国的重要条件之一，但他主张把军事放在礼治德政的统帅之下。卫灵公贸然向孔子询问军阵，说明他对孔子的学说不感兴趣，所以孔子就离开了卫国。陈：同"阵"，这里指作战的阵法。俎（zǔ）豆：俎和豆都是古代的礼器，此处代表礼仪。未之学：未学之，从来没有学习过。明日：第二天。

【今译】

卫灵公向孔子询问兵阵行列之事。孔子回答说："礼仪方面的事情，我曾听说过，军队方面的事情，我从来没有学习过。"第二天就离开了卫国。

15.2 在陈绝粮，从者病，莫能兴[1]。子路愠见曰："君子亦有穷乎[2]？"子曰："君子固穷，小人穷斯滥矣[3]。"

【辑注】

[1]何晏《论语集解》引孔安国曰："从者，弟子。兴，起也。"皇侃《论语义疏》："病，饥困也。……既绝粮，故从行弟子皆饥困，莫能起者也。"

[2]皇侃《论语义疏》："心恨君子行道乃至如此困乏，故便愠色而见孔子也。"邢昺《论语注疏》："愠，怒也。"

[3]何晏《论语集解》："滥，溢也。君子固亦有穷时，但不如小人穷则滥溢为非。"朱熹《论语集注》引程子曰："固穷者，固守其穷。"

【石按】

本章反映了孔子安贫乐道的思想。绝粮：断绝了粮食。病：饿得很厉害。兴：爬起来。愠：很生气。穷：困厄，没有出路。上古，"贫"和"穷"是完全不同的两个概念。缺乏衣食金钱，叫"贫"不叫"穷"，困厄、没有出路只能叫"穷"，不叫"贫"。固穷：固守其穷，安于困厄。滥：无所不为。

【今译】

孔子在陈国断绝了粮食,随从的弟子都饿得很厉害,没有人能爬起来。子路很生气地见孔子说:"君子也有走投无路的时候吗?"孔子说:"君子安于困厄,小人走投无路时就无所不为了。"

15.3 子曰:"赐也,女以予为多学而识之者与①?"对曰:"然,非与?"曰:"非也。予一以贯之②。"

【辑注】

①皇侃《论语义疏》:"时人见孔子多学识,并谓孔子多学世事而识之,故孔子问子贡而释之也。"

②皇侃《论语义疏》:"贯,犹穿也。……言我所以多识者,我以一善之理贯穿万事,而万事自然可识,故得知之。"

【石按】

本章孔子向子贡阐明自己的学习方法。多学:广泛学习。识(zhì):记住。一以贯之:以一贯之,用一个基本看法把它们贯穿起来。《论语》中有两处提到"一以贯之",意义一样,但落脚点不同。《里仁》的"一以贯之"落脚点在为人处世上,此处的"一以贯之"落脚点在学习方法上。

【今译】

孔子说:"赐啊!你以为我是广泛学习并且记住各种知识的人吗?"子贡回答说:"对呀,难道不是吗?"孔子说:"不是,我是用一个基本看法把它们贯穿起来的。"

15.4　子曰:"由!知德者鲜矣①。"

【辑注】

①皇侃《论语义疏》:"由,子路也。呼子路语之也,云夫知德之人难得,故为少也。"朱熹《论语集注》:"德,谓义理之得于己者。"

【石按】

本章孔子感叹了解德的人太少,暗示子路要注意德的修养。鲜:很少。

【今译】

孔子说:"由啊!了解'德'的人很少了。"

15.5　子曰:"无为而治者,其舜也与①?夫何为哉?恭己正南面而已矣②。"

【辑注】

①何晏《论语集解》:"言任官得其人,故无为而治。"钱穆《论语新解》:"无为而治:任官得人,己不亲劳于事。"孙钦善《论语注译》:"本章中孔子提出了'无为而治'的思想。它与老子所讲的无为而治,字面相同,而实质不同。老子的无为而治以虚无、清静为本,既反对道德修养,又反对举贤使能,与孔子的思想绝不同调。"

②朱熹《论语集注》:"恭己者,圣人敬德之容。"刘宝楠《论语正义》:"'恭己'者,修己以敬也。……'正南面'者,正君位也。"

【石按】

本章孔子称赞圣王立身端正，举贤任能，"无为而治"。孔子所说的"无为而治"与道家的观点不同，指圣人既能以身作则教化民众，又能任贤使能，自然不需要再多做什么了。无为而治：不做什么而使天下太平。治：天下太平。何为：为何，干了什么。恭己：使己恭，自己心存恭敬。正南面：端正地坐在君位上。

【今译】

孔子说："不做什么而使天下太平的人大概就是舜吧？他干了什么呢？他自己心存恭敬、端正地坐在君位上罢了。"

15.6　子张问行①。子曰："言忠信，行笃敬，虽蛮貊之邦行矣。言不忠信，行不笃敬，虽州里行乎哉②？立则见其参于前也，在舆则见其倚于衡也③，夫然后行。"子张书诸绅④。

【辑注】

①朱熹《论语集注》："犹问达之意也。"

②何晏《论语集解》引郑玄曰："万二千五百家为州，五家为邻，五邻为里。'行乎哉'，言不可行。"皇侃《论语义疏》："云欲使道行于世者，出言必使忠信，立行必须笃厚恭敬也。"朱熹《论语集注》："蛮，南蛮。貊，北狄。"

③何晏《论语集解》引包咸曰："衡，轭也。言思念忠信，立则常想见参然在目前，在舆则若倚车轭。"朱熹《论语集注》："言其于忠信笃敬念念不忘，随其所在，常若有见，虽欲顷刻离之而不可得。"王引之《经义述闻》："参字可训

为直,故《墨子·经篇》曰:'参,直也。'《论语》'参于前',谓相值于前也。"

④朱熹《论语集注》:"绅,大带之垂者。书之,欲其不忘也。"

【石按】

本章孔子借子张之问谈论士人的行为准则:说话真诚而守信,做事忠厚而恭敬。行:通达,行得通。忠信:真诚守信。笃敬:忠厚恭敬。蛮貊(mò):古代对周边少数民族的称谓,蛮在南方,貊在北方,此指远方异域。州里:古代基层行政单位,此指本乡本土。立则见其参于前:立地步行就仿佛看见"忠信笃敬"四个字罗列在眼前。立:站立。其:指"忠信笃敬"四个字。参:直向,对着。在舆则见其倚于衡:乘车而行就仿佛看见"忠信笃敬"四个字刻在车前的衡轭上。在舆:在车中,指乘车而行。舆:车箱。倚:倚靠。衡:车辕前的横木。绅:束在腰间并能下垂的大带。

【今译】

子张问如何才能行得通。孔子说:"说话真诚而守信,做事忠厚而恭敬,即使到了远方异域也可以行得通。说话不真诚守信,做事不忠厚恭敬,就是在本乡本土,能行得通吗?立地步行,就仿佛看见'忠信笃敬'四个字罗列在眼前;乘车而行,就仿佛看见'忠信笃敬'四个字刻在车前的衡轭上,这样才能行得通。"子张把这些话写在了腰带上。

15.7 子曰:"直哉史鱼①!邦有道,如矢;邦无道,如矢②。君子哉蘧伯玉!邦有道,则仕;邦无道,则可卷而怀之③。"

【辑注】

①何晏《论语集解》引孔安国曰:"卫大夫史鰌。"皇侃《论语义疏》:"美史鱼之行正直也。"

②皇侃《论语义疏》:"言史鱼之德,恒直如箭,不似国有道无道为变曲也。"杨伯峻《论语译注》:"史鱼……临死时嘱咐他的儿子,不要'治丧正室',以此劝告卫灵公进用蘧伯玉,斥退弥子瑕,古人叫为'尸谏',事见《韩诗外传》卷七。"

③何晏《论语集解》引包咸曰:"卷而怀,谓不与时政,柔顺不忤于人。"朱熹《论语集注》:"卷,收也。怀,藏也。"

【石按】

本章孔子赞叹史鱼和蘧伯玉的处世之道。直:正直。卷:收。怀:藏。

【今译】

孔子说:"史鱼真是正直啊!国家政治清明,他的言行像箭一样直;国家政治黑暗,他的言行还像箭一样直。蘧伯玉真是一位君子啊!国家政治清明,就出来做官;国家政治黑暗,就把自己的本领收藏起来。"

15.8　子曰:"可与言而不与之言,失人;不可与言而与之言,失言。知者不失人,亦不失言①。"

【辑注】

①皇侃《论语义疏》:"谓此人可与共言,而己不与之言,则此人不复见顾,故是失于可言之人也。"李零《丧家狗——我读〈论语〉》:"孔子慎言,对说话

很讲究。"

【石按】

本章孔子强调智者应有知人之明。可与言：可以同他谈论（学问、道德）。知者：智者，聪明的人。

【今译】

孔子说："可以同他谈，却不同他谈，这是错失人才；不可以同他谈，却同他谈，这是浪费言辞。聪明的人既不错失人才，也不浪费言辞。"

15.9　子曰："志士仁人，无求生以害仁，有杀身以成仁[1]。"

【辑注】

[1]何晏《论语集解》引孔安国曰："无求生以害仁，死而后成仁，则志士仁人不爱其身也。"邢昺《论语注疏》："若身死而后成仁，则志士仁人不爱其身，有杀其身以成其仁者也。若伯夷、叔齐及比干是也。"朱熹《论语集注》："志士，有志之士。仁人，则成德之人也。"

【石按】

本章孔子阐明了仁德与生死的关系：仁德高于生命。志士：有志之士。仁人：有仁德之人，后泛指有节操、公而忘私的人。害：损害。

【今译】

孔子说："志士仁人，不能为保全性命而损害仁道，只能牺牲自身来成全仁道。"

15.10　子贡问为仁①。子曰："工欲善其事，必先利其器。居是邦也，事其大夫之贤者，友其士之仁者②。"

【辑注】

①皇侃《论语义疏》："问为仁人之法也。"

②何晏《论语集解》引孔安国曰："言工以利器为用，人以贤友为助。"皇侃《论语义疏》："工，巧师也。器，斧斤之属也。……言人虽有贤才美质，而居住此国，若不仕贤不友仁，则其行不成，如工器之不利也。"

【石按】

本章孔子谈论修习仁德的方法：首先必须与有仁德的人相处。为仁：修习仁德。工：工匠。善其事：做好他的工作。利其器：磨利他的工具。事：敬奉。友：结交。

【今译】

子贡问怎样修养仁德。孔子说："工匠想做好他的工作，必须首先磨利他的工具。你住在一个国家，要敬奉大夫中的贤良卓越者，要结交它的士人中的仁德者。"

15.11　颜渊问为邦①。子曰："行夏之时②，乘殷之辂③，服周之冕④，乐则《韶》、《舞》⑤。放郑声，远佞人。郑声淫，佞人殆⑥。"

【辑注】

①皇侃《论语义疏》："为，犹治也。"邢昺《论语注疏》："问治国之礼法

于孔子也。"

②皇侃《论语义疏》："行夏之时，谓用夏家时节以行事也。三王所尚正朔、服色虽异，而田猎祭祀播种并用夏时，夏时得天之正故也。"

③何晏《论语集解》引马融曰："殷车曰大辂。《左传》曰：'大辂，越席也，昭其俭也。'"邢昺《论语注疏》："乘殷之辂者，殷车曰大辂，谓木辂也。取其俭素，故使乘之。"

④朱熹《论语集注》："周冕有五，祭服之冠也。冠上有覆，前后有旒。黄帝以来，盖已有之，而制度仪等，至周始备。然其为物小，而加于众体之上，故虽华而不为靡，虽费而不及奢。夫子取之，盖亦以为文而得其中也。"杨伯峻《论语译注》："周代的礼帽自然又比以前的华美，孔子是不反对礼服的华美的，赞美禹'致美乎黻冕'可见。"

⑤何晏《论语集解》："《韶》，舜乐也。尽善尽美，故取之。"刘宝楠《论语正义》："俞氏樾《群经平议》：'舞当读为武。'……按：俞说是也。……《韶》、《武》并言，皆孔子所取也。《武》为周一代之乐，合文、武、周公所作乐名之。"杨伯峻《论语译注》："《韶》是舜时的音乐，'舞'同'武'，周武王时的音乐。"

⑥何晏《论语集解》引孔安国曰："郑声、佞人，亦俱能惑人心，与雅乐、贤人同。而使人淫乱危殆，故当放远之。"

【石按】

本章孔子主张治理国家的政治制度应吸收历代政制的长处，体现了儒家文化的包容性。同时又要杜绝导致社会动荡的苗头。为邦：治理国家。行夏之时：用夏代的历法。乘殷之辂（lù）：乘坐商代的车子。服周之冕：戴着周朝的礼帽。夏代的历法有利于农业生产，商代的车子朴实适用，周代的礼帽华美讲究，

《韶》、《武》之乐优美动听。这些都符合孔子理想的生活方式。放：舍弃。远：远离。

【今译】

颜渊问怎样治理国家。孔子说："用夏代的历法，乘坐商代的车子，戴着周朝的礼帽，音乐就采用《韶》与《武》。舍弃郑国的音乐，远离巧嘴的小人。郑国的音乐淫荡，巧嘴的小人危险。"

15.12　子曰："人无远虑，必有近忧①。"

【辑注】

①何晏《论语集解》引王肃曰："君子当思患而预防之。"皇侃《论语义疏》："人生当思渐虑远，防于不然，则忧患之事不得近至。若不为远虑，则忧患之来不朝则夕，故云'必有近忧'也。"李零《丧家狗——我读〈论语〉》："'远'和'近'，可以是时间上的，也可以是空间上的。"

【石按】

本章孔子强调人应当思渐虑远，防患于未然。远虑：长远的打算。近忧：眼前的忧患。

【今译】

孔子说："一个人如果没有长远的打算，一定会有眼前的忧患。"

15.13 子曰："已矣乎！吾未见好德如好色者也①。"

【辑注】

①朱熹《论语集注》："已矣乎，叹其终不得而见也。"杨伯峻《论语译注》："据《史记·孔子世家》，孔子'居卫月余，灵公与夫人（南子）同车，宦者雍渠参乘出，使孔子为次乘，招摇市过之'。孔子因发这一感叹。"

【石按】

本章孔子再次感叹世人薄德厚色，道德水准下降。已矣乎：完了吧。参见9.18。

【今译】

孔子说："完了吧！我没有见过喜爱美好德行能像喜爱美色那样的人。"

15.14 子曰："臧文仲其窃位者与？知柳下惠之贤而不与立也①。"

【辑注】

①何晏《论语集解》引孔安国曰："柳下惠，展禽。知贤而不举，是为窃位者。"皇侃《论语义疏》："凡在位者，当助君举贤才以共匡佐。而文仲在位，知柳下惠之贤而不荐之于君，使与己同立公朝，所以是素餐盗位也。"朱熹《论语集注》："与立：谓与之并立于朝。"杨伯峻《论语译注》："柳下惠：鲁国贤者，本名展获，字禽，又叫展季。'柳下'可能是其所居，因以为号；据《列女传》，'惠'是由他的妻子的倡议给他的私谥（不由国家授予的谥号叫私谥）。"

【石按】

本章孔子把举贤当作考察政绩的重要标准，勉励在位者举贤与能。窃位：身居官位而不称职。知：了解。与立：推荐他与自己同朝共事。

【今译】

孔子说："臧文仲大概是个窃据官位而不称职的人吧？了解柳下惠的贤德，却不推荐他与自己同朝为官。"

15.15　子曰："躬自厚而薄责于人，则远怨矣①！"

【辑注】

①何晏《论语集解》引孔安国曰："责己厚，责人薄，所以远怨咎。"朱熹《论语集注》："责己厚，故身益修；责人薄，故人易从。"

【石按】

本章孔子提倡严于律己、宽以待人。躬自：自己对自己，自我。厚：厚责，重责，多责备。薄责：轻责，少责备。

【今译】

孔子说："多责备自己，少责备别人，就会远离怨恨了。"

15.16　子曰："不曰'如之何，如之何'者，吾末如之何也已矣①。"

【辑注】

①皇侃《论语义疏》引李充云:"谋之于其未兆,治之于其未乱,何当至于临难而方曰'如之何'也?"邢昺《论语注疏》:"末,无也。"朱熹《论语集注》:"如之何如之何者,熟思而审处之辞也。不如是而妄行,虽圣人亦无如之何矣。"杨伯峻《论语译注》:"'不曰如之何'意思就是不动脑筋。"

【石按】

本章孔子提醒人们要经常思考怎么办的问题,要防患于未然,要有忧患意识,正所谓生于忧患,死于安乐。如之何:怎么办。《论语》中的"如之何"多是向人请教之语,连言"如之何",是反复考虑怎么办。末如之何:无如之何,不知怎么办。

【今译】

孔子说:"从来不思考'怎么办、怎么办'的人,我对他也不知怎么办了。"

15.17　子曰:"群居终日,言不及义,好行小慧,难矣哉①!"

【辑注】

①何晏《论语集解》引郑玄曰:"小慧,谓小小之才智。难矣哉,言终无成。"邢昺《论语注疏》:"但好行小小才智以陵夸于人,难有所成矣哉。"傅佩荣《〈论语〉新解》:"'义'即道义,就是人生的'应该',如原则与理想。'慧'指卖弄小聪明。……实则难以走上正道。"

【石按】

本章孔子认为士人相聚应切磋学问,进德修业,不应卖弄小聪明。义:道义。行小慧：卖弄小聪明。难矣哉：难以有所成就了。

【今译】

孔子说："一群人成天在一起，说的是无关道义的话，又喜欢卖弄小聪明，这种人难以有所成就了。"

15.18　子曰："君子义以为质，礼以行之，孙以出之，信以成之①。君子哉！"

【辑注】

①何晏《论语集解》引郑玄曰："义以为质，谓操行。孙以出之，谓言语。"皇侃《论语义疏》："质，本也。"

【石按】

本章孔子认为君子应以义为做事的根本。义以为质：以义为质，以义为做事的根本。质：根本。礼以行之：以礼行之，用礼仪来实行它。孙以出之：以孙出之，用谦逊的言语来表达它。孙：通"逊"，谦逊。出：此处指表达。信以成之：以信成之，靠诚信来成就它。成：完成，成就。

【今译】

孔子说："君子以义为做事的根本，用礼仪来实行它，用谦逊的言语来表达它，靠诚信来成就它。这才是君子啊！"

15.19　子曰："君子病无能焉，不病人之不己知也①。"

【辑注】

①皇侃《论语义疏》:"病,犹患也。君子之人,常患己无才能耳,不患己有才能而人不见知之也。"

【石按】

本章孔子又一次劝人着力提高自己的能力,不要埋怨别人不重视自己。《宪问》:"不患人之不己知,患其不能也。"与此章意义相通。病:以……为病,以……为忧,担心。不己知:不知己,不了解自己。

【今译】

孔子说:"君子担心自己没有才能,不担心别人不了解自己。"

15.20 子曰:"君子疾没世而名不称焉①。"

【辑注】

①何晏《论语集解》:"疾,犹病也。"皇侃《论语义疏》:"没世,谓身没以后也。"邢昺《论语注疏》:"言君子病其终世而善名不称也。"

【石按】

本章孔子认为君子应在生前努力修德,立名于世,体现了儒家积极入世的情怀。疾:痛恨。没世:死后。称:被称颂。

【今译】

孔子说:"君子痛恨死后名声不被称颂。"

15.21　子曰："君子求诸己，小人求诸人①。"

【辑注】

①何晏《论语集解》："君子责己，小人责人。"皇侃《论语义疏》："求，责也。君子自责己德行之不足，不责人也。小人不自责己，而责人之也。"

【石按】

本章孔子认为君子应严于律己。求：要求。诸：之于。

【今译】

孔子说："君子严格要求自己，小人苛刻要求别人。"

15.22　子曰："君子矜而不争，群而不党①。"

【辑注】

①何晏《论语集解》引包咸曰："矜，矜庄也。"朱熹《论语集注》："庄以持己曰矜。然无乖戾之心，故不争。和以处众曰群。然无阿比之意，故不党。"刘宝楠《论语正义》："矜易于争，群易于党，故君子绝之。"

【石按】

本章含"周而不比"、"和而不同"之义。矜：矜持自重。争：争名夺利。群：合群团结。党：结党营私。

【今译】

孔子说："君子矜持自重而不争名夺利，合群团结而不结党营私。"

15.23　子曰："君子不以言举人，不以人废言①。"

【辑注】

①何晏《论语集解》引包咸曰："有言者不必有德，故不可以言举人。"何晏《论语集解》引王肃曰："不可以无德而废善言。"皇侃《论语义疏》："举人必须知其德行，不可听言而荐举之。""又不可以彼人之卑贱而废其美言而不用也。"

【石按】

本章孔子论用人纳言之道。举：举荐。言：好的言论。

【今译】

孔子说："君子不能仅凭一个人有好的言论就举荐他，也不能因为一个人有不好的地方而否定他好的言论。"

15.24　子贡问曰："有一言而可以终身行之者乎①？"子曰："其'恕'②乎？己所不欲，勿施于人③。"

【辑注】

①皇侃《论语义疏》："问求善事，欲以终身奉行之也。"

②皇侃《论语义疏》："恕谓内忖己心，外以处物。言人在世，当终身行于恕也，故云'其恕乎'。"

③何晏《论语集解》："言己之所恶，勿加施于人。"

【石按】

本章孔子以恕道教导子贡。一言：这里指一个字。行：奉行。其：大概。

施：施行，强加。"己所不欲，勿施于人"就是恕道。参见 12.2。

【今译】

子贡问道："有一个字可以终身奉行的吗？"孔子说："大概是'恕'吧？自己不想要的，不要强加给别人。"

15.25 子曰："吾之于人也，谁毁谁誉？如有所誉者，其有所试矣①。斯民也，三代之所以直道而行也②。"

【辑注】

①何晏《论语集解》引包咸曰："所誉者辄试以事，不虚誉而已。"皇侃《论语义疏》："孔子曰：我之于世，平等如一，无有憎爱毁誉之心，故云'谁毁谁誉'之也。""既平等一心，不有毁誉，然君子掩恶扬善，善则宜扬。而我从来若有所誉者，皆不虚妄，必先试验其德，而后乃誉之耳，故云'其有所试矣'。"

②何晏《论语集解》引马融曰："三代，夏、殷、周。用民如此，无所阿私，所以云'直道而行'。"朱熹《论语集注》："斯民者，今此之人也。三代，夏、商、周也。直道，无私曲也。言吾之所以无所毁誉者，盖以此民，即三代之时所以善其善、恶其恶而无所私曲之民。故我今亦不得而枉其是非之实也。"

【石按】

本章孔子认为，毁誉他人必须持谨慎态度，必须有所验证。谁毁谁誉：毁谁誉谁。诋毁过谁？称赞过谁？试：检验、考察。斯民：这些经过考察的人。三代之所以直道而行也：夏商周三代就依靠他们直道而行。

【今译】

孔子说:"我对于别人,诋毁过谁?称赞过谁?如果有称赞别人的情况,那一定是经过检验考察了的。这些经过考察的人,夏商周三代就依靠他们直道而行。"

15.26 子曰:"吾犹及史之阙文也,有马者借人乘之。今亡矣夫①!"

【辑注】

①何晏《论语集解》引包咸曰:"古之良史,于书字有疑,则阙之以待知者。有马不能调良,则借人乘习之。孔子自谓及见其人如此,至今无有矣。言此者,以俗多穿凿。"皇侃《论语义疏》:"亡,无也。当孔子末年时,史不识字,辄擅而不阙,有马不调,则耻云其不能,必自乘之,以致倾覆,故云'今亡也矣夫'。"钱穆《论语新解》:"史阙文,以待问。马不能驭,借人之能代己调服。此皆谨笃服善之风。一属书,一属御,孔子举此为学六艺者言,即为凡从事于学者言。孔子早年犹及见此二事,后遂无之,亦举以陈世变。"

【石按】

本章孔子感叹世风日下。及:及见,赶上看见。阙文:有疑而空缺的文字。"阙":通"缺"。亡:无。

【今译】

孔子说:"我还看到过史书上有空缺的字,又看到过有马不能驾驭而借给别人调服的现象。如今则没有这种情况了。"

15.27　子曰："巧言乱德。小不忍则乱大谋①。"

【辑注】

①何晏《论语集解》引孔安国曰："巧言利口，则乱德义。小不忍，则乱大谋。"皇侃《论语义疏》："人须容忍，则大事乃成。若不能忍小，则大事之谋乱矣。"

【石按】

本章孔子告诫人们要慎言，要容忍。

【今译】

孔子说："花言巧语会惑乱道德。小事不能容忍就会坏了大的计谋。"

15.28　子曰："众恶之，必察焉；众好之，必察焉①。"

【辑注】

①何晏《论语集解》引王肃曰："或众阿党比周，或其人特立不群，故好恶不可不察也。"钱穆《论语新解》："或有特立独行，亦有为大义冒不韪而遭众恶者，亦有违道以邀誉，矫情以钓名，而获众好者。众恶众好，其人其事必属非常，故必当审察。"

【石按】

本章孔子强调对舆论必须分析考察，坚持是非标准，不可盲目从众。

【今译】

孔子说："众人都厌恶他，一定对他加以考察；众人都喜欢他，一定对他加以考察。"

15.29 子曰："人能弘道，非道弘人①。"

【辑注】

①何晏《论语集解》引王肃曰："才大者道随大，才小者道随小，故不能弘人。"朱熹《论语集注》："弘，廓而大之也。"孙钦善《论语注译》："强调修养仁道决定于人的主观努力，大意说人只要努力便能学到道的博大内容，如果不努力，博大的道也不能使人伟大起来。"

【石按】

本章孔子论人与道的关系。弘：宏扬。

【今译】

孔子说："人能宏扬道，不是道能宏扬人。"

15.30 子曰："过而不改，是谓过矣①。"

【辑注】

①朱熹《论语集注》："过而能改，则复于无过。惟不改则其过遂成，而将不及改矣。"刘宝楠《论语正义》："《韩诗外传》三：孔子曰：'过而改之，是不过也。'当本此文而反言之。"

【石按】

本章孔子告诫人们要善于改过。过：过错。第一个"过"用如动词，第二个"过"是名词。

【今译】

孔子说："犯了过错而不改正，这才真叫过错了。"

15.31 子曰："吾尝终日不食，终夜不寝，以思，无益，不如学也①。"

【辑注】

①皇侃《论语义疏》："言我尝竟日终夕不食不眠，以思天下之理，唯学益人，余事皆无益，故云'不如学也'。"朱熹《论语集注》："此为思而不学者言之。"

【石按】

本章孔子劝人学习，认为徒思无益。

【今译】

孔子说："我曾经整天不吃，整夜不睡，去想，没有益处，不如去学习。"

15.32 子曰："君子谋道不谋食。耕也，馁在其中矣；学也，禄在其中矣。君子忧道不忧贫①。"

【辑注】

①何晏《论语集解》引郑玄曰："馁，饿也。言人虽念耕而不学，故饥饿。

学则得禄,虽不耕,而不馁。此劝人学。"朱熹《论语集注》:"耕所以谋食,而未必得食。学所以谋道,而禄在其中。然其学也,忧不得乎道而已;非为忧贫之故,而欲为是以得禄也。"

【石按】

本章孔子劝人专心求道,也含劝学之义。馁(něi):饥饿。

【今译】

孔子说:"君子谋求仁道而不谋求衣食。亲自耕田,得到的是饥饿;努力学习,得到的是俸禄。君子只担心得不到道,不担心得不到财。"

15.33 子曰:"知及之,仁不能守之,虽得之,必失之①。知及之,仁能守之,不庄以莅之,则民不敬②。知及之,仁能守之,庄以莅之,动之不以礼,未善也③。"

【辑注】

①何晏《论语集解》引包咸曰:"知能及治其官,而仁不能守,虽得之,必失之。"皇侃《论语义疏》:"谓人有智识,得及为官位者,故云'智及之'也。"邢昺《论语注疏》:"得位由知,守位在仁。"

②何晏《论语集解》引包咸曰:"不严以临之,则民不敬从其上。"皇侃《论语义疏》:"莅,临也。"

③何晏《论语集解》引王肃曰:"动必以礼,然后善。"朱熹《论语集注》:"动之,动民也。犹曰鼓舞而作兴之云尔。"

【石按】

　　本章孔子谈论治民之道，强调为政治民必须做到智、仁、庄、礼，四者缺一不可。知及之：智慧足以得到它。之：指官位。知：通"智"，指智慧、才智。庄以莅之：用庄严的态度去对待它。动之不以礼：不以礼动之，不按礼仪来指使它。之：指民众。

【今译】

　　孔子说："智慧足以得到它（指官位），仁德不能守住它，即使得到了它，必失掉它。智慧足以得到它，仁德能够守住它，如果不用庄严的态度去对待，那么老百姓就不会尊敬你。智慧足以得到它，仁德能够守住它，用庄严的态度来对待，却不按礼仪来指使民众，那也没有达到尽善的地步。"

15.34　子曰："君子不可小知而可大受也，小人不可大受而可小知也①。"

【辑注】

　　①何晏《论语集解》引王肃曰："君子之道深远，不可小了知，而可大受。小人之道浅近，可小了知，而不可大受也。"朱熹《论语集注》："盖君子于细事未必可观，而材德足以任重；小人虽器量浅狭，而未必无一长可取。"程树德《论语集释》："《淮南子·主术训》：是故有大略者不可责以捷巧，有小智者不可任以大功。"

【石按】

　　本章孔子论君子与小人各有所长，也各有所短。小知：小技巧。大受：接受重大任务。

【今译】

孔子说:"君子没办法在小技巧上显示才干,却可以接受重大任务;小人没办法接受重大任务,却可以在小技巧上显示才干。"

15.35 子曰:"民之于仁也,甚于水火①。水火,吾见蹈而死者矣,未见蹈仁而死者也②。"

【辑注】

①何晏《论语集解》引马融曰:"水火及仁,皆民所仰而生者,仁最为甚。"邢昺《论语注疏》:"言水火,饮食所由;仁者,善行之长,皆民所仰而生者也。若较其三者所用,则仁最为甚也。"

②何晏《论语集解》引马融曰:"蹈水火,或时杀人。蹈仁,未尝杀人。"邢昺《论语注疏》:"水火虽所以养人,若履蹈之,或时杀人。若履行仁道,未尝杀人也。"朱熹《论语集注》:"民之于水火,所赖以生,不可一日无。其于仁也亦然。但水火外物,而仁在己。无水火,不过害人之身,而不仁则失其心。是仁有甚于水火,而尤不可以一日无也。况水火或有时而杀人,仁则未尝杀人,亦何惮而不为哉?"

【石按】

本章孔子劝人践行仁道。蹈:走进。蹈仁:走进仁道,践行仁道。

【今译】

孔子说:"老百姓对于仁道,比水火还更要依赖。但是,我看见过走进水火而淹死烧死的,却从没有看见过有践行仁道而死的。"

15.36 子曰:"当仁,不让于师①。"

【辑注】

①何晏《论语集解》引孔安国曰:"当行仁之事,不复让于师,言行仁急。"皇侃《论语义疏》:"弟子每事则宜让师,唯行仁宜急,不得让师也。"朱熹《论语集注》:"当仁,以仁为己任也。虽师亦无所逊,言当勇往而必为也。"

【石按】

本章孔子鼓励门人弟子要急于实行仁道,要勇于实行仁道。亚里士多德说:"吾爱吾师,吾更爱真理。"此与孔子意同而言殊。当仁:遇到实行仁德的时机。当:值,遇到,面对。让:谦让。

【今译】

孔子说:"遇到践行仁道的时机,连老师也不要谦让。"

15.37 子曰:"君子贞而不谅①。"

【辑注】

①何晏《论语集解》引孔安国曰:"贞,正。谅,信也。君子之人正其道耳,言不必小信。"朱熹《论语集注》:"贞,正而固也。谅,则不择是非而必于信。"李零《丧家狗——我读〈论语〉》:"'贞'与'谅'都是信。但信和信不一样。'贞'是遵守原则的信,只要不违反原则,可以有所变通。'谅'不同,它是拘泥小信,死守诺言。孔子说'言必信,行必果'是'硁硁然小人哉'。"

【石按】

本章孔子谈论如何守信的问题，强调要坚守大道，不应拘泥于小信。贞：遵守原则而又懂得变通的大信。谅：无原则而又拘泥死守的小信。

【今译】

孔子说："君子讲遵守原则而又懂得变通的大信，却不讲无原则而又拘泥死守的小信。"

15.38 子曰："事君，敬其事而后其食[①]。"

【辑注】

①何晏《论语集解》引孔安国曰："先尽力，而后食禄。"刘宝楠《论语正义》："《郡斋读书志》载《蜀石经》作'敬其事而后食其禄'，是依注文妄增。"钱穆《论语新解》："尽职为先，食禄为后，此乃事君之道。"

【石按】

本章孔子讲述臣下事奉君主的原则。敬其事：认真做好他的事情，首先尽职工作。敬：恭敬，认真去做。后其食：然后领受他的俸禄，把食禄之心放在后面。食：食禄。

【今译】

孔子说："事奉国君的原则是，首先尽职工作，把食禄之心放在后面。"

15.39　子曰："有教无类①。"

【辑注】

①何晏《论语集解》引马融曰："言人所在见教，无有种类。"皇侃《论语义疏》："人乃有贵贱，同宜资教，不可以其种类庶鄙而不教之。教之则善，本无类也。"钱穆《论语新解》："人有差别，如贵贱、贫富、智愚、善恶之类。惟就教育而言，则当因地因材，掖而进之，感而化之，作而成之，不复有类。"

【石按】

本章是孔子教育平等的主张。孔子主张有教无类，仅指受教育的对象而言，要一视同仁，没有类别之分，没有贵贱之别。但具体的教育内容和教育方法，还是要因人而异，因材施教。有教：只该有教化。教：教化。无类：不再分类别。类：种类，类别。

【今译】

孔子说："人只该有教化，不再分类别。"

15.40　子曰："道不同，不相为谋①。"

【辑注】

①邢昺《论语注疏》："若道同者共谋，则情审不误；若道不同而相为谋，则事不成也。"朱熹《论语集注》："不同，如善恶邪正之异。"

【石按】

本章孔子认为共同谋事的前提是"道"同。"道"指某些根本原则，如思想主张、政治立场、宗教信仰、学术见解等。

【今译】

孔子说："思想主张不同，就不必共相谋划。"

15.41 子曰："辞达而已矣①。"

【辑注】

①何晏《论语集解》引孔安国曰："凡事莫过于实，辞达则足矣，不烦文艳之辞。"朱熹《论语集注》："辞，取达意而止，不以富丽为工。"

【石按】

本章孔子谈言辞表达之法。达：通达。孔子主张言辞以达意为目的，一贯反对"巧言"。

【今译】

孔子说："言辞能做到达意就可以了。"

15.42 师冕见①，及阶，子曰："阶也。"及席，子曰："席也。"皆坐，子告之曰："某在斯，某在斯②。"

师冕出。子张问曰："与师言之道与？"子曰："然。固相师之道也③。"

【辑注】

①何晏《论语集解》引孔安国曰："师，乐人盲者，名冕。"

②何晏《论语集解》引孔安国曰："历告以坐中人姓字、所在处。"皇侃《论语义疏》："及，至也。阶，孔子家堂阶也。……师冕盲，来见至阶，孔子语之云'阶也'，使之知而登之也。"

③何晏《论语集解》引马融曰："相，导也。"朱熹《论语集注》："古者瞽必有相，其道如此。盖圣人于此，非作意而为之，但尽其道而已。"

【石按】

本章孔子教子张相师之道，体现了孔子对待残疾人的仁爱态度，同时这也是礼的一种表现形式。师冕：乐帅，名冕，古代的乐师一般是盲人。阶：台阶。席：坐席。某在斯：某某人在这里。孔子列举在座之人一一告诉师冕。固相师之道：这本来就是帮助乐师的方式。固：本来。相：帮助。

【今译】

有个叫冕的乐师来见孔子，走到台阶边，孔子说："这里是台阶。"走到坐席旁，孔子说："这是坐席。"等大家都坐下了，孔子告诉他："某某人在这里，某某人在这里。"

师冕走了以后，子张问道："这就是与乐师谈话的方式吗？"孔子说："对，这本来就是帮助乐师的方式。"

季氏第十六

16.1　季氏将伐颛臾①。冉有、季路见于孔子曰:"季氏将有事于颛臾②。"

孔子曰:"求!无乃尔是过与③?夫颛臾,昔者先王以为东蒙主,且在邦域之中矣,是社稷之臣也。何以伐为④?"

冉有曰:"夫子欲之⑤,吾二臣者皆不欲也。"

孔子曰:"求!周任有言曰:'陈力就列,不能者止⑥。'危而不持,颠而不扶,则将焉用彼相矣⑦?且尔言过矣,虎兕出于柙,龟玉毁于椟中,是谁之过与⑧?"

冉有曰:"今夫颛臾,固而近于费⑨。今不取,后世必为子孙忧。"

孔子曰:"求!君子疾夫舍曰欲之,而必为之辞⑩。丘也闻有国有家者,不患寡而患不均,不患贫而患不安⑪。盖均无贫,和无寡,安无倾⑫。夫如是,故远人不服,则修文德以来之。既来之,则安之⑬。今由与求也,相夫子,远人不服而不能来也;邦分崩离析,而不能守也⑭;而谋动干戈于邦内。吾恐季孙之忧，不在颛臾，而在萧墙之内也⑮。"

【辑注】

①何晏《论语集解》引孔安国曰："颛臾，伏羲之后，风姓之国。本鲁之附庸，当时臣属鲁。季氏贪其土地，欲灭而取之。冉有与季路为季氏臣，来告孔子。"

②皇侃《论语义疏》："有事，谓有征伐之事也。"

③何晏《论语集解》引孔安国曰："冉求为季氏宰，相其室，为之聚敛，故孔子独疑求，教之。"

④皇侃《论语义疏》："言颛臾是昔先王之所立，以主蒙山之祭。蒙山在东，故云'东蒙主'也。既是先王所立，又为祭祀之主，故不可伐也。"朱熹《论语集注》："社稷，犹云公家。是时四分鲁国，季氏取其二，孟孙、叔孙各有其一。独附庸之国尚为公臣，季氏又欲取以自益。故孔子言颛臾乃先王封国，则不可伐；在邦域之中，则不必伐；是社稷之臣，则非季氏所当伐也。"杨逢彬《论语新注新译》："社稷之臣，某国安危所倚重的重臣。"

⑤皇侃《论语义疏》："夫子，指季氏也。"朱熹《论语集注》："冉有实与谋，以孔子非之，故归咎于季氏。"

⑥何晏《论语集解》引马融曰："周任，古之良史。言当陈其才力，度己所任，以就其位，不能则当止。"皇侃《论语义疏》："若自量才不堪，则当止而不为也。"

⑦何晏《论语集解》引包咸曰："言辅相人者，当能持危扶颠，若不能，何用相为？"朱熹《论语集注》："相，瞽者之相也。言二子不欲则当谏，谏而不听，则当去也。"

⑧朱熹《论语集注》:"柙,槛也。椟,匮也。言在柙而逸,在椟而毁,典守者不得辞其过。明二子居其位而不去,则季氏之恶,己不得不任其责也。"

⑨皇侃《论语义疏》:"言所以伐颛臾者,城郭甲兵坚利,复与季氏邑相近之也。"朱熹《论语集注》:"费,季氏之私邑。此则冉求之饰辞,然亦可见其实与季氏之谋矣。"

⑩何晏《论语集解》引孔安国曰:"舍其贪利之说,而更作他辞,是所疾也。"皇侃《论语义疏》:"舍,犹除也。冉有不道季氏贪欲滥伐,是舍曰欲之,而假称颛臾固近费,是是而必为之辞。"

⑪何晏《论语集解》引孔安国曰:"国,诸侯。家,卿大夫。不患土地人民之寡少,患政理之不均平。"程树德《论语集释》:"《群经平议》:寡、平二字传写互易,此本作'不患贫而患不均,不患寡而患不安。'贫以财言,不均亦以财言,财宜平均,不均,则不如无财矣,故不患贫而患不均也。寡以人言,不安亦以人言,人宜乎安,不安,则不如无人矣,故不患寡而患不安也。"杨朝明《论语诠解》:"不患寡而患不均,不患贫而患不安:此句历来学者都有争议,认为寡与平应该易位。……程树德认为原文没有问题。《定州汉墓竹简〈论语〉》亦为'不患贫而患不安',今从竹简本。"杨逢彬《论语新注新译》:"目前各《论语》注本都认为这两句当作'不患贫而患不均,不患寡而患不安',说本俞樾《群经平议》。……综上,俞樾的说法明显证据不足,不足以服人。"

⑫朱熹《论语集注》:"寡,谓民少。贫,谓财乏。均,谓各得其分。安,谓上下相安。季氏之欲取颛臾,患寡与贫耳。然是时季氏据国,而鲁公无民,则不均矣。君弱臣强,互生嫌隙,则不安矣。均则不患于贫而和,和则不患于寡而安,安则不相疑忌,而无倾覆之患。"

⑬朱熹《论语集注》:"内治修,然后远人服。有不服,则修德以来之,亦

不当勤兵于远。"

⑭何晏《论语集解》引孔安国曰："民有异心曰分，欲去曰崩，不可会聚曰离析。"

⑮朱熹《论语集注》："萧墙，屏也。言不均不和，内变将作。其后哀公果欲以越伐鲁而去季氏。"刘宝楠《论语正义》："方氏观旭《偶记》：'窃谓斯时哀公欲去三桓，季氏实为隐忧。……又畏颛臾世为鲁臣，与鲁犄角以逼己，惟有谋伐颛臾，克之。……然则萧墙之内何人？鲁哀公耳，不敢斥君，故婉言之。'"

【石按】

本章孔子通过训斥冉求和子路不能阻止季氏专权征伐，反映了他反征伐、均贫富、用德政招徕远人的政治思想。季氏：季孙氏，鲁国最有权势的贵族，这里指季康子。颛臾（zhuān yú）：春秋时鲁国的一个附庸国，在今山东费县西北。冉有、季路见于孔子：冉有、季路都是孔子的弟子，当时都是季康子的家臣。见（xiàn）：谒见。有事：有战争之事。事：指军事。无乃尔是过与：无乃过尔欤？恐怕要责备你们吧？无乃……欤：恐怕……吧。尔是过：过尔，责备你们。是：指示代词，前置宾语。过：责备，动词。先王以为东蒙主：周代的先王已封它做东蒙山的主祭者。主：主祭人。在邦域之中：在鲁国境内。社稷之臣：鲁国安危所倚重的重臣。何以伐为：为什么要讨伐它呢？何以……为：为什么……呢？为：疑问语气词。夫子欲之：季孙大夫想要这样。夫子：指季康子。周任：古代的良史。陈力就列，不能者止：量力任职，不能干就辞职。陈力：量力。就列：任职。止：停止做官，辞职。危而不持，颠而不扶，则将焉用彼相矣：见人站不稳而不能扶住，见人跌倒却不能扶起，那么又何用那个人做辅相呢？危：站不稳。持：扶住。颠：跌倒。扶：扶起。相（xiàng）：扶着瞎子走路的人。虎兕出于柙，龟玉毁于椟中，是谁之过与：老虎犀牛从笼中跑出,龟甲美玉在匣子里毁坏了,这是谁的过错呢?兕(sì):独角犀。柙(xiá):关猛兽的笼子。椟(dú):匣子。固而近于费:城郭坚固而且靠近费邑。固:指城郭坚固。近:靠近。费(bì):季氏的私邑,在今山东费县西南。君子疾夫舍曰欲之,而必为之辞:君子痛恨那种不肯说自己想要那样做而又一定为之找托词的做法。疾:痛恨。夫:那种,代词。舍:舍弃,后写作"捨"。有国有家者:诸侯和卿大夫。不患寡而患不均,不患贫而患不安:不怕人民少,而怕人口分配不平均;不怕贫穷,而怕社会不安定。寡:指人口少。文:文教,指礼乐。既来之,则安之:既然使他们归附了,那么就要使他们安定。来之、安之:都是使动用法。使之来:使他们归附。使之安:使他们安定。相(xiàng):辅佐。分崩离析:四分五裂。谋动干戈于邦内:在国内策划战争。干戈:指军事。干:本指盾牌。戈:本指古代用来刺杀的一种长柄兵器。萧墙之内:宫廷之内。暗指鲁哀公。

【今译】

季氏将去讨伐颛臾。冉有、子路谒见孔子说:"季氏将对颛臾发动战争。"

孔子说:"冉求!恐怕要责备你们吧?颛臾,从前周代的先王已封它做东蒙山的主祭者,并且在鲁国境内,是鲁国安危所倚重的重臣,为什么要讨伐它呢?"

冉有说:"季孙大夫想要这样,我们两个臣下都不想这样。"

孔子说:"冉求!周任有句话说:'量力任职,不能干就辞职。'见人站不稳而不能扶住,见人跌倒却不能扶起,那么又何用那个人做辅相呢?而且你的话也错了,老虎犀牛从笼中跑出,龟甲美玉在匣子里毁坏了,这是谁的过错呢?"

冉有说:"现在颛臾城郭坚固,而且靠近费邑。现在不攻取它,将来一定会成为子孙的忧患。"

孔子说:"冉求!君子痛恨那种不肯说自己想要那样做而又一定为之找托词

的做法。我听说，有国的诸侯和有家的卿大夫，不怕人民少，而怕人口分配不平均；不怕贫穷，而怕社会不安定。大概平均就没有贫穷，和睦就不会有寡少，安定政权就不会倾覆。如果做到这样，远方的人还不宾服，那么就修治礼乐和仁德使他们归附。既然使他们归附了，那么就要使他们安定。现在，仲由和冉求，辅佐季氏，远方的人不宾服，而不能使他们归附；国家四分五裂，却不能保全；反而在国内策划战争。我担心季孙的忧患不在颛臾，而在宫廷之内。"

16.2　孔子曰："天下有道，则礼乐征伐自天子出①；天下无道，则礼乐征伐自诸侯出。自诸侯出，盖十世希不失矣②；自大夫出，五世希不失矣③；陪臣执国命，三世希不失矣④。天下有道，则政不在大夫。天下有道，则庶人不议⑤。"

【辑注】

①邢昺《论语注疏》："王者功成，制礼治，定作乐，立司马之官，掌九伐之法，诸侯不得制作礼乐，赐弓矢，然后专征伐。"

②何晏《论语集解》引孔安国曰："希，少也。周幽王为犬戎所杀，平王东迁，周始微弱。诸侯自作礼乐，专行征伐，始于隐公，至昭公，十世失政，死于乾侯。"

③何晏《论语集解》引孔安国曰："季文子初得政，至桓子五世，为家臣阳虎所囚。"

④何晏《论语集解》引马融曰："陪，重也，谓家臣。阳虎为季氏臣，至虎三世而出奔齐。"

⑤朱熹《论语集注》:"上无失政,则下无私议。非箝其口使不敢言也。"

【石按】

本章孔子论述了春秋时国家政治得失的大趋势。齐国自桓公称霸,从孝公至简公共十世,简公被陈恒所杀,孔子亲身见到;晋自文公称霸,从襄公至顷公共九世,其间六卿专权,也是孔子亲见。所以说"十世希不失"。鲁自季友专政,历文子、武子、平子、桓子而为阳虎所执,孔子更是亲身感受。所以说"五世希不失"。至于鲁国季氏的家臣南蒯、公山弗扰、阳虎之流都当身而败,不曾到过三世。礼乐征伐:指制礼作乐及发令征伐的权力。礼乐征伐自诸侯出:反映了天子权力的削弱,诸侯权力的膨胀。大国称霸的春秋时代就是如此。自大夫出:反映了诸侯权力的削弱,大夫专权公室。季孙、孟孙、叔孙三桓专鲁权是典型代表。陪臣执国命:大夫的家臣把持国家政权。季氏的家臣阳虎操纵鲁国的政权就是例证。希:少。陪臣:家臣。议:非议。

【今译】

孔子说:"天下政治清明,那么制礼作乐和出兵征伐都由天子决定;天下政治黑暗,那么制礼作乐和出兵征伐都由诸侯决定。由诸侯决定,大约传到十代很少有不失掉的;由大夫决定,传到五代很少有不失掉的;大夫的家臣把持国家政权,传到三代很少有不失掉的。天下政治清明,那么政令不会由大夫决定。天下政治清明,那么老百姓就不会非议国家政治了。"

16.3 孔子曰:"禄之去公室五世矣①,政逮于大夫四世矣②,故夫三桓之子孙微矣③。"

【辑注】

①何晏《论语集解》引郑玄曰："言此之时，鲁定公之初。鲁自东门襄仲杀文公之子赤而立宣公，于是政在大夫，爵禄不从君出，至定公为五世矣。"皇侃《论语义疏》："公，君也。禄去君室，谓制爵禄出于大夫，不复关君也。"

②皇侃《论语义疏》："逮，及也。制禄不由君，故及大夫也。"程树德《论语集释》："《论语稽求篇》：然而其五世何也？曰宣、成、襄、昭、定也。……其四世何也？曰文、武、平、桓也。"

③何晏《论语集解》引孔安国曰："三桓，谓仲孙、叔孙、季孙。三卿皆出桓公，故曰'三桓'也。仲孙氏改其氏称孟氏。至哀公，皆衰。"

【石按】

本章孔子论述春秋时鲁国国家政权的更替与走势。禄：爵禄，这里指爵禄赏罚等权力。去：离开。五世：指鲁宣公、成公、襄公、昭公、定公五代。逮：及，到，落到。四世：指季孙氏文子、武子、平子、桓子四代。三桓：鲁国的三卿仲孙（任司空）、叔孙（任司马）、季孙（任司徒）都是鲁桓公的后代，故称三桓。微：衰微。鲁国三桓至鲁定公时权势已衰。

【今译】

孔子说："鲁国国君失去爵禄赏罚的权力已经有五代了，政权落到大夫之手已经四代了，所以三桓的子孙也衰微了。"

16.4　孔子曰："益者三友，损者三友。友直，友谅，友多闻①，益矣。友便辟，友善柔，友便佞②，损矣。"

【辑注】

①皇侃《论语义疏》："一益也。所友得正直之人也。二益也。所友得有信之人也。谅，信也。三益也。所友得能多所闻解之人也。"朱熹《论语集注》："友直，则闻其过。友谅，则进于诚。友多闻，则进于明。"

②朱熹《论语集注》："便辟，谓习于威仪而不直。善柔，谓工于媚悦而不谅。便佞，谓习于口语，而无闻见之实。"

【石按】

本章孔子谈择友标准。孔子认为交友是为了辅助仁德，标准因此而立。直：正直。谅：诚信。多闻：见闻广博。便辟：谄媚逢迎。善柔：笑里藏刀。便佞：巧言善辩。

【今译】

孔子说："有益的朋友有三种，有害的朋友有三种。与正直的人交友，与诚信的人交友，与见闻广博的人交友，便有益处了。与谄媚逢迎的人交友，与笑里藏刀的人交友，与巧言善辩的人交友，便有害处了。"

16.5 孔子曰："益者三乐，损者三乐。乐节礼乐①，乐道人之善②，乐多贤友，益矣。乐骄乐③，乐佚游④，乐宴乐⑤，损矣。"

【辑注】

①李炳南《论语讲要》："乐节礼乐：以礼乐节制为乐。礼讲秩序，乐讲和谐。一个人以礼来节制自己的言行，以乐来调和自己的七情，以此为乐事，必得性情之正，自然有莫大的利益。"

②邢昺《论语注疏》："谓好称人之美也。"孙钦善《论语注译》："孔子主张对人扬善隐恶。"

③朱熹《论语集注》："骄乐，则侈肆而不知节。"李泽厚《论语今读》："喜欢骄纵放肆。"

④何晏《论语集解》引王肃曰："佚游，出入不节。"

⑤朱熹《论语集注》："宴乐，则淫溺而狎小人。"

【石按】

本章孔子谈君子对各种乐趣的取舍。乐趣反映了人的情操，并进而影响人的道德，因此孔子把它纳入日常修养的范围。节礼乐：言谈举止中礼合乐。道人之善：称说别人的优点。多贤友：多交良朋益友。骄乐：骄纵放肆。佚游：无节制的游荡。宴乐：花天酒地。

【今译】

孔子说："有益的乐趣有三种，有害的乐趣有三种。以言谈举止中礼合乐为乐，以称说别人的优点为乐，以多交良朋益友为乐，便有益处了。以骄纵放肆为乐，以无节制的游荡为乐，以花天酒地为乐，便有害处了。"

16.6 孔子曰："侍于君子有三愆①：言未及之而言谓之躁②，言及之而不言谓之隐③，未见颜色而言谓之瞽④。"

【辑注】

①何晏《论语集解》引孔安国曰："愆，过也。"皇侃《论语义疏》："卑侍于尊，有三事为过失也。"

②邢昺《论语注疏》："谓君子言事，未及于己而辄先言，是谓躁动不安也。"

③邢昺《论语注疏》："谓君子言论及己，己应言而不言，是谓隐匿不尽情实也。"

④何晏《论语集解》引周生烈曰："未见君子颜色所趣向而便逆先意语者，犹瞽也。"

【石按】

本章孔子谈与君子交谈时的言语应对之法，也是强调谨言慎行。愆（qiān）：过失。躁：急躁。隐：隐瞒。颜色：脸色。瞽：瞎子。

【今译】

孔子说："侍奉君子要注意三种过失：没有轮到自己说却先说了，叫急躁；轮到自己说时却不说，叫隐瞒；未曾察言观色却贸然开口，叫瞎眼。"

16.7 孔子曰："君子有三戒：少之时，血气未定，戒之在色①；及其壮也，血气方刚②，戒之在斗；及其老也，血气既衰，戒之在得③。"

【辑注】

①皇侃《论语义疏》："尔时血气犹自薄少，不可过欲，过欲则为自损，故戒之也。"

②邢昺《论语注疏》："壮，谓气力方当刚强，喜于争斗，故戒之也。"

③何晏《论语集解》引孔安国曰："得，贪得。"邢昺《论语注疏》："血气既衰，多好聚敛，故戒之。"

【石按】

本章孔子指出君子在人生三个时期应戒除的三件事，指出了不同年龄层次的修养重点。血气未定：血气还未发育成熟。色：女色。血气方刚：血气正当刚强。斗：争斗。得：贪得无厌。

【今译】

孔子说："君子有三件事应引以为戒：年少时，血气还未发育成熟，要戒除女色；等到壮年时，血气正当刚强，要戒除与人争斗；等到老年，血气已经衰弱，要戒除贪得无厌。"

16.8 孔子曰："君子有三畏①：畏天命②，畏大人③，畏圣人之言。小人不知天命而不畏也，狎大人④，侮圣人之言⑤。"

【辑注】

①皇侃《论语义疏》："心服曰畏。"

②朱熹《论语集注》："天命者，天所赋之正理也。"高尚榘《论语歧解辑录》："古人把天当作神，称大神的意旨为天命。孔子所说的天命，当指自然的、社会的、人生的规律。"

③刘宝楠《论语正义》："郑（玄）《注》：'大人，谓天子诸侯为政教者。'"杨伯峻《论语译注》："大人：古代对于在高位的人叫'大人'。"

④刘宝楠《论语正义》："（郑玄）《注》：'狎，惯忽也。'"

⑤皇侃《论语义疏》："谓经籍为虚妄，故轻侮之也。"

【石按】

本章孔子论述了君子与小人对待天命、大人、圣人之言敬畏态度的不同。畏：敬畏。大人：地位高贵的人。狎（xiá）：不尊重。侮：轻侮。

【今译】

孔子说："君子有三种敬畏：敬畏天命，敬畏地位高贵的人，敬畏圣人的话。小人不懂得天命，因而也不敬畏，不尊重地位高贵的人，轻侮圣人之言。"

16.9　孔子曰："生而知之者，上也；学而知之者，次也；困而学之，又其次也；困而不学，民斯为下矣①。"

【辑注】

①何晏《论语集解》引孔安国曰："困，谓有所不通。"皇侃《论语义疏》："此章劝学也，故先从圣人始也。若生而自有知识者，此明是上智圣人，故云上也。'学而知之者，次也'，谓上贤也。上贤既不生知，资学以满分，故次生知者也。'困而学之，又其次也'，谓中贤以下也。本不好学，特以己有所用，于理困愤不通，故愤而学之，只此次前上贤人也。'困而不学，民斯为下矣'，谓下愚也。既不好学，而困又不学，此是下愚之民也。"朱熹《论语集注》引杨氏曰："生知学知以至困学，虽其质不同，然及其知之一也。故君子惟学之为贵。困而不学，然后为下。"

【石按】

本章孔子把人获得知识的情形分为四个等次，目的在于劝学。困：困惑。

【今译】

孔子说:"生来就知道的人,是上等人;通过学习才知道的人,是次一等的人;遇到困惑才学习的人,是又次一等的人;遇到困惑还不学习的人,这种人就是下等了。"

16.10 孔子曰:"君子有九思:视思明,听思聪,色思温,貌思恭,言思忠,事思敬,疑思问,忿思难,见得思义①。"

【辑注】

①朱熹《论语集注》:"视无所蔽,则明无不见。听无所壅,则聪无不闻。色,见于面者。貌,举身而言。思问,则疑不蓄。思难,则忿必惩。思义,则得不苟。"钱穆《论语新解》:"忿思难:一朝之忿忘其身,以及其亲,故思难也。见得思义:义然后取也。"

【石按】

本章孔子强调君子有九种情形应当用心思考,使之合于礼义。这是孔子对君子日常修养的全面总结。思:考虑。忠:诚实。忿思难:发火动怒要考虑后患。难(nàn):祸患,后患。

【今译】

孔子说:"君子有九种事情要考虑:看要考虑看明白,听要考虑听清楚,脸色要考虑和谐,体态要考虑恭顺,说话要考虑诚实,做事要考虑敬慎,有疑问要考虑向谁询问,发火动怒要考虑后患,见到利益要考虑道义。"

16.11　孔子曰:"见善如不及,见不善如探汤①。吾见其人矣,吾闻其语矣②。隐居以求其志,行义以达其道③。吾闻其语矣,未见其人也。"

【辑注】

①皇侃《论语义疏》:"见有善者,当慕而齐之,恒恐己不能相及也。""若见彼不善者,则己急宜畏避,不相染入,譬如人使己以手探于沸汤为也。"孙钦善《论语注译》:"如不及:好像赶不上似的。形容急切追求。探:试。汤:滚烫的热水。"

②朱熹《论语集注》:"语,盖古语也。"

③邢昺《论语注疏》:"隐居以求其志者,谓隐遁幽居,以求遂其己志也。行义以达其道者,谓好行义事,以达其仁道也。"

【石按】

本章孔子分析了两种不同的处世态度。"见善如不及,见不善如探汤",只求做到独善其身。"隐居以求其志,行义以达其道",指在乱世力求独善其身,不失其志;在太平时代则力求兼善天下,行义达道。探:手向前伸出。汤:滚水。求其志:保全自己的志向。行义:施行道义。达其道:贯彻自己的主张。

【今译】

孔子说:"看到好的,唯恐赶不上(急切追求);看见不好的,好像把手伸进滚水里(急忙躲避)。我看到过这样的人,我听到过这样的话。通过隐居避世来保全自己的志向,通过施行道义来贯彻自己的主张。我听到过这样的话,没有看见过这样的人。"

16.12 齐景公有马千驷①，死之日，民无德而称焉②。伯夷叔齐饿于首阳③之下，民到于今称之。其斯之谓与④？

【辑注】

①何晏《论语集解》引孔安国曰："千驷，四千匹。"

②皇侃《论语义疏》："生时无德而多马，一死则身与名俱消，故民无所称誉也。"

③朱熹《论语集注》："首阳，山名。"杨伯峻《论语译注》："首阳：山名，现在何地，古今传说纷歧，总之，已经难于确指。"

④朱熹《论语集注》引胡氏曰："程子以为第十二篇错简'诚不以富，亦只以异'，当在此章之首。今详文势，似当在此句之上。言人之所称，不在于富，而在于异也。"朱熹《论语集注》："愚谓此说近是，而章首当有孔子曰字，盖阙文耳。"

【石按】

本章孔子认为，要得到民众的称赞，不在于财富的多少，而在于德行的高低。驷（sì）：同驾一辆车的四匹马。无德：无得，无法。《颜渊篇》的"诚不以富，亦只以异"（12.10）一句，应是此处的脱文。其斯之谓与：其谓斯欤？大概就是说这个吧？代词"之"前置宾语"斯"。

【今译】

齐景公有四千匹马，死的时候，老百姓没有人说他的好话。伯夷、叔齐饿死在首阳山下，老百姓至今还称赞他。(实在不是因为他富，只是因为他品格卓异。)大概就是说这个吧？

16.13　陈亢问于伯鱼曰①："子亦有异闻乎②？"对曰："未也。尝独立③，鲤趋而过庭④。曰：'学《诗》乎？'对曰：'未也。''不学《诗》，无以言⑤。'鲤退而学《诗》。他日，又独立，鲤趋而过庭。曰：'学礼乎？'对曰：'未也。''不学礼，无以立⑥！'鲤退而学礼。闻斯二者。"

陈亢退而喜曰："问一得三，闻《诗》，闻礼，又闻君子之远其子也⑦。"

【辑注】

①皇侃《论语义疏》："陈亢，即子禽也。伯鱼，即鲤也。"参见 1.10 注。

②何晏《论语集解》引马融曰："以为伯鱼孔子之子，所闻当有异。"朱熹《论语集注》："亢以私意窥圣人，疑必阴厚其子。"

③何晏《论语集解》引孔安国曰："独立，谓孔子。"皇侃《论语义疏》："言孔子尝独立，左右无人也。"

④孙钦善《论语注译》："趋：快走。按照礼的规定，臣经过君的面前，子经过父亲的面前，皆当趋进，以示谨敬。"

⑤邢昺《论语注疏》："以古者会同，皆赋诗见意，若不学之，何以为言也？"

⑥皇侃《论语义疏》："礼是恭俭庄敬，立身之本，人有礼则安，无礼则危，若不学礼，则无以自立身也。"

⑦朱熹《论语集注》引尹氏曰："孔子之教其子，无异于门人，故陈亢以为远其子。"钱穆《论语新解》："远谓无私厚，非疏义。"孙钦善《论语注译》："远其子：与自己的儿子保持距离，以免偏私、溺爱。"

【石按】

本章通过孔子教子强调了《诗》和礼的重要性，也表现了孔子在教育上不偏私其子的"君子"之风。异闻：这里指不同于其他弟子所讲的特别的教诲。

趋：快步走。过：走过。远：不亲近，不偏爱。

【今译】

陈亢问伯鱼："你在老师那里也听到过特别的教诲吧？"伯鱼回答说："没有。他曾经独自站在堂上，我快步从中庭走过。他说：'学《诗》了吗？'我回答说：'没有。'他说：'不学《诗》，无法得体地交谈。'我退下后开始学《诗》。有一天，他又独自站在堂上，我快步从中庭走过。他说：'学礼了吗？'我回答说：'没有。'他说：'不学礼，就无法在社会上立足。'我退下后开始学礼。我就听到这两点。"

陈亢回去高兴地说："我问一个问题，得到了三点收获，听到了学《诗》的重要，听到了学礼的重要，又听说了君子不偏私自己的儿子。"

16.14 邦君之妻，君称之曰夫人，夫人自称曰小童；邦人称之曰君大人，称诸异邦曰寡小君；异邦人称之，亦曰君夫人[1]。

【辑注】

[1]何晏《论语集解》引孔安国曰："小君，君大人之称。对异邦谦，故曰寡小君。当此之时，诸侯嫡妾不正，称号不申，故孔子正言其礼也。"皇侃《论语义疏》："此夫人向夫自称，则曰小童。小童，幼少之目也，谦不敢自以比于成人也。""邦人，其国民人也。""自我国臣民向他邦人称我君妻，则曰寡小君也。君自称曰寡人，故臣民称君为寡君，称君妻为寡小君也。""若异邦臣来，即称主国君之妻，则亦同曰君夫人也。"杨朝明《论语诠解》："孔子十分重视礼，而且非常讲究名正言顺，在此很有可能是通过论述邦君之妻的称谓，来维护等级

名分，以期能够恢复礼制。"

【石按】

本章谈论的是国君夫人的五种称谓，谈称谓是为了名正言顺，为了合礼。邦君：国君。邦人：国人。称诸异邦：称之于异邦，对外国人称呼她。异邦人：外国人。

【今译】

国君的妻子，国君称她为夫人，夫人自称为小童；国人称她为君夫人，对外国人称她为寡小君；外国人称她，也叫君夫人。

阳货第十七

17.1　阳货欲见孔子,孔子不见①,归孔子豚②。

孔子时其亡也,而往拜之。遇诸涂③。

谓孔子曰:"来!予与尔言。"曰:"怀其宝而迷其邦,可谓仁乎④?"曰⑤:"不可。好从事而亟失时,可谓知乎⑥?"曰:"不可。日月逝矣,岁不我与⑦。"

孔子曰:"诺。吾将仕矣⑧。"

【辑注】

①何晏《论语集解》引孔安国曰:"阳货,阳虎也。季氏家臣而专鲁国之政,欲见孔子使仕。"朱熹《论语集注》:"欲令孔子来见己,而孔子不往。"

②何晏《论语集解》引孔安国曰:"欲使往谢,故遗孔子豚。"钱穆《论语新解》:"古礼,大夫有赐于士,士拜受,又亲拜于赐者之室。阳货故遗孔子豚,令孔子来拜而见之。"

③何晏《论语集解》引孔安国曰:"涂,道也。于道路与相逢。"皇侃《论语义疏》:"亡,无也。谓虎不在家之时也。孔子晓虎见饷之意,故往拜谢也。若往谢,必与相见,相见于家,事或盘桓,故敢伺虎不在家时,而往拜于其家也矣。"

④何晏《论语集解》引马融曰:"言孔子不仕,是怀宝也,知国不治而不为政,是迷邦也。"朱熹《论语集注》:"怀宝迷邦,谓怀藏道德,不救国之迷乱。"

⑤刘宝楠《论语正义》:"毛氏奇龄《稽求篇》引明郝敬云:'前两曰不可,皆是货自为问答,以断为必然之理。'"孙钦善《论语注译》:"以下几个'曰'字后面的话为阳货自问自答之辞。"

⑥何晏《论语集解》引孔安国曰:"言孔子栖栖好从事,而数不遇,失时,不得为有知。"朱熹《论语集注》:"亟,数也。失时,谓不及事几之会。"

⑦何晏《论语集解》引马融曰:"年老,岁月已往,当急仕。"

⑧何晏《论语集解》引孔安国曰:"以顺辞免。"孙钦善《论语注译》:"这是孔子顺应敷衍的话,并非真要出仕。"

【石按】

本章记述了阳货劝孔子出来做官,助他篡权,孔子对之敷衍而不失礼的事情。阳货欲见孔子:阳货想让孔子来见他。见(xiàn):使……来见。归孔子豚:赠送一只蒸熟的小猪给孔子。归:通"馈",赠送。豚(tún):小猪,这里指蒸熟的小猪。时其亡:打听到他不在家。时:伺,窥探,打听到。亡:不在。阳货送孔子豚是打算让孔子回拜他,借此能见上孔子,孔子不愿与阳货见面,趁他不在家时去回拜。遇诸涂:遇之于途,在路上遇到他。涂:通"途"。怀其宝而迷其邦:把自己的本领藏起来,让自己的国家混乱不堪。怀宝:比喻怀藏着才能。迷:乱。好(hào)从事:喜好从政。亟失时:屡次错过时机。亟

（qì）：屡次。时：时机。岁不我与：岁不与我，年岁不等我们。与：等于说等待。

【今译】

阳货想让孔子来见他，孔子不想和他相见。阳货便赠送一只蒸熟的小猪给孔子。

孔子打听到阳货不在家的时候，前往他家拜谢他。结果在路上遇到了。

阳货对孔子说："来！我跟你说几句话。"阳货问："把自己的本领藏起来，让自己的国家混乱不堪，可以说这是仁吗？"接着又说："不可以。自己喜好从政却又屡次错过时机，可以说这是智吗？"接着又说："不可以。日月流逝，年岁不等我们。"

孔子回答说："好吧，我就要出来做官了。"

17.2　子曰："性相近也，习相远也①。"

【辑注】

①何晏《论语集解》引孔安国曰："君子慎所习。"邢昺《论语注疏》："性，谓人所禀受，以生而静者也，未为外物所感，则人皆相似，是近也。既为外物所感，则习以性成。若习于善则为君子，若习于恶则为小人，是相远也。故君子慎所习。"

【石按】

本章孔子认为，人和人在本性上是彼此接近的，他们的不同主要是后天培养的环境习惯不同。因此，孔子特别强调教育的必要性和重要性。性：天性，本性。习：习惯，习染。

【今译】

孔子说:"依天性来看,人与人是相近的;依环境习染来看,人与人的差别就很大。"

17.3 子曰:"唯上知与下愚不移①。"

【辑注】

①何晏《论语集解》引孔安国曰:"上知不可使为恶,下愚不可使强贤。"程树德《论语集释》:"《问字堂集》:上知谓生而知之,下愚谓困而不学。"李零《丧家狗——我读〈论语〉》:"'上知',即上智,是生而知之,绝顶聪明。'下愚',是困而不学,绝顶愚蠢。介于二者之间,是所谓'中人',多数普通人,都是这一种。孔子认为,上智和下愚都是无法由后天教化改变,可以改变的只是中人。上文说的一般情况,就是对中人而言,上智和下愚是例外,他们的性并不相近。"

【石按】

本章与上章相互关联,上章讲教育对象的可改变,本章讲教育对象的不可改变。知:智。移:改变。

【今译】

孔子说:"只有最聪明和最愚蠢的人才不可改变。"

17.4 子之武城,闻弦歌之声①。夫子莞尔②而笑曰:"割鸡焉用牛刀③?"子游对曰:"昔者偃也闻诸夫子曰:'君子学道则爱人;小人学道则易使也④。'"子曰:"二三子⑤!偃之言是也。前言戏之耳⑥。"

【辑注】

①皇侃《论语义疏》:"之,往也。"朱熹《论语集注》:"时子游为武城宰,以礼乐为教,故邑人皆弦歌也。"

②何晏《论语集解》:"莞尔,小笑貌。"

③何晏《论语集解》引孔安国曰:"言治小何须用大道焉。"皇侃《论语义疏》:"牛刀,大刀也。"孙钦善《论语注译》:"是说大器小用,治邑用不上礼乐。"

④何晏《论语集解》引孔安国曰:"道,谓礼乐也。乐以和人,人和则易使也。"

⑤何晏《论语集解》引孔安国曰:"二三子:从行者。"

⑥皇侃《论语义疏》:"言子游之言所以用弦歌之化是也。"朱熹《论语集注》:"治有大小,而其治之必用礼乐,则其为道一也。但众人多不能用,而子游独行之。故夫子骤闻而深喜之,因反其言以戏之。而子游以正对,故复是其言,而自实其戏也。"

【石按】

本章通过记述孔子师徒的谈话,表明:无论何种情况下,礼乐教化都是治民之道。音乐是儒家治国的重要手段之一。子之武城:孔子到武城。之:到。莞尔而笑:微笑。割鸡焉用牛刀:杀鸡哪里要用牛刀呢? 焉:哪里,何,疑问代词。君子学道则爱人;小人学道则易使也:统治者学了礼乐之道就有仁爱之心,老百姓学了礼乐之道就容易使唤。这里的"君子"和"小人"指统治者和老百姓。二三子:你们这些学生。

【今译】

孔子到武城，听到了琴瑟歌咏的声音。孔子微笑着说："杀鸡哪里要用牛刀呢？"子游回答说："以前我听老师说过：'统治者学了礼乐之道就有仁爱之心，老百姓学了礼乐之道就容易使唤。'"孔子说："你们这些学生！子游的话是对的。我刚才那句话不过同他开玩笑而已。"

17.5　公山弗扰以费畔，召，子欲往①。子路不说，曰："末之也已②，何必公山氏之之也？"子曰："夫召我者，而岂徒哉③？如有用我者，吾其为东周乎④？"

【辑注】

①何晏《论语集解》引孔安国曰："弗扰为季氏宰，与阳虎共执季桓子，而召孔子。"皇侃《论语义疏》："费，季氏采邑也。畔，背叛也。……是背叛于季氏也。"孙钦善《论语注译》："孔子企图利用公山弗扰打击季氏，恢复公室的权力。"

②何晏《论语集解》引孔安国曰："之，适也。无可之则止，何必公山氏之适？"

③皇侃《论语义疏》："徒，空也。言夫欲召我者，岂容无事空然而召我乎？必有以也。"朱熹《论语集注》："岂徒哉，言必用我也。"

④邢昺《论语注疏》："如有用我道者，我则兴周道于东方，其使鲁为周乎？吾是以不择地而欲往也。"

【石按】

本章记述了孔子为兴周道,不惜想与叛臣公山弗扰合作。畔:通"叛",反叛。说:高兴,后写作"悦"。末之也已:没有地方去就算了。末:没有。之:往。已:止,算了。何必公山氏之之也:何必之公山氏也?何必去公山弗扰那里呢?前一个"之"是指示代词,前置宾语"公山氏";后一个"之"是动词,意思是"去"、"往"。岂徒哉:难道白去吗?徒:白白地,这里指"白白去一趟",什么也不让做。

【今译】

公山弗扰凭借费邑反叛季氏,召孔子,孔子想去。子路很不高兴,说:"没有地方去就算了,何必去公山弗扰那里呢?"孔子说:"那个召我去的人,难道就让我白白去一趟吗?如果有人重用我,我大概能在东方复兴周王朝吧?"

17.6 子张问仁于孔子。孔子曰:"能行五者于天下为仁矣。""请问之。"曰:"恭、宽、信、敏、惠。恭则不侮[1],宽则得众,信则人任焉[2],敏则有功[3],惠则足以使人。"

【辑注】

[1] 何晏《论语集解》引孔安国曰:"不见侮慢。"

[2] 皇侃《论语义疏》:"人君立言必信,则为人物所委任也。"刘宝楠《论语正义》:"'任'谓任事也。"

[3] 何晏《论语集解》引孔安国曰:"应事疾则多成功。"朱熹《论语集注》:"五者之目,盖因子张所不足而言耳。"

【石按】

本章孔子对子张论述了"仁"的五个具体方面：恭、宽、信、敏、惠。恭：恭敬。宽：宽厚。信：诚信。敏：敏捷。惠：恩惠。

【今译】

子张问孔子什么是仁。孔子说："能在天下实行五件事，就是行仁了。""哪五件事？"孔子说："恭敬、宽厚、诚信、敏捷、恩惠。恭敬就不会受到侮辱，宽厚就能争取大众，诚信就会被重用，做事敏捷就能成功，给人恩惠就足以役使别人。"

17.7 佛肸召[①]，子欲往。子路曰："昔者由也闻诸夫子曰：'亲于其身为不善者，君子不入也[②]。'佛肸以中牟畔，子之往也，如之何？"子曰："然，有是言也。不曰坚乎磨而不磷，不曰白乎涅而不缁[③]。吾岂匏瓜也哉？焉能系而不食[④]？"

【辑注】

[①]朱熹《论语集注》："佛肸，晋大夫赵氏之中牟宰也。"

[②]皇侃《论语义疏》："子路见孔子欲应佛肸之召，故据昔闻孔子之言而谏止之也。"

[③]何晏《论语集解》引孔安国曰："磷，薄也。涅，可以染皂。言至坚者磨之而不薄，至白者染之于涅而不黑。喻君子虽在浊乱，浊乱不能污。"

[④]皇侃《论语义疏》："言人有才智，宜佐时理务，为人所用，岂得如匏瓜系天而不可食邪？"孙钦善《论语注译》："匏瓜：可以做水瓢的葫芦。从末六

句可以看出,孔子欲应叛乱者佛肸之召,是急于用世,以便实现自己的政治抱负:借家臣的叛乱,反对大夫专权,抑私门以张公室,恢复'礼乐征伐自诸侯出',进而达到'礼乐征伐自天子出',并不是想跟叛乱者同流合污。"

【石按】

本章记述了孔子为兴周道,不惜想与叛臣佛肸合作,强调如果本身过硬是不会受影响的。佛肸(bì xī):晋国大夫范氏的家臣,中牟城的邑宰。中牟:春秋时晋国地名,约在今河北邢台和邯郸之间。磷(lìn):薄。涅(niè):染黑。缁:黑色。匏(páo)瓜:葫芦的一种,味苦,不能吃。系(jì):悬挂。

【今译】

佛肸背叛晋国,召孔子,孔子想去。子路说:"从前我听老师说:'亲自为非作歹的人那里,君子是不去的。'现在佛肸凭借中牟而背叛晋国,您想去,如何解释?"孔子说:"是的,有过这样的话。但是,不是说坚硬的东西磨是磨不薄的吗?不是说洁白的东西染是染不黑的吗?我难道是一个匏瓜吗?只能悬挂在藤上而不能食用?"

17.8 子曰:"由也!女闻六言六蔽矣乎[1]?"对曰:"未也。""居!吾语女[2]。好仁不好学,其蔽也愚[3];好知不好学,其蔽也荡[4];好信不好学,其蔽也贼[5];好直不好学,其蔽也绞[6];好勇不好学,其蔽也乱[7];好刚不好学,其蔽也狂[8]。"

【辑注】

[1]何晏《论语集解》:"六言六蔽者,谓下六事:仁、知、信、直、勇、刚

也。"皇侃《论语义疏》："言既有六，故蔽亦有六，故云'六言六蔽'之。"

②何晏《论语集解》引孔安国曰："子路起对，故使之还坐。"朱熹《论语集注》："礼：君子问更端，则起而对。故孔子谕子路，使还坐而告之。"

③朱熹《论语集注》："愚，若可陷可罔之类。"

④何晏《论语集解》引孔安国曰："荡，无所适守。"

⑤皇侃《论语义疏》："不学而信……则蔽塞在于贼害其身也。"

⑥皇侃《论语义疏》："绞，犹刺也。好讥刺人之非，成己之直也。"

⑦皇侃《论语义疏》："若勇不学，则必蔽塞在于作乱也。"

⑧何晏《论语集解》引孔安国曰："狂，妄。抵触人。"

【石按】

本章孔子讲述了六种"蔽"与学习的辩证关系，说明学习是提高自身修养的必由之路。居：坐。学：主要指学礼。愚：愚昧易欺。荡：放荡无守。贼：伤害自己。绞：尖刻伤人。乱：犯上作乱。狂：狂妄自大。

【今译】

孔子说："仲由！你听说过六种美德所包含的六种弊病吗？"子路回答："没有。"孔子说："坐下！我告诉你。喜好仁德却不好学，它的弊端是愚昧易欺；喜好聪明却不好学，它的弊端是放荡无守；喜好诚信却不好学，它的弊端是伤害自己；喜好直率却不好学，它的弊端是尖刻伤人；喜好勇敢却不好学，它的弊端是犯上作乱；喜好刚强却不好学，它的弊端是狂妄自大。"

17.9 子曰："小子何莫学夫《诗》①？《诗》可以兴②，可以观③，可以群④，可以怨⑤。迩之事父，远之事君⑥；多识于鸟兽草木之名⑦。"

【辑注】

①何晏《论语集解》引包咸曰："小子，门人也。"朱熹《论语集注》："小子，弟子也。"

②何晏《论语集解》引孔安国曰："兴，引譬连类。"朱熹《论语集注》："感发志意。"

③何晏《论语集解》引郑玄曰："观风俗之盛衰。"观，朱熹《论语集注》："考见得失。"

④何晏《论语集解》引孔安国曰："群居相切磋。"

⑤何晏《论语集解》引孔安国曰："怨，刺上政。"

⑥何晏《论语集解》引孔安国曰："迩，近也。"

⑦朱熹《论语集注》："其绪余又足以资多识。"

【石按】

本章孔子具体讲述了《诗经》的教育功能，强调学习《诗经》的重要性。兴：本是《诗经》的创作手法之一，即托事于物的意思，这里指激发感情。观：观察社会。《诗经》许多篇章反映了世情民风。群：促进交往。当时贵族交往，多赋诗言志。怨：讽刺时弊。《诗经》中有许多篇章也是发泄对时政不满的。迩：近。

【今译】

孔子说："弟子们为什么不学《诗》呢？《诗》可以激发感情，可以观察社会，可以促进交往，可以讽刺时弊。近到可以知道如何侍奉父母，远到可以知道如何侍奉君主；还可以认识一些鸟兽草木的名字。"

17.10 子谓伯鱼曰:"女为《周南》、《召南》矣乎①?人而不为《周南》、《召南》,其犹正墙面而立也与②?"

【辑注】

①皇侃《论语义疏》:"为,犹学也。"

②皇侃《论语义疏》:"墙面:面向墙也。"朱熹《论语集注》:"正墙面而立,言即其至近之地,而一物无所见,一步不可行。"李泽厚《论语今读》:"所谓'正墙面而立'是说不能前行一步。……因为《诗经》乃当时经典,具有很高的权威性。不学则寸步难行,不能办公应事也。"

【石按】

本章孔子继续强调学习《诗经》的重要性。伯鱼:孔子的儿子孔鲤。为:学。正墙面而立:面对着墙壁站在那里,什么也看不见,哪儿也去不了,指寸步难行。

【今译】

孔子对孔鲤说:"你学过《周南》、《召南》了吗?人如果不学习《周南》、《召南》,大概就像你面对着墙壁站在那里(寸步难行)。"

17.11 子曰:"礼云礼云,玉帛云乎哉?乐云乐云,钟鼓云乎哉①?"

【辑注】

①朱熹《论语集注》:"敬而将之以玉帛,则为礼;和而发之以钟鼓,则为乐。遗其本而专事其末,则岂礼乐之谓哉?"李泽厚《论语今读》:"这章当然

特别重要,指出'礼乐'不在外表,非外在仪文、容色、声音,而在整套制度,特别是在内心情感。即归'礼'于'仁'。这是《论语》一书反复强调的。"

【石按】

本章孔子感叹当时的礼乐已经是徒具形式而已。孔子认为,礼乐本因有移风易俗、教化民众的社会规范作用。云:说。礼云:云礼,谈到礼,说礼。玉帛云乎哉:云玉帛乎哉?只是说玉帛之类的礼物吗?孔子以反问的方式强调:若无内在真情,礼乐虚有其表。

【今译】

孔子说:"说礼,说礼,只是说玉帛之类的礼物吗?说乐,说乐,只是说钟鼓之类的乐器吗?"

17.12 子曰:"色厉而内荏①,譬诸小人,其犹穿窬之盗也与②?"

【辑注】

①何晏《论语集解》引孔安国曰:"荏,柔也。为外自矜厉而内柔佞。"朱熹《论语集注》:"厉,威严也。荏,柔弱也。"

②何晏《论语集解》引孔安国曰:"为人如此,犹小人之有盗心。穿,穿壁。窬,窬墙。"

【石按】

本章孔子以小偷为比,无情讥讽了表里不一的伪君子。色厉而内荏:外表威严而内心怯懦。荏(rěn):软弱,怯懦。譬诸小人:譬之于小人,若用小人作比喻。穿窬:钻洞爬墙。窬(yú):同"逾",越过。

【今译】

孔子说:"外表威严而内心怯懦,若用小人作比喻,大概就像钻洞爬墙的小偷一样吧?"

17.13 子曰:"乡原,德之贼也①。"

【辑注】

①黄式三《论语后案》:"乡原能伸其是非之不忤于世者,而怵然于忤世之是非,随众依违,模棱而持两端。乡之人以其合君子而贤之。……已无立志,复使乡人迷于正道,故贼德。"刘宝楠《论与正义》:"一乡皆称善,而其忠信廉洁皆是假托,故足以乱德。"

【石按】

本章孔子认为一乡人皆认可的好好先生其实是败坏道德的伪君子,孔子对这种不讲原则的人深恶痛绝。《孟子·尽心下》对"乡原"的定义是"非之无举也,刺之无刺也,同乎流俗,合乎污世,居之似忠信,行之似廉絜,众皆悦之,自以为是,而不可与入尧舜之道,故曰'德之贼也'。"于此可知,所谓"乡原"是毫无原则而又滑头老道的好好先生。原:通"愿",忠厚。德之贼:德的败坏者。

【今译】

孔子说:"全乡人都夸奖的毫无原则而又滑头老道的好好先生,是道德的祸害。"

17.14　子曰："道听而涂说，德之弃也①。"

【辑注】

①皇侃《论语义疏》："道，道路也。涂，亦道路也。……若听之于道路，道路仍即为人传说，必多谬妄，所以为有德者所弃，亦自弃其德也。"

【石按】

本章孔子认为不负责任的言传是不道德的行为。

【今译】

孔子说："从道路上听到，又在道路上传播，这是有德者所遗弃的做法。"

17.15　子曰："鄙夫可与事君也与哉①？其未得之也，患得之②；既得之，患失之③。苟患失之，无所不至矣④。"

【辑注】

①皇侃《论语义疏》："言凡鄙之人，不可与之事君。"朱熹《论语集注》："鄙夫，庸恶陋劣之称。"李炳南《论语讲要》："鄙夫，是一个没有品行的人，他贪图名利，行为卑鄙。"

②何晏《论语集解》："患得之者，患不能得之。"皇侃《论语义疏》："言初未得事君之时，恒憨憨患己不能得事君也。"

③邢昺《论语注疏》："言不能任官守道，常忧患失其禄位。"

④邢昺《论语注疏》："若诚忧失之，则用心顾惜，窃位偷安，言邪媚无所不为也。"

【石按】

本章孔子警戒世人不能与斤斤计较个人名利得失的志节鄙陋者共事。鄙夫：志节鄙陋者。苟：如果。

【今译】

孔子说："我们能与志节鄙陋的人一起侍奉国君吗？他没有得到侍奉国君的机会时，总是害怕得不到；已经得到机会了，又总是害怕再失掉。如果总是害怕再失掉，什么事都干得出来。"

17.16　子曰："古者民有三疾，今也或是之亡也①。古之狂也肆，今之狂也荡②；古之矜也廉，今之矜也忿戾③；古之愚也直，今之愚也诈而已矣④。"

【辑注】

①何晏《论语集解》引包咸曰："言古者民疾与今时异。"皇侃《论语义疏》："亡，无也。"皇侃《论语义疏》引江熙云："今之民无古者之疾，而病过之也矣。"

②何晏《论语集解》引包咸曰："肆，极意敢言。"何晏《论语集解》引孔安国曰："荡，无所据。"朱熹《论语集注》："狂者，志愿太高。肆，谓不拘小节。荡则逾大闲矣。"

③朱熹《论语集注》："矜者，持守太严。廉，谓棱角陗厉。"

④朱熹《论语集注》："直，谓径行自遂。诈则挟私妄作矣。"

【石按】

本章孔子通过比较古今之民的毛病，感叹世风日下。疾：毛病。今也或是之亡：今也或亡是，现在啊或许没有这些毛病。之：指示代词，前置宾语"是"。亡：无。狂：狂妄。肆：肆意敢言。荡：放荡不羁。廉：棱角分明。忿戾：忿怒乖戾。直：直率。诈：欺诈。

【今译】

孔子说："古代的人有三种毛病。现在的人或许没有这些毛病，却有更厉害的三种毛病。古人的狂妄只是肆意敢言，今人的狂妄却是放荡不羁；古人的矜持只是棱角分明，今人的矜持却是忿怒乖戾；古人的愚蠢只是直率，今人的愚蠢却是无知的欺诈罢了。"

17.17　子曰："巧言令色，鲜矣仁。"

【石按】

本章重出。参见 1.3。

17.18　子曰："恶紫之夺朱也[1]，恶郑声之乱雅乐也[2]，恶利口之覆邦家者[3]。"

【辑注】

[1]何晏《论语集解》引孔安国曰："朱，正色。紫，间色之好者。恶其邪好

而夺正色。"孙钦善《论语注译》:"红色紫色虽皆尊贵,但是红紫相较又以红为正。紫之夺朱:紫色侵夺了朱色的正色地位。按周礼衰落之后,诸侯服饰以紫色为上,《礼记》、《左传》、《管子》均有例证。"

②皇侃《论语义疏》:"郑声者,郑国之音也,其音淫也。雅乐者,其声正也。"邢昺《论语注疏》:"恶其淫声乱正乐也。"

③皇侃《论语义疏》:"利口,辨佞之口也。邦,诸侯也。家,卿大夫也。"朱熹《论语集注》引范氏曰:"利口之人,以是为非,以非为是,以贤为不肖,以不肖为贤。人君苟悦而信之,则国家之覆也不难也。"

【石按】

本章孔子旗帜鲜明地憎恶以邪夺正等扰乱人们是非标准的行为。利口:巧嘴利舌之人。覆:倾覆。

【今译】

孔子说:"憎恶紫色侵夺了红色的正色地位,憎恶郑国的靡靡之音扰乱了雅乐的正乐地位,憎恶巧嘴利舌之人倾覆国家。"

17.19 子曰:"予欲无言①。"子贡曰:"子如不言,则小子何述焉②?"子曰:"天何言哉?四时行焉,百物生焉,天何言哉③?"

【辑注】

①刘宝楠《论语正义》:"夫子本以身教,恐弟子徒以言求之,故欲无言,以发弟子之悟也。"

②皇侃《论语义疏》:"小子,弟子也。"刘宝楠《论语正义》:"毛《传》:

'述，循也。'言弟子无所遵循也。"

③皇侃《论语义疏》引王弼云："子欲无言，盖欲明本，举本统末，而示物于极者也。夫立言垂教，将以通性，而弊至于淫；寄旨传辞，将以正邪，而势至于繁。既求道中，不可胜御，是以修本废言，则天而行化。"邢昺《论语注疏》："以喻人若无言，但有其行，不亦可乎？"

【石按】

本章孔子想效法上天，行不言之教。孔子发现，道不可以言语求之，故不如默而存之，所以提示弟子：学道必须离言以求。小子：弟子。何述：述何？遵循什么？述：记述，遵循。天何言哉：天言何哉？天说了什么呢？

【今译】

孔子说："我不想说什么话了。"子贡说："如果老师不再讲什么，那么弟子们遵循什么呢？"孔子说："天说了什么呢？四季照样在运行，万物照样在生长。天说了什么呢？"

17.20 孺悲欲见孔子，孔子辞以疾①。将命者出户②，取瑟而歌，使之闻之。

【辑注】

①朱熹《论语集注》："孺悲，鲁人，尝学士丧礼于孔子。当是时必有以得罪者。故辞以疾，而又使知其非疾，以警教之也。程子曰：'此孟子所谓不屑之教诲，所以深教之也。'"

②邢昺《论语注疏》："将犹奉也。奉命者，主人传辞出入人也。"

【石按】

本章孔子的目的是让孺悲自省其过，以不教而教。辞以疾：托言有病，拒绝接待。将命者：传口信的人，传话的人。

【今译】

孺悲想见孔子，孔子托言有病，拒绝接待。传话的人刚出门，孔子就拿过瑟弹着唱歌，故意让孺悲听到。

17.21　宰我问："三年之丧，期已久矣[1]。君子三年不为礼，礼必坏；三年不为乐，乐必崩[2]。旧谷既没，新谷既升，钻燧改火，期可已矣[3]。"子曰："食夫稻，衣夫锦，于女安乎[4]？"曰："安。""女安则为之！夫君子之居丧，食旨不甘，闻乐不乐，居处不安，故不为也。今女安，则为之！"宰我出。子曰："予之不仁也！子生三年，然后免于父母之怀[5]。夫三年之丧，天下之通丧也[6]。予也有三年之爱于其父母乎？"

【辑注】

[1]皇侃《论语义疏》："礼，为至亲之服至三年，宰我嫌其为重，故问至期则久，不假三年也。"

[2]朱熹《论语集注》："恐居丧不习而崩坏也。"

[3]朱熹《论语集注》："没，尽也。升，登也。燧，取火之木也。改火，春取榆柳之火，夏取枣杏之火，夏季取桑柘之火，秋取柞楢之火，冬取槐檀之火，亦一年而周也。已，止也。言期年则天运一周，时物皆变，丧至此可止也。"

④朱熹《论语集注》:"礼,父母之丧:既殡,食粥、粗衰。既葬,疏食、水饮,受以成布,期而小祥,始食菜果,练冠縓缘,要绖不除,无食稻衣锦之理。"钱穆《论语新解》:"古代北方以稻食为贵,居丧者不食之。锦乃有文彩之衣,以帛为之。居丧衣素用布,无彩饰。"

⑤何晏《论语集解》引马融曰:"子生未三岁,为父母所怀抱。"钱穆《论语新解》:"子生未满三岁,常在父母怀抱中,故亲丧特以三年为断。"

⑥何晏《论语集解》引孔安国曰:"自天子达于庶人。"钱穆《论语新解》:"谓此三年之丧礼当通行天下。"

【石按】

本章孔子论述了守"三年之丧"的道理。期已久矣:期限太久了。旧谷既没,新谷既升,钻燧改火:旧的谷子已经吃完,新的谷子已经成熟,取火用的木料也已轮换了一回。这些都是以一年为期限的。改火:改变了取火的木料。期可已矣:守孝一周年就可以停止了。期(jī):同"朞",一周年。免于父母之怀:脱离父母的怀抱。予也有三年之爱于其父母乎:予也,于其父母有三年之爱乎。宰我啊,在其父母那里有三年怀抱之爱吗?

【今译】

宰我问孔子:"为父母守丧三年,期限已经太久了。君子三年不习礼,礼仪一定会败坏;三年不奏乐,音乐一定会生疏。旧的谷子已经吃完,新的谷子已经成熟,取火用的木料也已轮换了一回,守孝一年就可以停止了。"孔子说:"(父母丧期内)吃那种精细的稻米,穿那种锦缎的衣服,你心安吗?"宰我说:"我心安。"孔子说:"你心安就那样做吧!君子居丧期间,吃美味不香,听音乐不乐,居处不图安逸,所以不那么做。现在你心安就那样做吧!"宰我退了出去。孔子说:"宰我真是没有仁心啊!子女出生三年,才能脱离父母的怀抱。

为父母守孝三年，这是天下通行的丧礼。宰我啊，在其父母那里有三年怀抱之爱吗？"

17.22 子曰："饱食终日，无所用心，难矣哉①！不有博弈者乎？为之，犹贤乎已②。"

【辑注】

①皇侃《论语义疏》："若无事而饱食终日，则必思计为非法之事，故云'难矣哉'，言难以为处也。"

②皇侃《论语义疏》："贤，犹胜也。"朱熹《论语集注》："博，局戏也。弈，围棋也。已，止也。李氏曰：'圣人非教人博弈也，所以甚言无所用心之不可尔。'"黄式三《论语后案》："心体本运动不息，不用心于善，必用心于不善也。"

【石按】

本章孔子劝诫那些无所事事的人总该用心做点什么。这是针对那些不学习的人说的。难矣哉：真难办。博：六博。弈：围棋。贤乎已：胜于止，比什么都不干强。已：止，指什么都不干。

【今译】

孔子说："整天吃得饱饱的，什么都不上心，这种人真难办！不是有六博、围棋的游戏吗？干干这个，也比什么都不干强。"

17.23 子路曰:"君子尚勇乎?"子曰:"君子义以为上。君子有勇而无义为乱,小人有勇而无义为盗①。"

【辑注】

①朱熹《论语集注》:"尚,上之也。君子为乱,小人为盗,皆以位而言者也。尹氏曰:'义以为尚,则其勇也大矣。子路好勇,故夫子以此救其失也。'"

【石按】

本章孔子反对尚勇,主张"勇"应建立在"义"的基础上,用礼义来规范勇敢。君子义以为上:君子以义为上,君子把义放在最高位置。

【今译】

子路说:"君子崇尚勇敢吗?"孔子说:"君子把义放在最高位置。如果君子有勇而无义就会犯上作乱,如果小人有勇而无义就会成为盗贼。"

17.24 子贡曰:"君子亦有恶乎①?"子曰:"有恶。恶称人之恶者②,恶居下流而讪上者③,恶勇而无礼者,恶果敢而窒者④。"曰:"赐也亦有恶乎?""恶徼以为知者⑤,恶不孙以为勇者⑥,恶讦以为直者⑦。"

【辑注】

①皇侃《论语义疏》:"恶,谓憎疾也。"

②何晏《论语集解》引包咸曰:"好称说人之恶,所以为恶。"

③皇侃《论语义疏》:"讪,犹谤毁也。又憎恶为人臣下而毁谤其君上者也。"

刘宝楠《论语正义》:"又《汉石经》'恶居下而讪上者'无'流'字。惠氏栋《九经古义》云:'当因《子张篇》'恶居下流',涉彼而误。'"

④朱熹《论语集注》:"窒,不通也。"

⑤何晏《论语集解》引孔安国曰:"徼,抄也。抄人之意以为己有。"

⑥皇侃《论语义疏》:"若不逊而勇者,子贡所憎恶也。"

⑦何晏《论语集解》引包咸曰:"讦,谓攻发人之阴私。"

【石按】

本章孔子与子贡谈对有恶行之人的憎恶。这些恶行都是不仁的具体表现。恶(wù):憎恶。称人之恶:宣扬别人短处。居下流而讪上:居下而讪上,居下位却诽谤上司。"流"是衍文。讪(shàn):诽谤。果敢而窒:果敢却不知变通。窒:不知变通。徼以为知:以徼为智,把抄袭当作智慧。徼(jiǎo):抄袭。不孙以为勇:以不逊为勇,把不谦逊当作勇敢。讦以为直:以讦为直,把揭发别人当作直率。讦(jié):揭发别人的隐私。

【今译】

子贡问:"君子也有憎恶的人吗?"孔子说:"有憎恶的人。憎恶宣扬别人短处的人,憎恶居下位却诽谤上司的人,憎恶勇敢却无礼的人,憎恶果敢却不知变通的人。"孔子反问道:"赐啊,你也有憎恶的人吗?"子贡说:"憎恶把抄袭当作自己智慧的人,憎恶把不谦逊当作勇敢的人,憎恶把揭发别人当作直率的人。"

17.25 子曰:"唯女子与小人为难养也,近之则不孙,远之则怨①。"

【辑注】

①朱熹《论语集注》:"此小人,亦谓仆隶下人也。君子之于臣妾,庄以莅之,慈以畜之,则无二者之患矣。"钱穆《论语新解》:"此章女子小人指家中仆妾言。妾视仆尤近,故女子在小人前。因其指仆妾,故称养。待之近,则狎而不逊。远,则怨恨必作。善御仆妾,亦齐家之一事。"

【石按】

本章歧解很多,我们不拟深究,只以一种意见译出。女子:侍妾。小人:仆人。不孙:不逊,放肆无礼。怨:怨恨。

【今译】

孔子说:"只有家里的侍妾和仆人最难相处。稍有亲近就放肆无礼,稍有疏远就产生怨气。"

17.26 子曰:"年四十而见恶焉,其终也已①。"

【辑注】

①何晏《论语集解》引郑玄曰:"年在不惑而为人所恶,终无善行。"朱熹《论语集注》:"四十,成德之时。见恶于人,则止于此而已,勉人及时迁善改过也。苏氏曰:'此亦有为而言,不知其为谁也。'"

【石按】

本章孔子提醒人们,修身为善应及早。四十是不惑之年,也是成名之年。

此时还未有好的德行,被世人讨厌,那这一辈子也就无所成就了。见恶:被讨厌。其终:那就完了。也已:也矣。

【今译】

孔子说:"年四十还被人讨厌,那这一辈子就完了。"

微子第十八

18.1 微子去之，箕子为之奴，比干谏而死[①]。孔子曰："殷有三仁焉[②]。"

【辑注】

①何晏《论语集解》引马融曰："微、箕，二国名。子，爵也。微子，纣之庶兄。箕子、比干，纣之诸父。微子见纣无道，早去之。箕子佯狂为奴，比干以谏见杀。"

②何晏《论语集解》："仁者爱人。三人行各异而同称仁，以其俱在忧乱宁民也。"朱熹《论语集注》引杨氏曰："此三人者，各得其本心，故同谓之仁。"

【石按】

本章孔子称道殷商末年的三位仁人。他们虽然行为不同，但都以自己的方式践行了仁道。去：离开。谏而死：强谏而被杀。

【今译】

微子离开了纣王，箕子做了纣王的奴隶，比干强谏而被杀。孔子说："殷商有三位仁人啊。"

18.2　柳下惠为士师，三黜①。人曰："子未可以去乎②？"曰："直道而事人，焉往而不三黜？枉道而事人，何必去父母之邦③？"

【辑注】

①何晏《论语集解》引孔安国曰："士师，典狱之官。"皇侃《论语义疏》："黜，退也。惠为狱官，无罪而三过被黜退也。"

②皇侃《论语义疏》："去，谓更出国往他邦也。"

③何晏《论语集解》引孔安国曰："苟直道以事人，所至之国，俱当复三黜。"邢昺《论语注疏》："焉，何也。枉，曲也。"朱熹《论语集注》："柳下惠三黜不去，而其辞气雍容如此，可谓和矣。"

【石按】

本章记述了柳下惠坚守节操的贤行。柳下惠：本名展禽，因家中有柳树如伞，故称"柳下"，"惠"是他的谥号。孟子称之为"圣之和者"。士师：掌管刑狱的小官。三黜：多次被免职。去：离开（鲁国）。焉往：何往，到哪里。直道：守正道。枉道：曲道，不守正道。

【今译】

柳下惠做典狱官，多次被免职。有人说："您不可以离开鲁国吗？"柳下惠说："用正道而事奉人，到哪里而不被多次免职？不用正道而事奉人，何必离开父母之邦？"

18.3 齐景公待孔子，曰："若季氏则吾不能；以季、孟之间待之①。"曰："吾老矣，不能用也②。"孔子行。

【辑注】

①何晏《论语集解》引孔安国曰："鲁三卿，季氏为上卿，最贵。孟氏为下卿，不用事。言待之以二者之间。"

②皇侃《论语义疏》："景公初虽云待之于季、孟之间，而末又悔，故自讬我老，不能复用孔子也。"邢昺《论语注疏》："时景公为臣下所制，虽说（悦）孔子之道而终不能用，故托云圣道难成，吾老不能用也。"

【石按】

本章记述鲁昭公时期，孔子在齐国不被任用的事。待：对待，任用。

【今译】

齐景公谈到如何对待孔子时说："像对待季氏那样，我做不到；将用季氏和孟氏之间的待遇来任用孔子。"又说："我老了，不能用他了。"孔子就离开了齐国。

18.4 齐人归女乐，季桓子受之，三日不朝，孔子行①。

【辑注】

①何晏《论语集解》引孔安国曰："桓子，季孙斯也。使定公受齐之女乐，

君臣相与观之，废朝礼。"皇侃《论语义疏》："既君臣淫乐，故孔子遂行也。"

【石按】

本章谈到了孔子离开鲁国、周游列国的原因。鲁定公十四年，孔子年五十六，由大司寇行摄相事，与闻国政三月，鲁国大治。与鲁为邻的齐国，深恐鲁国因孔子而行霸道，不利于齐，因此采用犁锄之计，以女乐迷惑鲁君，破坏孔子为政，于是选了八十名能歌善舞的美女、三十驷文马，致送鲁君，陈列在鲁国城南高门外。季桓子引鲁君观看并接受。定公被女乐所迷，连续三日不理朝政。不久，鲁国郊祭，又不依礼把祭肉分送大夫。因此，孔子便辞官离开鲁国，前往卫国。归：通"馈"，赠送。女乐（yuè）：歌姬舞女。

【今译】

齐国赠送了一批歌姬舞女给鲁国，季桓子接受了，三天不上朝理政，孔子就离开了鲁国。

18.5 楚狂接舆①歌而过孔子曰："凤兮凤兮！何德之衰②？往者不可谏，来者犹可追③。已而，已而！今之从政者殆而④！"孔子下⑤，欲与之言。趋而辟之⑥，不得与之言。

【辑注】

①皇侃《论语义疏》："接舆，楚人也，姓陆，名通，字接舆。"钱穆《论语新解》："楚狂接舆：楚之贤人，佯狂避世，失其姓名，以其接孔子之车而歌，故称之曰接舆，犹晨门荷蓧丈人长沮桀溺之例。"

②朱熹《论语集注》："凤有道则见，无道则隐，接舆以比孔子，而讥其不

能隐为德衰也。"

③何晏《论语集解》引孔安国曰:"已往所行,不可复谏止。"朱熹《论语集注》:"来者可追,言及今尚可隐去。"

④邢昺《论语注疏》:"'已而,已而'者,言世乱已甚,不可复治也。再言之者,伤之深也。殆,危也。言今之从政者皆无德,自将危亡无日,故曰'殆而'。'而'皆语辞也。"

⑤何晏《论语集解》引包咸曰:"下,下车。"

⑥皇侃《论语义疏》:"趋,疾走也。"

【石按】

本章记述楚狂接舆讽劝孔子避乱隐居,孔子欲与之沟通未果。歌而过孔子:一边唱着,一边走过孔子的车前。凤:比喻孔子。何德之衰:为什么德行这样衰败呢?讥讽孔子认不清形势,在乱世还寻求出仕,不能隐居。往者不可谏:以往的已不可制止。谏:谏止,制止。指孔子以前想拯救周王朝的错误已不可能补救。来者犹可追:将来的还有机会追寻。追:及,指来得及考虑。暗指孔子现在隐居不问世事还来得及。已而:算了吧!而,语气词。今之从政者殆而:现在从事政治的人危险了!殆:危险。下:下车。趋而辟之:急行避开。

【今译】

楚狂接舆一边唱着,一边走过孔子的车前。他唱道:"凤啊!凤啊!为什么德行这样衰败呢?以往的已不可制止,将来的还有机会追寻。算了吧!算了吧!现在从事政治的人危险了!"孔子下车,想和他说话。他急行避开,孔子没能和他讲语。

18.6　长沮、桀溺耦而耕，孔子过之，使子路问津焉①。长沮曰："夫执舆者为谁②？"子路曰："为孔丘。"曰："是鲁孔丘与？"曰："是也。"曰："是知津矣③。"问于桀溺，桀溺曰："子为谁？"曰："为仲由。"曰："是鲁孔丘之徒与④？"对曰："然。"曰："滔滔者天下皆是也，而谁以易之⑤？且而与其从辟人之士也，岂若从辟世之士哉⑥？"耰而不辍⑦。子路行以告。夫子怃然⑧曰："鸟兽不可与同群，吾非斯人之徒与而谁与⑨？天下有道，丘不与易也⑩。"

【辑注】

①何晏《论语集解》引郑玄曰："长沮、桀溺，隐者也。耜广五寸，二耜为耦。津，济渡处。"钱穆《论语新解》："长沮、桀溺：两隐者，姓名不传。沮，沮洳。溺，淖溺。以其在水边，故取以名之。桀，健义，亦高大义。一人颀然而长，一人高大而健。"

②邢昺《论语注疏》："执舆，谓执辔在车也。时子路为御，既使问津，孔子代之而执舆，故长沮见而问子路。"

③皇侃《论语义疏》："此人数周流天下，无所不至，必知津处也，无俟我今复告也。"

④皇侃《论语义疏》："是孔丘之门徒不乎？"

⑤朱熹《论语集注》："滔滔，流而不反之意。以，犹与也。言天下皆乱，将谁与变易之。"钱穆《论语新解》："滔滔，水流貌。……因在水边，随指为喻。"

⑥皇侃《论语义疏》："桀溺又微以此言招子路，使从己隐也，故谓孔子为辟人之士，其自谓己为辟世之士也。"朱熹《论语集注》："而，汝也。辟人，谓孔子。辟世，桀溺自谓。"

⑦何晏《论语集解》引郑玄曰:"耰,覆种也。辍,止也。覆种不止,不以津告。"

⑧朱熹《论语集注》:"怃然,犹怅然,惜其不喻己意也。"

⑨何晏《论语集解》引孔安国曰:"隐于山林,是与鸟兽同群。吾自当与此天下人同群,安能去人从鸟兽居乎?"

⑩朱熹《论语集注》:"天下若已平治,则我无用变易之。正为天下无道,故欲以道易之耳。"

【石按】

本章记述了隐者长沮、桀溺对孔子积极用世的讥讽。长沮(jù)、桀溺:两个隐士。耦而耕:两人并肩耕作。津:渡口。执舆者:拿着缰绳的人。徒:门徒。滔滔者天下皆是:浊乱滔滔,天下都这样。谁以易之:与谁易之,跟谁一起改变它呢?谁以:与谁。易:改变。而:你。辟人之士:避开无道之人以求天下大治的志士。辟世之士:对政治无望避开乱世的隐士。耰(yōu):播种后,用土盖上。辍(chuò):停止。怃(wǔ)然:怅然若失的样子。鸟兽不可与同群:鸟兽不可跟它们同群,暗指不能隐居山林。吾非斯人之徒与而谁与:吾不与斯人之徒而与谁?我若不与这世人同群,而能与谁同群呢?斯人之徒:这世人。斯:这。徒:徒众。天下有道,丘不与易也:如果天下太平,我就不会与志士一起去改变它。易:改变。

【今译】

长沮、桀溺两人并肩耕作,孔子路过,让子路去打听渡口在哪里。长沮问:"那个拿着缰绳的人是谁?"子路答:"是孔丘。"长沮问:"这是鲁国的孔丘吗?"子路答:"这就是。"长沮说:"这人知道渡口在哪里了。"子路又问桀溺,桀溺反问:"您是谁?"子路答:"我是仲由。"桀溺问:"是鲁国孔丘的门徒吗？"子路回答说："是。"桀溺说："浊乱滔滔，天下都这样。你却要跟谁一起改变它呢？而且你与其跟随避开无道之人的志士，哪里比得上跟随避开人世的隐士呢？"继续耕种，忙个不停。子路回来报告。孔子怅然若失地说："鸟兽不可跟它们同群。我若不与这世人同群，而能与谁同群呢？如果天下太平，我就不会与志士一起去改变它。"

18.7　子路从而后，遇丈人，以杖荷蓧①。子路问曰："子见夫子乎？"丈人曰："四体不勤，五谷不分，孰为夫子②？"植其杖而芸③。子路拱而立④。止子路宿，杀鸡为黍而食之，见其二子焉⑤。明日，子路行以告。子曰："隐者也。"使子路反见之。至则行矣⑥。子路曰："不仕无义。长幼之节，不可废也；君臣之义，如之何其废之⑦？欲洁其身，而乱大伦⑧。君子之仕也，行其义也。道之不行，已知之矣⑨。"

【辑注】

①邢昺《论语注疏》："子路随从夫子，行不相及而独在后。"何晏《论语集解》引包咸曰："丈人，老人也。蓧，竹器。"朱熹《论语集注》："丈人，亦隐者。"

②皇侃《论语义疏》引袁氏曰："其人已委曲识孔子，故讥之四体不勤，不能如禹稷躬植五谷，谁为夫子而索耶？"朱熹《论语集注》："分，辩也。五谷不分，言不辨菽麦尔，责其不事农业而从师远遊也。"

③朱熹《论语集注》："植，立之也。芸，去草也。"

④邢昺《论语注疏》："子路未知所以答，故随至田中，拱手而立也。"

⑤邢昺《论语注疏》："丈人留子路宿，杀鸡为黍而食之。丈人知子路贤，故又以二子见于子路也。"

⑥何晏《论语集解》引孔安国曰："子路反至其家，丈人出行不在。"

⑦何晏《论语集解》引郑玄曰："留言以语丈人之二子。"何晏《论语集解》引孔安国曰："言女知父子相养不可废，反可废君臣之义？"

⑧朱熹《论语集注》："伦，序也。人之大伦有五：父子有亲，君臣有义，夫妇有别，长幼有序，朋友有信是也。"

⑨何晏《论语集解》引包咸曰："言君子之仕，所以行君臣之义。不必自己道得行。孔子道不见用，自己知之。"

【石按】

本章记述了孔子对隐者荷蓧丈人晓以人伦之理，认为应坚守君臣大义。子路从而后：子路跟随孔子，落在后面。丈人：老人。以杖荷蓧：用拐杖挑着除草工具扛在肩上。荷（hè）：扛。蓧（diào）：古代除草工具。夫子：老师。四体不勤，五谷不分：四肢不勤劳，五谷分不清。四体：四肢。勤：勤劳。五谷：稻、黍、稷、麦、菽。分：分辨。植：插立。芸：通"耘"，除草。拱：拱手，表示敬意。止：留。为黍：做黄米饭。黍比当时的主要食粮稷的产量小，因此是比较珍贵的主食。杀鸡当菜，为黍当饭，这在当时是很好的招待。见（xiàn）其二子：使其二子见，使二子拜见子路。明日：第二天。至则行矣：到了老人家里，老人却走了（不在家）。长幼之节：长幼之间的关系。君臣之义：君臣之间的礼仪。如之何：怎么。欲洁其身，而乱大伦：想要洁身自保，却破坏了最重要的伦理关系。伦：人伦，古代社会所规定的人与人之间的正常关系。大伦：最重要的伦理关系，指君臣之义。道之不行，已知之矣：先王之道行不通，我们早已知道了。

【今译】

子路跟随孔子，落在后面，碰到一位老人，用拐杖挑着除草工具扛在肩上。子路问道："您看见我的老师了吗？"老人说："你们这些人四肢不勤劳，五谷分不清，谁是你老师？"把拐杖插立在田边去除草了。子路恭敬地拱着手，站在一边。老人留子路住宿，杀鸡做黄米饭给子路吃，又让自己的两个儿子拜见子路。第二天，子路追上孔子，告诉遇见老人的经过。孔子说："这是一位隐士。"让子路再回去看看老人。到了老人家里，老人却走了。子路说："不做官不合道义。长幼之间的关系，都不可废弃；君臣之间的礼仪，怎么就能废弃呢？想要洁身自保，却破坏了最重要的伦理关系。君子出来做官，是为了推行大义。先王之道行不通，我们早已知道了。"

18.8 逸民：伯夷、叔齐、虞仲、夷逸、朱张、柳下惠、少连[①]。子曰："不降其志，不辱其身，伯夷、叔齐与[②]！"谓"柳下惠、少连，降志辱身矣。言中伦，行中虑，其斯而已矣[③]。"谓"虞仲、夷逸，隐居放言，身中清，废中权[④]。我则异于是，无可无不可[⑤]。"

【辑注】

①何晏《论语集解》引包咸曰："此七人皆逸民之贤者。"刘宝楠《论语正义》："逸民，谓有德而隐处者。"

②皇侃《论语义疏》："夷、齐隐居饿死，是不降志也；不仕乱朝，是不辱身也。"

③何晏《论语集解》引孔安国曰："但能言应伦理，行应思虑，如此而已。"

④何晏《论语集解》引包咸曰:"放,置也。不复言世务。"何晏《论语集解》引马融曰:"清,纯洁也。遭世乱,自废弃以免患,合于权也。"皇侃《论语义疏》:"身不仕乱朝,是中清洁也。废事免于世患,是合于权智也。"

⑤何晏《论语集解》引马融曰:"亦不必进,亦不必退,唯义所在。"朱熹《论语集注》:"孟子曰:'孔子可以仕则仕,可以止则止,可以久则久,可以速则速。'所谓无可无不可也。"

【石按】

本章承接前面的记述,列举了一些"逸民(隐者)",他们有着不同的隐逸境界,孔子评述了这些隐逸者的德行。逸民:隐逸的人。降其志:降低自己的志向。辱其身:辱没自己的身份。言中伦,行中虑:说话合乎伦理,做事合乎熟虑。隐居放言:隐居不言世事。身中清,废中权:修身合乎清廉,弃官合乎权宜。无可无不可:没有什么可以,也没有什么不可以。通权达变,理想可行则行,不可行则止。既不合作,也不拒绝出来做官。

【今译】

隐逸的人有:伯夷、叔齐、虞仲、夷逸、朱张、柳下惠、少连。孔子说:"不降低自己的志向,不辱没自己的身份,是伯夷、叔齐吧!"认为"柳下惠、少连,降低了自己的志向,辱没了自己的身份。但说话合乎伦理,做事合乎熟虑,他们不过如此罢了。"认为"虞仲、夷逸,隐居不言世事,修身合乎清廉,弃官合乎权宜。我却与他们不同。没有什么可以,也没有什么不可以。"

18.9 大师挚适齐①,亚饭干适楚②,三饭缭适蔡,四饭缺适秦③,鼓方叔入于河④,播鼗武入于汉⑤,少师阳、击磬襄入于海⑥。

【辑注】

①朱熹《论语集注》:"大师,鲁乐官之长。挚,其名也。"

②何晏《论语集解》引孔安国曰:"亚,次也。次饭乐师也。挚、干,皆名。"

③何晏《论语集解》引包咸曰:"三饭、四饭,乐章名,各异师。缭、缺皆名。"

④何晏《论语集解》引包咸曰:"鼓,击鼓者。方叔,名。入谓居于河内。"

⑤何晏《论语集解》引孔安国曰:"播,摇也。武,名也。"

⑥何晏《论语集解》引孔安国曰:"鲁哀公时,礼坏乐崩,乐人皆去。阳、襄,皆名。"朱熹《论语集注》:"此记贤人之隐遁以附前章,然未必夫子之言也。"

【石按】

本章记述了鲁哀公时乐人四处走散的"礼坏乐崩"局面,这批乐官也属于逸民的范畴。大师:太师。适:到。亚饭:二饭,第二顿饭。古代天子、诸侯用饭时都奏乐相伴,一日几餐,各有不同的乐师。上古,天子一日四餐,诸侯一日三餐,卿大夫一日两餐。鲁国得用周天子礼乐,故有"二饭"、"三饭"、"四饭"之称。入:入居。播:摇。鼗(táo):拨浪鼓。

【今译】

太师挚逃到了齐国,亚饭干逃到了楚国,三饭缭逃到了蔡国,四饭缺逃到了秦国,击鼓的方叔入居黄河之滨,摇拨浪鼓的武入居汉水之滨,少师阳、击磬的襄入居海边。

18.10　周公谓鲁公①曰:"君子不施其亲②,不使大臣怨乎不以③。故旧无大故,则不弃也④。无求备于一人⑤。"

【辑注】

①何晏《论语集解》引孔安国曰:"鲁公,周公之子伯禽,封于鲁。"

②朱熹《论语集注》:"施,陆本作弛。……弛,遗弃也。"刘宝楠《论语正义》:"'不施',《汉石经》同。《释文》作'不弛'。'施'、'弛'二字古多通用。……郑注《坊记》云:'弛,弃忘也。'以训此文最当。"

③何晏《论语集解》引孔安国曰:"以,用也。怨不见听用。"

④何晏《论语集解》引孔安国曰:"大故,谓恶逆之事。"杨逢彬《论语新注新译》:"大故,主要指不忠不孝。"

⑤邢昺《论语注疏》:"求,责也。任人当随其才,无得责备于一人也。"朱熹《论语集注》引胡氏曰:"此伯禽受封之国,周公训戒之辞。鲁人传诵,久而不忘也。其或夫子尝与门弟子言之欤?"

【石按】

本章记述的是周公训诫鲁公的言语,强调为政应宽宏大量,体恤臣民。施其亲:疏远他的亲族。施:通"弛",遗弃,疏远。大臣:重臣,这里指重要的股肱之臣。《中庸》第二十章:"敬大臣则不眩,体群臣则士之报礼重。"不以:不被重用。以:用。故旧:故旧之人。大故:十恶不赦之事。求备:求全责备。

【今译】

周公对鲁公说:"君子不要疏远他的亲族,不要让重臣抱怨不被重用。故旧之人没有十恶不赦之事,就不要抛弃。不要对一个人求全责备。"

18.11 周有八士:伯达、伯适、仲突、仲忽、叔夜、叔夏、季随、季䯄①。

【辑注】

①何晏《论语集解》引包咸曰:"周时四乳生八子,皆为显士,故记之耳。"朱熹《论语集注》:"此篇孔子于三仁、逸民、师挚、八士,既皆称赞而品列之;于接舆、沮、溺、丈人,又每有惓惓接引之意。皆衰世之志也,其所感者深矣。在陈之叹,盖亦如此。"杨伯峻《论语译注》:"此八人已经无可考。前人看见此八人两人一列,依伯仲叔季排列,而且各自押韵(达适一韵,突忽一韵,夜夏一韵,随𬳿一韵),便说这是四对双生子。"

【石按】

本章记述的是周代异事。究竟何义,已不可考。𬳿(guā):人名。

【今译】

周朝有八位贤士:伯达、伯适、仲突、仲忽、叔夜、叔夏、季随、季𬳿。

子张第十九

19.1　子张曰:"士见危致命,见得思义,祭思敬,丧思哀,其可已矣①。"

【辑注】

①邢昺《论语注疏》:"有祭事,思尽其敬;有丧事,当尽其哀。"朱熹《论语集注》:"致命,谓委致其命,犹言授命也。四者立身之大节,一有不至,则余无足观。故言士能如此,则庶乎其可矣。"

【石按】

本章子张在孔子思想的基础上总结了古代士人应有的四种德行。孔子曾论述过子张提到的这些行为。如:《论语·宪问》:"见利思义,见危授命。"《论语·八佾》:"为礼不敬,临丧不哀,吾何以观之哉?"致命:豁出生命。

【今译】

子张说:"士人见到危险能豁出生命,见到利益考虑是否该得,祭祀时心怀恭敬虔诚，居丧时心怀哀痛悲伤，那也就可以了。"

19.2　子张曰："执德不弘，信道不笃，焉能为有？焉能为亡①？"

【辑注】

①皇侃《论语义疏》："弘，大也。笃，厚也。亡，无也。人执德能至弘大，信道必使笃厚，此人于世乃可为重。若虽执德而不弘，虽信道而不厚，此人于世不足可重，如有如无。"金良年《论语译注》："对于自己信奉的东西如果没有坚定的信念，就不能进到更高的境界，永远处于可有可无的水平上。"

【石按】

本章子张提出：执守道德要发扬光大，信守道义要坚定不移。弘：弘大，发扬光大。笃：笃厚，坚定不移。焉：怎么，疑问词。

【今译】

子张说："执守道德却不能发扬光大，信守道义却不能坚定不移。这怎么能算有，又怎么能算没有？"

19.3　子夏之门人问交于子张①。子张曰："子夏云何？"对曰："子夏曰：'可者与之，其不可者拒之②。'"子张曰："异乎吾所闻③：君子尊贤而容众，嘉善而矜不能④。我之大贤与，于人何所不容？我之不贤与，人将拒我，如之何其拒人也⑤？"

【辑注】

①皇侃《论语义疏》:"子夏弟子问子张求交友之道也。"

②钱穆《论语新解》:"此盖子夏守无友不如己者之遗训。又如损者三友,此当拒不与交。"

③邢昺《论语注疏》:"言己之所闻结交之道与子夏所说异也。"

④邢昺《论语注疏》:"言君子之人见彼贤则尊重之,虽众多亦容纳之。人有善行则嘉美之,不能者则哀矜之。"钱穆《论语新解》:"此盖孔子泛爱众而亲人之遗训。"

⑤何晏《论语集解》引包咸曰:"友交当如子夏,泛交当如子张。"程树德《论语集释》:"蔡邕《正交论》:子夏之门人问交于子张,而二子各有所闻乎夫子。然则其以交诲也,商也宽,故告之以拒人;师也褊,故告之以容众。"

【石按】

本章子张谈交友之道。门人:弟子。交:交友之道。可者与之:可交者就结交他。与:交往,结交。拒:拒绝。异乎吾所闻:异于吾所闻,不同于我所听到的。尊贤而容众:既能够尊敬贤人,又能够包容普通人。容:包容。众:普通人。嘉善而矜不能:能够赞美善人,又能够怜惜能力不够的人。嘉:赞美。矜:怜惜。不能:指能力不够的人。我之大贤与,于人何所不容:我如果是十分贤明的吧,对于别人有什么不能容纳的?何所不容:暗指无所不容。与:欤,吧,语气词。

【今译】

子夏的弟子向子张请教交友之道。子张说:"子夏怎么说?"弟子回答说:"子夏说:'可交者就结交他,不可交者就拒绝他。'"子张说:"不同于我所听到的:君子既能够尊敬贤人,又能够包容普通人;能够赞美善人,又能够怜惜能力不够的人。我如果十分贤明吧，对于别人有什么不能容纳的？我如果不贤明吧，别人将拒绝我，我又怎么能拒绝别人呢？"

19.4 子夏曰："虽小道①，必有可观者焉；致远恐泥②，是以君子不为也。"

【辑注】

①邢昺《论语注疏》："小道，谓异端之说、百家语也。"朱熹《论语集注》："小道，如农圃医卜之属。"

②何晏《论语集解》引包咸曰："泥难不通。"皇侃《论语义疏》："致，至也。"邢昺《论语注疏》："虽曰小道，亦必有小理可观览者焉，然致远经久，则恐泥难不通，是以君子不学也。"

【石按】

本章子夏认为小道虽有可取之处，但怕妨碍远大理想，因此君子不应学。小道：小的技艺。可观者：可取之处。致远恐泥：要实现远大理想，恐怕有妨碍。泥（nì）：妨碍。

【今译】

子夏说："虽然是小的技艺，也一定有可取之处；但要实现远大理想，恐怕有妨碍，所以君子不学。"

19.5 子夏曰："日知其所亡①，月无忘其所能②，可谓好学也已矣。"

【辑注】

①何晏《论语集解》引孔安国曰："日知其所未闻。"皇侃《论语义疏》："亡，无也。"

②邢昺《论语注疏》："旧无闻者当学之，使日知其所未闻；旧已能者当温寻之，使月无忘也。"

【石按】

本章子夏论好学。好学：应当包括进德与修业两方面。子夏的"好学"只讲修业，较片面，因此孔子告诫他"女为君子儒，无为小人儒"。孔子的"好学"榜样是颜回，标准是"不迁怒，不贰过"。

【今译】

子夏说："每天知道自己所未知的，每月不要忘记自己所已知的，这就可以说是好学了。"

19.6　子夏曰："博学而笃志，切问而近思①，仁在其中矣。"

【辑注】

①何晏《论语集解》："切问者，切问于己所学未悟之事。近思者，思己所未能及之事。汎问所未学，远思所未达，则于所习者不精，所思者不解。"朱熹《论语集注》引苏氏曰："博学而志不笃，则大而无成；泛问远思，则劳而无功。"李零《丧家狗——我读〈论语〉》："学，眼界要宽，精神要专，这就是'博学'和'笃志'。……问和思，最大忌讳，是不着边际，'切'和'近'都是近的意思，可以互训，都是紧扣问题。"

【石按】

本章子夏论成就仁道的途径。切问：切近发问。近思：思考当前。

【今译】

子夏说："广博求学，志向坚定，切近发问，思考当前，仁也就在那里面了。"

19.7　子夏曰："百工居肆以成其事，君子学以致其道①。"

【辑注】

①皇侃《论语义疏》："居肆者，其居者常所作物器之处也。言百工由日日居其常业之处，则其业乃成也。致，至也。君子由学以至于道，如工居肆以成事也。"

【石按】

本章子夏以百工制造为喻，劝勉君子应通过学习来成就大道。肆：作坊。致：达成，成就。

【今译】

子夏说："百工通过作坊观摩来完成其作品，君子通过学习来成就其大道。"

19.8　子夏曰："小人之过也必文①。"

【辑注】

①朱熹《论语集注》："文，饰之也。小人惮于改过，而不惮于自欺，故必

文以重其过。"

【石按】

本章子夏谈小人犯错后,喜欢文过饰非。文:文饰,掩饰。

【今译】

子夏说:"小人犯了错误一定要掩饰。"

19.9 子夏曰:"君子有三变:望之俨然,即之也温,听其言也厉①。"

【辑注】

①何晏《论语集解》引郑玄曰:"厉,严正。"朱熹《论语集注》:"俨然者,貌之庄。温者,色之和。厉者,辞之确。"钱穆《论语新解》:"即,接近义。……望之俨然,礼之存。即之也温,仁之著。听其言也厉,义之发。人之接之,若见其有变,君子实无变。"

【石按】

本章子夏谈君子给人的三种观感。俨然:庄重严肃。即之:走近接触。厉:措辞严正。

【今译】

子夏说:"君子给人三种不同的变化:远远望去,庄重严肃;走近接触,和蔼可亲;听他说话,措辞严正。"

19.10 子夏曰:"君子信而后劳其民,未信则以为厉己也①。信而后谏,未信则以为谤己也。"

【辑注】

①何晏《论语集解》引王肃曰:"厉,犹病也。"朱熹《论语集注》:"信,谓诚意恻怛而人信之也。厉,犹病也。事上使下,皆必诚意交孚,而后可以有为。"

【石按】

本章子夏谈论"信任"的重要性。厉:虐待。谤:诽谤。

【今译】

子夏说:"君子必须取得百姓信任,然后才能支使他们;没有取得信任,百姓就会以为这是虐待自己。必须取得国君信赖,然后才能劝谏他;没有取得信赖,国君就会以为这是诽谤自己。"

19.11 子夏曰:"大德不逾闲,小德出入可也①。"

【辑注】

①朱熹《论语集注》:"大德、小德,犹言大节、小节。闲,阑也,所以止物之出入。言人能先立乎其大者,则小节虽或未尽合理,亦无害也。"李炳南《论语讲要》:"所谓大节,应该是指伦常之道而言,如父慈子孝,以至君仁臣忠。所谓小节,应该是指寻常的言行与礼貌而言。"

【石按】

本章子夏强调德行的修养要注意大的方面。大德:指重大操行原则。逾:

超过。闲：本指门栏，引申指界限。小德：指小的生活细节。

【今译】

子夏说："大的操行原则不要超过界限，小的生活细节有点出入是可以的。"

19.12 子游曰："子夏之门人小子，当洒扫应对进退，则可矣，抑末也。本之则无，如之何①？"子夏闻之，曰："噫！言游过矣！君子之道，孰先传焉？孰后倦焉②？譬诸草木，区以别矣③。君子之道，焉可诬也④？有始有卒者，其惟圣人乎⑤？"

【辑注】

①何晏《论语集解》引包咸曰："言子夏弟子，但当对宾客修威仪礼节之事则可，然此但是人之末事耳，不可无其本。"皇侃《论语义疏》："门人小子，谓子夏之弟子也。子游曰：子夏诸弟子不能广学先王之道，唯可洒扫堂宇，当对宾客，进退威仪之小礼，于此乃则为可也耳矣。……本，谓先王之道。"

②何晏《论语集解》引包咸曰："言先传业者必先厌倦，故我门人先教以小事，后将教以大道。"邢昺《论语注疏》："恐门人闻大道而厌倦，故先教以小事，后将教以大道也。"

③何晏《论语集解》引马融曰："言大道与小道殊异，譬如草木异类区别，言学当以次。"

④邢昺《论语注疏》："言君子之道当知学业以次，安可便诬罔，言我门人但能洒扫而已。"

⑤邢昺《论语注疏》："卒，犹终也。言人之学道，靡不有初，鲜克有终。

能终始如一不厌倦者，其唯圣人耳。"

【石按】

本章体现了子游与子夏教育观念的不同。子游认为，弟子们应先习大道；子夏认为，弟子们应从小道学起，循序渐进学习大道。门人小子：弟子。洒扫应对进退：洒扫堂宇、应对宾客、进退威仪。抑末也：可是这是细微末节的小事。抑：可是。本之则无，如之何：若说学先王之道却还没有，这怎么行呢？本：指先王之道。言游：子游，姓言，名偃，字子游。过矣：错了。倦：厌倦。譬诸草木，区以别矣：这好比花草树木一样，应区别清楚。此喻指先王之道，哪些易学应先学，哪些难学应后学，要分门别类，区别对待。诬：歪曲。

【今译】

子游说："子夏的弟子，做一些洒扫堂宇、应对宾客、进退威仪的工作还可以，可是这是细微末节的小事，若说学先王之道却还没有。这怎么行呢？"子夏听到后说："咳！言游的话错了！先王之道，哪一个该先传授呢？哪一个后面会厌倦呢？这好比花草树木一样，应区别清楚。先王之道，怎可歪曲呢？学习先王之道能有始有终的，大概只有圣人吧？"

19.13　子夏曰："仕而优则学，学而优则仕[①]。"

【辑注】

①何晏《论语集解》引马融曰："行有余力，则以学文。"朱熹《论语集注》："优，有余力也。"

【石按】

本章子夏论述了"做官"与"学习"的相互关系。仕:做官。优:饶,充裕。

【今译】

子夏说:"做官有余力了就去学习,学习有余力了就去做官。"

19.14 子游曰:"丧致乎哀而止①。"

【辑注】

①皇侃《论语义疏》:"致,犹至也。虽丧礼主哀,然孝子不得过哀以灭性,故使各至极哀而止也。"邢昺《论语注疏》:"此《孝经》文也。《注》云:'不食三日,哀毁过情,灭性而死,皆亏孝道。故圣人制礼施教,不令至于陨灭。'"

【石按】

本章子游谈居丧之礼,主张:居丧要致哀,致哀要适度。丧:居丧。致:达到。止:停止,指足够。

【今译】

子游说:"居丧,达到悲哀就足够了。"

19.15 子游曰:"吾友张也为难能也,然而未仁①。"

【辑注】

①朱熹《论语集注》:"子张行过高,而少诚实恻怛之意。"黄式三《论语后案》:"为难能也,言其为所难为也。"

【石按】

本章是子游对子张仁德的评价。《论语·宪问》:"可以为难矣,仁则吾不知也。"难能:难能可贵。

【今译】

子游说:"我的朋友子张已是难能可贵的了,但还没有达到仁。"

19.16 曾子曰:"堂堂乎张也,难与并为仁矣①。"

【辑注】

①皇侃《论语义疏》:"堂堂,仪容可怜也。"朱熹《论语集注》:"堂堂,容貌之盛。言其务外自高,不可辅而为仁,亦不能有以辅人之仁也。"

【石按】

本章是曾子对子张仁德的评价。堂堂:仪表堂堂。难与并为仁:难以跟他一起修养仁德。子张学派尚仪容言语,曾子学派尚正心诚意。

【今译】

曾子说:"子张仪表堂堂,但难以跟他一起修养仁德了。"

19.17 曾子曰:"吾闻诸夫子:人未有自致者也,必也亲丧乎①!"

【辑注】

①朱熹《论语集注》:"致,尽其极也。盖人之真情所不能自已者。"钱穆《论语新解》:"致,尽其极。人情每不能自尽于极,亦有不当自尽乎极者。惟遇父母之丧,此乃人之至情,不能自已,得自尽其极。"

【石按】

本章曾子转述孔子之言,认为:只有父母之丧,感情才难以控制。诸:之于。自致:尽情发泄。致:尽情。

【今译】

曾子说:"我听老师说过:一般人没有尽情发泄的机会,(如果有)一定是遇到了父母之丧吧!"

19.18 曾子曰:"吾闻诸夫子,孟庄子之孝也,其他可能也;其不改父之臣与父之政,是难能也①。"

【辑注】

①何晏《论语集解》引马融曰:"孟庄子,鲁大夫仲孙速也。谓在谅阴之中,父臣及父政虽有不善者,不忍改也。"朱熹《论语集注》:"孟庄子,鲁大夫,名速。其父献子,名蔑。献子有贤德,而庄子能用其臣,守其政。故其他孝行虽有可称,而皆不若此事之为难。"

【石按】

本章曾子转述孔子之言,赞美孟庄子之孝。其他可能:其他的都可能做得到。

【今译】

曾子说:"我听老师说过:孟庄子的孝,其他的都可能做得到;他留用父亲的旧臣和不改父亲的旧政,这却难能可贵。"

19.19 孟氏使阳肤为士师①,问于曾子②。曾子曰:"上失其道,民散久矣。如得其情,则哀矜而勿喜③!"

【辑注】

①何晏《论语集解》引包咸曰:"阳肤,曾子弟子。士师,典狱之官。"

②皇侃《论语义疏》:"阳肤将为狱官,而还问师,求其法术也。"

③何晏《论语集解》引马融曰:"民之离散,为轻漂犯法,乃上之所为,非民之过,当哀矜之,勿自喜能得其情。"刘宝楠《论语正义》:"'离散'谓民心畔离,违经犯道,故以'轻漂'形之。"

【石按】

本章曾子教弟子阳肤如何做法官,要体谅和教化民众。士师:典狱官,相当于现在的法官。失其道:不行正道。民散:民心叛离。情:案情。哀矜:怜悯。喜:沾沾自喜。

【今译】

孟氏要阳肤做典狱官,阳肤向曾子请教。曾子说:"执政者不行正道,民心叛离已经很久了。如果你查出犯罪的实情,要有难过怜悯之心,不可沾沾自喜。"

19.20　子贡曰："纣之不善，不如是之甚也。是以君子恶居下流，天下之恶皆归焉①。"

【辑注】

①何晏《论语集解》引孔安国曰："纣为不善，以丧天下，后世憎甚之，皆以天下之恶归之于纣。"邢昺《论语注疏》："言商纣虽为不善，以丧天下，亦不如此之甚也，乃后人憎甚之耳。下流者，谓为恶行而处人下，若地形卑下，则众流所归。人之为恶处下，众恶所归，是以君子常为善，不为恶，恶居下流故也。"朱熹《论语集注》："子贡言此，欲人常自警省，不可一置其身于不善之地。非谓纣本无罪，而虚被恶名也。"

【石按】

本章子贡告诫世人不可为恶，一旦做了坏事，那么天下的坏事都会归到自己头上。如是：像传说的这样。甚：严重。下流：比喻低下的处境。

【今译】

子贡说："商纣王的坏，并不像传说的这样严重。因此君子讨厌身居低下的处境，导致天下的坏事都会归到自己头上。"

19.21　子贡曰："君子之过也，如日月之食焉：过也，人皆见之；更也，人皆仰之①。"

【辑注】

①邢昺《论语注疏》："更，改也。言君子苟有过也，则为众所知，如日月

正当食时，则万物皆观也。及其改过之时，则人皆复仰其德，如日月明生之后，则万物亦皆仰其明。"

【石按】

本章子贡赞扬君子勇于改过。日月之食：日食和月食。食：后来写作"蚀"。更（gēng）：改正。仰：仰望，敬仰。

【今译】

子贡说："君子的过错好像日食和月食一样：犯了过错，人人都能看见；改正了过错，人人都仰望他。"

19.22 卫公孙朝①问于子贡曰："仲尼焉学②？"子贡曰："文武之道，未坠于地，在人③。贤者识其大者，不贤者识其小者。莫不有文武之道焉。夫子焉不学④？而亦何常师之有⑤？"

【辑注】

①何晏《论语集解》引马融曰："公孙朝，卫大夫。"

②刘宝楠《论语正义》："'焉学'者，焉所从受学也？"

③邢昺《论语注疏》："言文武之道未坠落于地，行之在人。"朱熹《论语集注》："文武之道，谓文王、武王之谟训功烈，与凡周之礼乐文章皆是也。在人，言人有能记之者。"

④邢昺《论语注疏》："贤与不贤，各有所识，夫子皆从而学，安得不学乎？"朱熹《论语集注》："识，记也。"刘宝楠《论语正义》："贤者识其承天治人之大，不贤者识其名物制度之细。"

⑤邢昺《论语注疏》："言夫子无所不从学，故无常师。"刘宝楠《论语正义》："书传言夫子问礼老聃。访乐苌弘，问官郯子，学琴师襄，其人苟有善言善行足取，皆为我师。此所以为集大成也与！"

【石按】

本章子贡赞美了孔子无处不学、学无常师的好学精神。仲尼焉学：仲尼的学问从哪里学成的？焉：哪里，疑问代词。文武之道：文王武王的治国之道。未坠于地，在人：没有失传，仍流传人间。贤者识其大者，不贤者识其小者：贤能的人记住了大的，不贤能的人记住了小的。识（zhì）：记，记住。其大者：其中之大者。其：指文武之道。莫不有文武之道焉：没有地方不存在文武之道，哪里都有文武之道。亦何常师之有：亦何有常师？亦：又。何：何必。之：代词，前置宾语"常师"。

【今译】

卫国大夫公孙朝向子贡问道："仲尼的学问从哪里学成的？"子贡说："文武之道，没有失传，仍流传人间。贤能的人记住了大的，不贤能的人记住了小的。哪里都有文武之道。我的老师哪里不能学？而且又何必有固定的老师呢？"

19.23　叔孙武叔语大夫于朝①，曰："子贡贤于仲尼。"子服景伯以告子贡．子贡曰："譬之宫墙，赐之墙也及肩，窥见室家之好②。夫子之墙数仞，不得其门而入，不见宗庙之美、百官之富③。得其门者或寡矣④。夫子之云，不亦宜乎⑤！"

【辑注】

①何晏《论语集解》引马融曰:"鲁大夫叔孙州仇。武,谥。"

②皇侃《论语义疏》:"言人之器量各有深浅,深者难见,浅者易睹。譬如居家之有宫墙,墙高则非闚阚所测,墙下,闚阚易了。"

③何晏《论语集解》引包咸曰:"七尺曰仞。"

④皇侃《论语义疏》:"孔子圣人器量之门,非凡鄙可至,至者唯颜子耳,故云得门或寡。"

⑤何晏《论语集解》引包咸曰:"夫子,谓武叔。"

【石按】

本章子贡赞美孔子的学问博大精深。宫墙:宫室的围墙。先秦,一般人住的房屋也叫作"宫"。数仞:几人高。七尺曰仞,一仞约一人高。百官:指代朝堂各衙署办事的房舍。子夏以天子、诸侯才有的宗庙、百官比喻孔子学说的博大精深。宜:合宜,合情理。

【今译】

叔孙武叔在朝中对大夫们说:"子贡比仲尼强。"子服景伯把这话告诉了子贡。子贡说:"好比房屋的围墙,我的围墙只有肩膀那么高,(站在墙外)能窥见房屋里的好东西。但我老师的墙有几人那么高,如果找不到它的门进去,就见不到宗庙的富丽堂皇和百官衙署的多种多样。能找到门进去的人大概很少了。叔孙武叔的话,不也是合乎情理的吗?"

19.24　叔孙武叔毁仲尼。子贡曰:"无以为也①!仲尼不可毁也。他人之贤者,丘陵也,犹可逾也;仲尼,日月也,无得而逾焉②。人虽欲自绝，其何伤于日月乎③？多见其不知量也④。"

【辑注】

①朱熹《论语集注》："无以为，犹言无用为此。"杨逢彬《论语新注新译》："'无以'一般用在动词谓语前，偶尔用在形容词谓语前。直译为'没有用来……的……'，意译为'不能……'。"

②邢昺《论语注疏》："言他人之贤譬如丘陵，虽曰广显，犹可逾越。至于仲尼之贤，则如日月之至高，人不可得而逾也。"

③朱熹《论语集注》："自绝，谓以谤毁自绝于孔子。"钱穆《论语新解》："若人欲自绝于日月，只是自逃光明，自甘黑暗，于日月何所伤损乎？"

④何晏《论语集解》："适足自见其不知量也。"邢昺《论语注疏》："云'多见其不知量也'者，据此注意，似训'多'为'适'。所以'多'得为'适'者，古人多、祗同音。"朱熹《论语集注》："不知量，谓不自知其分量。"

【石按】

本章子贡通过赞扬孔子品德与智慧的至高无上来回应叔孙武叔的诋毁。无以为也：不能这样做。逾：逾越，超越。多见其不知量：只能显露他不自量力。多：适，只，仅仅。见：显露。

【今译】

叔孙武叔毁谤仲尼。子贡说："不能这样做！仲尼是毁谤不了的。别人的贤能，好比丘陵，还可以逾越。仲尼的贤能，好比日月，没法超越。人纵使想自绝于日月，那日月又会有什么损害呢？只能显露他不自量力罢了。"

19.25　陈子禽谓子贡曰:"子为恭也,仲尼岂贤于子乎①?"子贡曰:"君子一言以为知,一言以为不知,言不可不慎也②。夫子之不可及也,犹天之不可阶而升也③。夫子之得邦家者④,所谓立之斯立,道之斯行,绥之斯来,动之斯和。其生也荣,其死也哀⑤,如之何其可及也?"

【辑注】

①朱熹《论语集注》:"为恭,谓为恭敬推逊其师也。"

②皇侃《论语义疏》:"言智与不智由于一言耳,今汝出此言,是不智也。"朱熹《论语集注》:"责子禽不谨言。"

③邢昺《论语注疏》:"至于仲尼之德,犹天之高,不可以阶梯而升上之。"

④皇侃《论语义疏》:"邦,谓作诸侯也。家,谓作卿大夫也。言孔子若为时所用,得为诸侯及卿大夫之日,则其风化与尧舜无殊。"

⑤何晏《论语集解》引孔安国曰:"绥,安也。言孔子为政,其立教则无不立,道之则莫不兴行,安之则远者来至,动之则莫不和睦,故能生则荣显,死则哀痛。"朱熹《论语集注》:"立之,谓植其生也。导,引也,谓教之也。行,从也。绥,安也。来,归附也。动,谓鼓舞之也。和,所谓於变时雍。言其感应之妙,神速如此。荣,谓莫不尊亲。哀,则如丧考妣。"

【石按】

本章子贡通过赞扬孔子品德与智慧的至高无上来回应陈子禽。恭:谦恭。一言以为知:以一言为知,因一句话表现他的智慧。知:后写作"智"。阶而升:从台阶上升。夫子之得邦家者:老师如果能得到一个国家(治理)。立之斯立:有所树立就能立得住。斯:就。道:引导,教化。行:使跟随。绥:安抚。来:使来归。动之斯和:有所动员就能得到响应。动:鼓动,动员。和:响应。

荣：荣耀天下。哀：哀恸万民。

【今译】

　　陈子禽对子贡说："您太谦恭了，仲尼难道比您贤能吗？"子贡说："君子因一句话表现他的智慧，也因一句话显露他的无知，说话不可不谨慎。我的老师是没人能比得上的，就好比天不能通过台阶爬上去一样。我的老师如果有机会治理一个国家，就能做到：所谓有所树立就能立得住，有所引导就能使人民跟随，有所安抚就能使远人来归，有所动员就能得到响应。他生时荣耀天下，他死时哀恸万民，怎么能赶得上他呢？"

尧曰第二十

20.1 尧曰:"咨!尔舜①!天之历数在尔躬②。允执其中。四海困穷,天禄永终③。"舜亦以命禹④。

曰:"予小子履,敢用玄牡,敢昭告于皇皇后帝⑤:有罪不敢赦⑥。帝臣不蔽,简在帝心⑦。朕躬有罪,无以万方;万方有罪,罪在朕躬⑧。"

周有大赉,善人是富⑨。"虽有周亲,不如仁人⑩。百姓有过,在予一人。"

谨权量,审法度,修废官,四方之政行焉⑪。兴灭国,继绝世,举逸民,天下之民归心焉⑫。

所重:民、食、丧、祭⑬。

宽则得众,信则民任焉,敏则有功,公则说⑭。

【辑注】

①皇侃《论语义疏》:"咨,咨嗟也。尔,汝也。"朱熹《论语集注》:"咨,

嗟叹声。"

②朱熹《论语集注》:"历数,帝王相继之次第,犹岁时气节之先后也。"钱穆《论语新解》:"历数在尔躬,犹云天命在尔身。"

③皇侃《论语义疏》:"允,信也。执,持也。中,谓中正之道也。"朱熹《论语集注》:"四海之人困穷,则君禄亦永绝矣,戒之也。"

④何晏《论语集解》引孔安国曰:"舜亦以尧命己之辞命禹。"

⑤何晏《论语集解》引孔安国曰:"履,殷汤名。此伐桀告天之文。殷家尚白,未变夏礼,故用玄牡。皇,大。后,君也。大大君帝,谓天帝也。《墨子》引《汤誓》,其辞若此。"皇侃《论语义疏》:"昭,明也。"朱熹《论语集注》:"用玄牡,夏尚黑,未变其礼也。"

⑥何晏《论语集解》引包咸曰:"顺天奉法,有罪者不敢擅赦。"

⑦何晏《论语集解》:"言桀居帝臣之位,罪过不可隐蔽,以其简在天心故也。"皇侃《论语义疏》:"帝臣,谓桀也。桀是天子,天子事天,犹臣事君,故谓桀为帝臣也。不蔽者,言桀罪显著,天地共知,不可隐蔽也。"朱熹《论语集注》:"简,阅也。……简在帝心,惟帝所命。"

⑧皇侃《论语义疏》:"朕,我也。万方,犹天下也。汤言我自有罪,则我自当之,不敢关预天下万方也。若万方百姓有罪,则由我身也。……故有罪则归责于我也。"朱熹《论语集注》:"又言君有罪非民所致,民有罪实君所为,见其厚于责己薄于责人之意。此其告诸侯之辞也。"

⑨皇侃《论语义疏》:"周,周家也。赉,赐也。……周家大赐财帛于天下之善人,善人故是富也。"朱熹《论语集注》:"此以下述武王事。赉,予也。武王克商,大赉于四海。见《周书·武成篇》。此言其所富者,皆善人也。《诗序》云'赉所以赐于善人',盖本于此。"钱穆《论语新解》:"武王克商,大封于庙,

建国授土，皆善人也。是富犹言是贵。"

⑩皇侃《论语义疏》："言虽与周有亲，而不为善，则被罪黜，不如虽无亲而仁者必有禄爵也。"朱熹《论语集注》："此《周书·太誓》之辞。孔氏曰：'周，至也。言纣至亲虽多，不如周家之多仁人。'"钱穆《论语新解》："周亲不如仁人，文武用心如此，故能特富于善人。"

⑪朱熹《论语集注》："权，称锤也。量，斗斛也。法度，礼乐制度皆是也。"

⑫朱熹《论语集注》："兴灭继绝，谓封黄帝、尧、舜、夏、商之后。举逸民，谓释箕子之囚，复商容之位。三者皆人心之所欲也。"

⑬何晏《论语集解》引孔安国曰："重民，国之本也。重食，民之命也。重丧，所以尽哀。重祭，所以致敬。"邢昺《论语注疏》："言帝王所重有此四事。"

⑭何晏《论语集解》引孔安国曰："言政教公平，则民悦矣。凡此二帝三王所以治也，故传以示后世。"邢昺《论语注疏》："宽则人所归附，故得众；信则民听不惑，皆为己任用焉；敏则事无不成，故有功；政教公平则民说。"

【石按】

本章记述了从尧以来历代先王圣君的遗训和孔子对三代以来美德善政的总结。咨：嗟！感叹词。天之历数：依次登位的天命。尔躬：你身上。躬：身。允执其中：不偏不倚地掌握好中正之道。允：得当，不偏不倚。四海困穷：天下百姓陷于困苦贫穷。天禄永终：天赐的禄位将永远终止。履，商汤的名字。玄牡：黑色的公牛。昭告：明明白白地祷告。皇皇后帝：伟大的天帝。帝臣不蔽：夏桀的罪过我也不敢隐瞒。帝臣：指夏桀。简在帝心：天帝心里很清楚。简：检阅，考察。朕躬：我。无以万方：无及万方，不要连累天下万方。赉（lài）：赏赐，指大封诸侯。善人是富：富善人，指使善人富贵起来。是：指示代词，前置宾语。周亲：至亲。百姓：指受封的诸侯。先秦的"百姓"指有姓氏的贵族。"虽有周亲，不如仁人。百姓有过，在予一人。"这应是武王说的话。谨权量：谨慎制定度量衡。审法度：审查各种礼乐制度。修废官：恢复被废除的官职。兴灭国：复兴灭亡的国家。继绝世：接续绝祀的世系。举逸民：举用隐逸的贤人。说：后写作"悦"，高兴。"信则民任焉"，《汉石经》、皇侃本、足利本、正平本、定州汉墓竹简本都没有这一句。

【今译】

尧说："喑！你，舜！依次登位的天命已经降临在你身上。不偏不倚地掌握好中正之道。如果天下百姓陷于困苦贫穷，那么天赐的禄位也将永远终止。"舜也用这句训诫之言命禹登位。

汤说："我小子履，谨慎地用黑色公牛做牺牲，谨慎地向伟大的天帝明明白白地祷告：有罪的人我不敢擅自赦免。夏桀的罪过我也不敢隐瞒，天帝心里很清楚。我个人如果有罪，不要连累天下万方；天下万方有罪，罪在我一人之身。"

周朝大封诸侯，使善人都富贵起来。"即使有至亲，也不如有仁人。百姓如有过错，责任在我一身。"

谨慎制定度量衡体系，审查各种礼乐制度，恢复被废除的官职，全国就会政令通行。复兴灭亡的国家，接续绝祀的世系，举用隐逸的贤人，天下的百姓就会归心于朝廷。

重要的是：人民、粮食、丧事、祭祀。

宽容就能得到民众的拥护，诚信就会得到民众的信任，勤敏就能有功绩，公正就会使民众高兴。

20.2　子张问于孔子曰:"何如斯可以从政矣?"子曰:"尊五美,屏四恶,斯可以从政矣①。"

子张曰:"何谓五美?"子曰:"君子惠而不费,劳而不怨,欲而不贪,泰而不骄,威而不猛。"子张曰:"何谓惠而不费?"子曰:"因民之所利而利之,斯不亦惠而不费乎②?择可劳而劳之,又谁怨③?欲仁而得仁,又焉贪④?君子无众寡,无小大,无敢慢,斯不亦泰而不骄乎⑤?君子正其衣冠,尊其瞻视,俨然人望而畏之,斯不亦威而不猛乎⑥?"

子张曰:"何谓四恶?"子曰:"不教而杀谓之虐⑦;不戒视成谓之暴⑧;慢令致期谓之贼⑨;犹之与人也,出纳之吝,谓之有司⑩。"

【辑注】

①何晏《论语集解》引孔安国曰:"屏,除也。"皇侃《论语义疏》:"尊,崇重也。"邢昺《论语注疏》:"子张问其政术,孔子答曰:当尊崇五种美事,屏除四种恶事,则可也。"

②何晏《论语集解》引王肃曰:"利民在政,无费于财。"邢昺《论语注疏》:"民因五土,所利不同。山者利其禽兽,渚者利其鱼盐,中原利其五谷。人君因其所利,使各居其所安,不易其利,则是惠爱利民在政,且不费于财也。"

③邢昺《论语注疏》:"谓使民以时,则又谁怨恨哉?"

④皇侃《论语义疏》:"欲有多塗,有欲财色之欲,有欲仁义之欲。……言人君当欲于仁义,使仁义事显,不为欲财色之贪。"

⑤何晏《论语集解》引孔安国曰:"言君子不以寡小而慢之。"

⑥邢昺《论语注疏》:"言君子当正其衣冠,尊重其瞻视,端居俨然,人则望而畏之。"

⑦皇侃《论语义疏》："为政之道必先施教，教若不从，然后乃杀。若不先行教而即用杀，则是酷虐之君也。"朱熹《论语集注》："虐，谓残酷不仁。"

⑧何晏《论语集解》引马融曰："不宿戒而责目前成，为视成。"皇侃《论语义疏》："为君上见民不善，当宿戒语之，戒若不从，然后可责。若不先戒勖，而急卒就责目前，视之取成，此是风化无渐，故为暴卒之君也。暴，浅于虐也。"朱熹《论语集注》："暴，谓卒遽无渐。"

⑨皇侃《论语义疏》引袁氏云："令之不明而急期之也。"朱熹《论语集注》："致期，刻期也。贼者，切害之意。缓于前而急于后，以误其民，而必刑之，是贼害之也。"

⑩何晏《论语集解》引孔安国曰："谓财物俱当与人，而吝啬于出内，惜难之，此有司之任耳，非人君之道。"皇侃《论语义疏》："有司，谓主典物者也，犹库吏之属也。……人君若物与人而吝，即与库吏无异。"

【石按】

本章孔子再次强调要"为政以德"。斯：就。屏（bǐng）：屏弃，去掉。惠而不费：给人恩惠而又自己不破费。劳而不怨：役使人民而又让他们没有怨恨。欲而不贪：有欲望而又不贪心。泰而不骄：泰然坦荡而又不骄横放肆。威而不猛：威严而又不凶猛。慢：怠慢。尊其瞻视：使其瞻视尊，目光严肃端正。虐：残忍。不戒视成：不预先告诫而临时责其成功。暴：暴躁。慢令致期：下令怠慢而又限期紧迫。慢令：下令怠慢。致期：限期紧迫。贼：害人。与人：给人财物。出纳：偏义复词，只有"出"义。有司：库吏，这里比喻小气。

【今译】

子张向孔子问道："怎样，就可以从政了呢？"孔子说："尊崇五种美德，屏弃四种恶行，就可以从政了。"

子张说:"什么叫五种美德?"孔子说:"君子给人恩惠而又自己不破费,役使人民而又让他们没有怨恨,有欲望而又不贪心,泰然坦荡而又不骄横放肆,威严而又不凶猛。"子张说:"什么叫给人恩惠而又自己不破费?"孔子说:"根据人民能得利的事情使他们得利,这不就是给人恩惠而又自己不破费吗?选择合适的时机来役使人民,这不就是役使人民而又让他们没有怨恨吗?想追求仁便得到仁,又有什么可贪心的?君子无论人多人少,势力大小,都不敢怠慢他们,这不就是泰然坦荡而又不骄横放肆吗?君子衣冠整齐,目光严肃端正,令人望而生畏,这不就是威严而又不凶猛吗?"

子张说:"什么叫四种恶行?"孔子说:"不进行教化便杀戮,叫作残忍;不预先告诫而临时责其成功,叫作暴躁;下令怠慢而又限期紧迫,叫作害人;好比给人财物,拿出很吝啬,叫作小气。"

20.3　孔子曰:"不知命,无以为君子也①;不知礼,无以立也②;不知言,无以知人也③。"

【辑注】

①朱熹《论语集注》:"程子曰:'知命者,知有命而信之也。人不知命,则见害必避,见利必趋,何以为君子?'"

②朱熹《论语集注》:"不知礼,则耳目无所加,手足无所措。"

③朱熹《论语集注》:"言之得失,可以知人之邪正。"

【石按】

本章是《论语》的最后一章。孔子最后强调君子要三知:知命、知礼、知言。命：指人生规律、社会规律。礼：指行为准则。

【今译】

孔子说："不了解命的道理，没有办法成为君子；不了解礼的规范，没有办法立足社会；不辨知别人的言语，没有办法了解别人。"